ÉTHIQUE
DE L'ENVIRONNEMENT

COMITÉ ÉDITORIAL

TEXTES CLÉS

ÉTHIQUE DE L'ENVIRONNEMENT

Nature, valeur, respect

Textes réunis et traduits
par
Hicham-Stéphane AFEISSA

LIBRAIRIE PHILOSOPHIQUE J. VRIN
6, place de la Sorbonne,
PARIS Vᵉ

R. SYLVAN (ROUTLEY), « Is There a Need for a New,
an Environmental Ethic ? », in *Philosophy and Science : Morality and Culture :
Technology and Man* © Sophia Press, 1973
A. NAESS, « The Shallow and the Deep, Long-Range Ecology Movement.
A Summary », *Inquiry*, vol. 16, 1973 © Taylor & Francis Group, 1971
K.E. GOODPASTER, « On Being Morally Considerable », *Journal
of Philosophy*, vol. 75, 1978 © *Journal of Philosophy*, Inc. 1978
P.W. TAYLOR, « The Ethics of Respect of Nature »,
Environmental Ethics, vol. 3, 1981 © Center for Environmental Philosophy,
University of North Texas, 1981
H. ROLSTON III, « Value in Nature and the Value of Nature »,
in *Philosophy and Natural Environment*, R. Attfield et A. Belsey (ed.)
© Cambridge University Press, 1994
J.B. CALLICOTT, « Intrinsic Value in Nature : A Metaethical Analysis »,
in *Beyond the Land Ethic. More Essays in Environmental Philosophy*
© SUNY Press, 1999
B.G. NORTON, « Environmental Ethics and Weak Anthropocentrism »,
Environmental Ethics, vol. 6, 1984 © Center for Environmental Philosophy,
University of North Texas, 1984
Ch.D. STONE, « Moral Pluralism and the Course of Environmental Ethics »,
Environmental Ethics, vol. 10, 1988 © Center for Environmental Philosophy,
University of North Texas, 1988
T.H. BIRCH, « The Incarceration of Wildness : Wilderness Areas
as Prisons », *Environmental Ethics*, vol. 12, 1990 © Center for Environmental
Philosophy, University of North Texas, 1990
E. KATZ, « The Big Lie : Human Restoration of Nature », *Research in Philosophy
and Technology*, vol. 12, 1992 © Elsevier Publishers, 1992

L'éditeur s'est employé à identifier tous les détenteurs de droits. Il s'efforcera de rectifier, dès que possible, toute omission qu'il aurait involontairement commise.

© *Librairie Philosophique J. VRIN*, 2007
Imprimé en France
ISBN 978-2-7116-1943-6
www.vrin.fr

PRÉFACE

Si nul aujourd'hui ne remet plus en doute la réalité de la crise environnementale, l'analyse de ses causes et la détermination des modalités par lesquelles il convient d'y remédier restent encore, quant à elles, fort controversées. On peut considérer schématiquement que deux types de position concernant les problèmes environnementaux ont été successivement adoptés durant les deux dernières décennies en France.

La première position, qui a prévalu jusqu'au début des années 1990, considère que les problèmes de l'environnement ne relèvent pas, à proprement parler, d'une éthique environnementale, mais demandent à être réglés exclusivement par les voies juridique et politique, avec le secours de l'expertise scientifique. De ce point de vue, l'on dira que si l'état de délabrement de la planète justifie pleinement la mise en place d'une régulation juridique, il n'autorise en aucune façon la promotion de la nature au rang de sujet de considération morale : le champ de la moralité et celui de l'humanité étant essentiellement coextensifs, il n'y a tout simplement aucun sens à parler d'une *éthique* de l'environnement, sauf à susciter des sujets rivaux de l'être humain, et à réactiver par là même les fantasmes nazis et staliniens des heures les plus sombres de l'histoire européenne.

La seconde position considère que l'évaluation de l'acceptabilité sociale des risques, l'élaboration des règles du développement durable, le respect du principe de précaution, etc., peuvent permettre, en rompant avec un mode de gestion purement et simplement technocratique, de fonder une pratique écologiquement et socialement responsable de la vie économique, en insérant une certaine « dose » d'éthique et de politique dans les questions environnementales. Cette seconde position (dont la loi Barnier de 1995 pourra servir de repère temporel), quoique moins hostile au projet d'une éthique de l'environnement, correspond à un agencement assez différent, qui met plus volontiers l'accent sur la responsabilité et l'usage des techniques.

Sans sous-estimer les avancées significatives accomplies en quelques années, et sans ignorer les mérites de l'approche qui semble prévaloir aujourd'hui, il nous paraît toutefois que cette dernière, par comparaison avec les problématiques qu'élabore l'éthique environnementale anglo-américaine, souffre d'un défaut de radicalité en ce que la nature même de la « crise écologique » à laquelle nous sommes confrontés reste, dans ce cadre de réflexion, insuffisamment interrogée.

Si « crise » il y a de l'environnement, c'est assurément au sens d'une perturbation qui défie les possibilités de reconstitution des stocks naturels et de restauration de ses équilibres : les interventions humaines, dira-t-on à juste titre, qui sont de plus en plus massives et de plus en plus concentrées dans le temps, sont précisément de celles qui menacent d'interrompre des cycles naturels et de nous conduire à des seuils d'irréversibilité – dangers auxquels il est possible de se soustraire à la condition que les politiques environnementales se fixent expressément pour objectif d'analyser et de critiquer les principes d'action qui portent en eux le risque d'une rupture d'équilibre, puis de prescrire de nouvelles règles de conduite conformes aux leçons de l'écologie.

Mais une telle approche, pour pertinente qu'elle soit sur le terrain qui est le sien, n'est-elle pas solidaire d'un certain nombre de présupposés qu'il importe de soumettre à examen ? Est-ce poser convenablement le problème de la crise de l'environnement que de le faire dans le langage de la compatibilité énergétique, c'est-à-dire sous la forme de cette tenue de livres, à laquelle la crise a effectivement d'abord donné lieu (travaux du Club de Rome, etc.), comme s'il s'était agi, pour l'homme occidental, de faire ses comptes avec la nature, sans que jamais soient examinés pour eux-mêmes les principes et les motifs des rapports que nous soutenons avec elle ? La position qui consiste à situer le danger dans l'activité humaine, et qui par là pense pouvoir résoudre tous les problèmes en modifiant cette activité à la lumière de principes rationnels et scientifiques, ne présuppose-t-elle pas que le cadre général de nos relations à la nature, quoique mal délimité, reste pour le fond adéquat ?

L'une des convictions que partagent bon nombre d'éthiciens de l'environnement est qu'il est nécessaire d'interroger explicitement les modalités générales du rapport à la nature tel qu'il a été pensé par la tradition philosophique, morale, scientifique et religieuse occidentale, si bien qu'il ne nous soit plus possible de puiser sereinement dans cette tradition les éléments permettant de fournir une solution aux problèmes écologiques auxquels nous sommes confrontés, dans la mesure où *cette tradition fait elle-même partie du problème*.

Cette mise en cause massive de l'ensemble de la tradition occidentale considérée de telle façon que les phénomènes de crise paraissent résulter de ce qui lui est le plus propre, est sans doute ce qui définit le mieux l'exacte portée du questionnement en éthique environnementale, et ce qui permet immédiatement de comprendre qu'elle n'est ni une *forme d'éthique appliquée* au domaine particulier de l'environnement, prenant place à côté de l'éthique appliquée des affaires, de l'éthique appliquée d'entreprise, et autres éthiques d'accompagnement du développement industriel, ni une *éthique spécialisée ou sectorielle*, à l'instar de la bioéthique, qui pourrait se contenter d'appliquer le modèle de l'une des morales normatives disponibles (d'inspiration utilitariste, déontologique, etc.) aux problèmes éthiques inédits suscités par le développement technologique, en soulevant la question des normes et des règles qui doivent lui servir de limites.

En effet, définie de façon générale, l'éthique environnementale est une entreprise qui vise à déterminer les conditions sous lesquelles il est légitime d'étendre la communauté des êtres et des entités à l'endroit desquels les hommes doivent se reconnaître des devoirs, de la forme de vie animale la plus fruste à l'ensemble des écosystèmes qui composent notre environnement naturel. Si pareille entreprise exige l'adoption d'une nouvelle attitude éthique, impliquant une refonte des postulats philosophiques, théologiques, etc., à la base de la représentation de l'homme dans la nature, ainsi qu'un remaniement de la société en ses modes de vie et d'administration économique et politique, alors il ne peut suffire d'*appliquer* telle ou telle morale aux problèmes environnementaux, mais il convient bien plutôt de s'interroger sur les conditions sous lesquelles une morale comme telle peut être constituée, du type d'obligation qu'elle est censée prescrire, du genre de preuve qu'on est en droit d'attendre de sa part, de l'aide qu'elle est capable d'apporter dans le processus de décision, des critères que doit satisfaire un être ou une entité pour faire l'objet d'une considération morale, etc. – problèmes de *fondement* qui relèvent de ce que les Anglo-Saxons appellent la « métaéthique », où tous les présupposés, tous les énoncés, toutes les hypothèses constitutives de la philosophie morale sont mis à plat et examinés.

Les nouveautés éthiques qui résultent d'une interrogation menée en profondeur, et qui justifient la prétention de l'éthique environnementale à définir une éthique distincte, sont de plusieurs ordres[1].

L'éthique environnementale se donne un nouvel *objet*, le monde naturel non humain, jugé digne de considération morale pour lui-même, c'est-à-dire indépendamment de tout coefficient d'utilité pour l'existence des hommes, et envisagé comme lieu de

---

1. Nous nous inspirons en partie dans ce qui suit de l'intéressante synthèse que propose G. Hottois dans le récent *Dictionnaire des sciences humaines*, S. Mesure et P. Savidan (éd.), Paris, P.U.F., 2006, p. 401 (entrée consacrée à l'éthique environnementale), en reprenant à notre compte le choix qu'il fait sien de laisser dans l'ombre un certain nombre de courants de l'éthique environnementale contemporaine, tels que l'esthétique environnementale, l'écothéologie, l'éthique environnementale des vertus et l'écophénoménologie.

valeurs intrinsèques ou comme détenteur de droits dont l'existence, comme telle, commande un certain nombre d'obligations morales et juridiques.

Les questions posées ne concernent pas seulement le présent, mais encore le futur, y compris le futur éloigné (les générations futures), impliquant donc une nouvelle *temporalité* qui doit prendre en compte les effets à long terme que les actions humaines, les politiques environnementales et les modes de vie peuvent exercer sur l'environnement.

La réflexion prend en considération des régions de taille très variables, de la niche écologique à l'écosystème, de l'ensemble autorégulé des écosystèmes, des communautés biotiques et de leurs milieux abiotiques à la totalité de la biosphère terrestre, élargissant considérablement l'échelle *spatiale* des problèmes posés.

Une qualité nouvelle de *l'action humaine* est également examinée – nouvelle non seulement par son ampleur, mais aussi par son intensité, en tant qu'elle est capable d'entraîner des modifications rapides et irréversibles de l'ordre naturel (bouleversements écosystémiques, appauvrissement de la biodiversité, etc.), situation à laquelle il est possible de faire face de diverses manières selon la façon dont on se représente les perturbations introduites par les activités humaines[1].

Une nouvelle *méthode* est requise : en lieu et place de la méthode d'objectivation scientifique consistant à isoler et à individualiser spatialement l'objet traité, il faut privilégier une approche holiste, qui ne sépare pas les parties du tout, l'homme de la nature, le sujet de l'objet, qui travaille au contraire à mettre au jour une hiérarchie de systèmes emboîtés les uns dans les autres par niveaux d'intégration successifs (biocénose, biotope, écosystème, bio-

---

1. Ces trois derniers points ont été remarquablement exposés par H. Jonas dès 1979 dans un livre qui, en dépit de l'affinité de sa problématique avec celle de l'éthique environnementale, n'a exercé sur cette dernière aucune influence significative : *Le principe responsabilité. Une éthique pour la civilisation technologique*, trad. fr. J. Greisch, Paris, Le Cerf, 1990.

sphère, etc.), chaque niveau représentant lui-même un emboîte-
ment très complexe d'échelles de temps et d'espace ; en lieu et place
de l'approche moniste qui entend régler tous les problèmes susceptibles de se poser en se référant à un unique modèle d'interprétation,
il faut apprendre à reconnaître la complexité des niveaux de réalité,
l'irréductibilité des problèmes moraux que pose la diversité des
sujets de considération morale, et donc privilégier une méthodologie pluraliste qui fait jouer, selon des procédures rigoureusement
réglées, différents principes d'évaluation ; en lieu et place d'une
approche rationaliste qui se règle en toute confiance sur toute
une série d'oppositions bipolaires traditionnelles (nature/culture,
raison/nature, rationalité/animalité, raison/sentiment, fait/valeur,
homme/femme, etc.), et qui est par là même suspecte de contribuer
à la perpétuation de formes de domination et de contrôle social,
systématiquement liées les unes aux autres, qui se sont exercées et
s'exercent encore au détriment de la nature, des femmes et d'un
certain nombre de minorités, il convient, non pas de subvertir ces
dualismes, mais d'en élucider la logique afin de saisir la racine
commune de toutes les oppositions hiérarchiques qui structurent les
relations de pouvoir.

Enfin, pour peu que l'on admette que la pensée dualiste tire
sa force et sa persistance des interconnexions qui existent entre les
multiples couples d'opposés, et de la capacité de ces derniers à se
refléter, à se confirmer et à se soutenir les uns les autres, alors il est
clair que l'analyse éthique doit prendre en considération de telles
connexions, et qu'elle doit se développer elle-même en liaison avec
d'autres projets critiques plus *politiques*, tels que ceux qui mettent
au jour le lien entre le saccage de la nature et la domination politique, économique et culturelle des pays en voie de développement,
entre la promotion du concept de *wilderness* comme espace vierge
dépositaire de l'identité nationale, et la stratégie de contrôle et
d'incarcération technologique de tout ce qui est « sauvage », etc.,
jusqu'à former le projet d'une « culture démocratique » au sens où
l'entendait J. Dewey, c'est-à-dire au sens d'une société qui favorise
la libre interaction des individus avec leur environnement naturel et

humain, permettant aux individus de s'enrichir mutuellement au cours d'un débat public où se forment les sentiments moraux des uns et des autres, et où se décident les politiques environnementales.

En moins d'une trentaine d'années (si l'on prend pour repère temporel la fondation de la revue *Environmental Ethics* en 1979, qui lui a apporté une indéniable consécration académique), l'éthique environnementale est donc parvenue à définir un champ de recherche philosophique cohérent et autonome, qui s'est progressivement éloigné du militantisme écologique pour devenir le domaine réservé des philosophes de métier.

Elle est aujourd'hui l'une des composantes fondamentales de la culture philosophique anglo-américaine, possédant ses propres revues, ses propres congrès, ses philosophes reconnus, ses classiques, ses historiens, ses chaires universitaires, ses collections réservées chez quelques grands éditeurs, etc., répondant d'ailleurs à un engouement du public qui ne semble pas se démentir.

Cette fortune exceptionnelle de l'éthique environnementale outre-Atlantique, comparée à l'accueil qui lui a été réservé en Europe, ne doit sans doute rien au hasard. La tradition écologique américaine, qui remonte à la première moitié du XIXe siècle, est probablement l'une des plus riches et des plus complexes qui soit au monde, la seule qui se soit élaborée au croisement de plusieurs courants (géographie, littérature, transcendantalisme philosophique, militantisme politique, écologie scientifique), et qui soit parvenue si rapidement à une conscience d'elle-même sous la forme d'une thématisation explicite en tant que partie constitutive d'une culture [1].

---

[1]. Dont relèvent l'œuvre de G. Marsh, de H.D. Thoreau, de J. Burroughs, de J. Muir, de W.T. Hornaday, de L.H. Bailey, de G. Pinchot et – *last but not least* – de A. Leopold, l'auteur de l'*Almanach d'un comté des sables* (1949), véritable bible des mouvements écologistes contemporains aux États-Unis. Sur ces ancêtres de l'écologie américaine, voir D.G. Payne, *Voices in the Wilderness. American Nature Writing and Environmental Politics*, Hanovre-Londres, University Press of New England, 1996, et A. Suberchicot, «La constitution d'une culture écologique et

Si l'on ajoute à cela le fait que la civilisation américaine, de façon proprement originelle, soutient avec la nature un rapport tout à fait privilégié – en raison du rôle joué par le mythe de la Frontière dans la constitution de l'identité nationale –, le fait également que les États-Unis furent la première société, à la fin des années 1960 (à la suite du premier *Earth Day*), à se donner un mouvement politique d'envergure spécifiquement dévolu à la défense de l'environnement, qui demeure actuellement le plus influent au niveau mondial, et si l'on prend enfin en compte le fait que la sensibilité environnementaliste présente la particularité, en Amérique du Nord, de se manifester sous la forme d'une religiosité diffuse, d'un agrégat de sentiments et d'attitudes, où la culture scientifique fait bon ménage avec l'inspiration romantique, suscitant une littérature militante inclassable[1] et même un genre littéraire à part entière[2] – alors, on comprendra que l'éthique environnementale, secrète aspiration de la pensée anglo-américaine en plusieurs de ses courants, ait pu si aisément trouver sa place au sein de cette tradition et qu'elle ait pu vouloir lui apporter ce qui lui manquait encore : une philosophie.

l'apport d'Aldo Leopold », *Cercles*, 4 (2002), p. 193-222. Sur A. Leopold, voir C. Barthod, « Aldo Leopold, forestier américain : une histoire de forêts, de cervidés et de loups », *Revue forestière française*, 6 (1999), p. 659-669, et J.L. Newton, *Aldo Leopold's Odyssey. Rediscovery of the Author of « A Sand County Almanac »*, Washington, Island Press, 2006.

1. Dont le livre *Silent Spring*, publié en 1962, par la biologiste R. Carson est le meilleur exemple. D'autres savants prendront par la suite la plume pour informer le public de l'ampleur de la crise environnementale, en jouant ainsi un rôle capital dans l'éveil de la conscience écologique aux États-Unis : voir l'étude que leur consacre J.E. de Steiguer, *The Origins of Modern Environmental Thought*, Tucson, University of Arizona Press, 2006.

2. Le « *Nature Writing* », qui naîtrait avec H.D. Thoreau et se poursuivrait de nos jours avec R. Jeffers, W. Berry, Ed. Abbey, B. Lopez, G. Snyder et A. Dillard, pour ne citer que les plus connus. Sur ce point, voir C. Glotfelty et H. Fromm (ed.), *The Ecocriticism Reader. Landmarks in Literary Ecology*, Athens, University of Georgia Press, 1996.

Une mention spéciale devrait être faite de l'article de l'historien Lynn White Jr., « The Ecological Roots of Our Ecological Crisis »[1], publié en 1967, où pour la première fois l'anthropocentrisme de la culture occidentale, dont la religion chrétienne est censée être l'expression la plus caractéristique, est rendu responsable de la crise écologique. Ce texte, qui a suscité une véritable avalanche de réponses, sous la forme d'études plus ou moins brèves entreprenant de réfuter ou de confirmer en les approfondissant et en les nuançant les idées avancées par l'auteur, a certainement été déterminant dans l'histoire de la constitution de l'éthique environnementale comme champ de recherche, et semblerait pour cette raison même mériter de figurer dans le présent volume.

Dans la mesure où tel n'est pas le cas, il nous semble opportun de rendre compte des principes qui ont présidé au choix des textes qui ont été ici traduits.

Ces derniers ont été sélectionnés en fonction des trois critères suivants : *primo*, l'importance à la fois philosophique et historique de la contribution apportée par l'auteur du texte retenu au domaine qui fait l'objet de ses recherches (et que, parfois, il inaugure) ; *secundo*, la capacité de chaque texte à s'intégrer de manière cohérente dans le volume de telle sorte que les textes puissent, autant que possible, se suivre chronologiquement, non seulement à l'intérieur de chaque section, mais d'une section à l'autre – ce qui permet du même coup à ce volume de proposer une histoire du développement de l'éthique environnementale ; *tertio*, et conformément à l'esprit de cette collection qui vise à rendre accessible en français les textes clés d'un courant philosophique

---

1. L. White Jr., « The Historical Roots of Our Ecological Crisis », *Science*, 1967, p. 1203-1207. Cet article a fait l'objet de multiples traductions en français : par F.A. Schaeffer, dans *La pollution et la mort de l'homme : un point de vue chrétien*, Lausanne, Ligue pour la lecture de la Bible, 1974, p. 79-97 ; par J. Morizot, dans J.-Y. Goffi, *Le philosophe et les animaux. Du statut éthique de l'animal*, Nîmes, J. Chambon, 1994, p. 291-309 ; par A. de Benoist, *Krisis*, 15 (1993), p. 60-71.

encore peu connu, nous avons privilégié, parmi ces textes, ceux qui n'avaient pas encore fait l'objet d'une traduction, en nous efforçant de ne retenir à chaque fois qu'un seul texte par auteur[1].

Nos remerciements vont à toutes celles et à tous ceux qui ont rendu possible ce livre, notamment les auteurs des textes qui sont ici traduits, et qui ont généreusement accepté de répondre à nos questions, ainsi que Mme Catherine Larrère, dont les conseils nous ont été des plus précieux, et qui nous a apporté une aide décisive pour la traduction du texte difficile de J. Baird Callicott.

Indications bibliographiques

ATTFIELD R., *Environmental Ethics. An Overview for the Twenty-First Century*, Cambridge, Blackwell Publishing, 2003.

BENSON J., *Environmental Ethics. An Introduction with Readings*, London-New York, Routledge, 2000.

BLAIS F. et FILION M., «De l'éthique environnementale à l'écologie politique. Apories et limites de l'éthique environnementale», *Philosophiques*, 28 (2000), p. 255-280.

BRENNAN A. (ed.), *The Ethics of the Environment*, London, Dartmouth Publishing Company, 1995.

---

1. C'est pour cette dernière raison que nous n'avons pas retenu l'article de L. White Jr. L'absence de textes consacrés spécifiquement à l'éthique animale, ainsi qu'aux problèmes de justice environnementale, s'explique par l'ampleur de la littérature afférente, qui rend presque impossible la sélection de textes véritablement représentatifs. Signalons enfin que plusieurs textes importants relevant de l'éthique environnementale ont déjà été traduits, notamment par C. et R. Larrère, pionniers de ce genre d'études en France, dans les actes du colloque sur *La crise environnementale*, Paris, INRA, 1997 (textes de J. Baird Callicott, B. Norton et M. Zimmerman), et dans le volume publié par W. Cragg (trad. fr. L. Rousselle), *Philosophie-problèmes moraux : environnement*, Montréal-Toronto, McGraw-Hill, 1990 (textes de P. Singer, R.E. Goodin, M. Midgley, A. Brook, Ed. Levy et D. Copp). Les références des autres textes de J. Baird Callicott qui ont également fait l'objet d'une traduction seront données dans l'*Introduction* de la deuxième section du présent volume.

CALLICOTT J. B., «The Search for an Environmental Ethics», dans T. Regan (ed.), *Matters of Life and Death. New Introductory Essays in Moral Philosophy*, London-New York, McGraw-Hill, 3ᵉ éd., 1993, p. 322-382.

— et PALMER Cl. (ed.), *Environmental Philosophy. Critical Concepts in the Environment*, 5 vol., London-New York, Routledge, 2004.

DES JARDINS J. R., *Environmental Ethics. An Introduction to Environmental Philosophy*, Belmont, Wadsworth Publishing, 1993, trad. fr. V. De Nguyen et L. Samson, *Éthique de l'environnement. Une introduction à la philosophie environnementale*, Sainte-Foix (Québec), Presses de l'Université du Québec, 1995.

FAGOT-LARGEAUT A. et ACOT P. (éd.), *L'éthique environnementale*, Paris, Sens Éditions, 2000.

GIMENO P., «L'éthique environnementale : valeur, anthropocentrisme et démocratie», *Critique*, 612 (1998), p. 225-245.

GOSSERIES A., «L'éthique environnementale aujourd'hui», *Revue Philosophique de Louvain*, 96 (1998), p. 395-426.

JAMIESON D. (ed.), *A Companion to Environmental Philosophy*, Oxford, Blackwell Publishing, 2001.

LARRÈRE C., *Les philosophies de l'environnement*, Paris, P.U.F., 1997.

– «Avons-nous besoin d'une éthique environnementale?», *Cosmopolitiques*, 1 (2002), p. 69-85.

LIGHT A. et ROLSTON III H. (ed.), *Environmental Ethics. An Anthology*, Oxford, Blackwell Publishing, 2003.

NASH R. F., *The Rights of Nature. A History of Environmental Ethics*, Madison, The University of Wisconsin Press, 1989.

O'NEILL J., TURNER R. K. et BATEMAN I. J. (ed.), *Environmental Ethics and Philosophy*, Cheltenham-Northampton, Edward Elgar Publishing, 2001.

PARIZEAU M.-H., «Enjeux et thèmes de l'éthique de l'environnement», dans L. Thiaw-Po-Une (éd.), *Questions d'éthique contemporaine*, Paris, Stock, 2006, p. 1075-1096.

PEPPER D., *Modern Environmentalism. An Introduction*, London, Routledge, 1996.

— WEBSTER F. et REVILL G. (ed.), *Environmentalism. Critical Concepts*, 5 vol., London-New York, Routledge, 2003.

SCHMIDTZ D. et WILLOTT E., *Environmental Ethics. What Really Matters, What Really Works*, New York-Oxford, Oxford University Press, 2002.
ZIMMERMAN M. E. (ed.), *Environmental Philosophy*, Englewood Cliffs, Prentice Hall, 2ᵉ éd., 1998.

TEXTES FONDATEURS

ou inconscients, pas plus qu'elles ne sont sujettes à des impulsions et à de mouvements spontanés. Les intérêts devant être d'une certaine manière combinés avec ces caractéristiques, il s'ensuit que les simples choses n'ont aucun titre à bénéficier de protection juridique ou morale.

Or, au moment de considérer le cas particulier des plantes – qui tombe, ontologiquement, entre celui des animaux et celui des simples choses – Feinberg, en contradiction avec ses propres principes, niait formellement qu'elles aient des intérêts et qu'elles puissent se voir attribuer des droits alors même qu'elles sont sujettes à des impulsions spontanées, qu'elles ont des intentions et poursuivent des buts inconscients, etc.

Kenneth Goodpaster est le premier à avoir signalé cette incohérence et en avoir tiré les conséquences. S'il est possible de montrer que tous les êtres vivants, les plantes aussi bien que les animaux, possèdent un bien qui leur est propre et des intérêts à ce que ce bien se réalise, ce qui est manifestement le cas, alors ils méritent tous de faire l'objet d'une considération morale – la « considérabilité morale » désignant sous la plume de l'auteur le statut moral des patients (ceux qui bénéficient du traitement qui leur est réservé) par opposition au statut moral des agents (ceux qui commencent l'action).

Goodpaster accorde à Singer que la sensibilité constitue comme telle une condition suffisante pour étendre la considérabilité morale aux animaux, mais il conteste que cette condition soit nécessaire, parce que la sensibilité est un avantage sélectif que certaines formes de vie ont développé afin d'atteindre un objectif plus fondamental – la perpétuation de la vie :

> Biologiquement parlant, il apparaît que la sensibilité est une caractéristique adaptative des organismes vivants qui leur confère une capacité plus grande à anticiper, et par là à éviter des menaces s'exerçant contre leur vie. (...) Les capacités à souffrir et à éprouver du plaisir, plutôt que d'être en eux-mêmes des gages de considérabilité, sont subordonnées à quelque chose de plus important.

L'éthique biocentrique que défend Goodpaster est à la fois modeste et prudente. Tous les êtres vivants sont dignes de considération morale, ce qui ne veut pas dire que tous aient des droits, ni même que tous aient la même «importance» morale. L'auteur laisse expressément ouverte la question de savoir comment il convient d'arbitrer les intérêts moraux de divers êtres en cas de conflit, tout en déclarant que la position consistant à reconnaître le même poids aux intérêts des uns et des autres n'est pas recevable. Ainsi qu'il le dit de manière imagée,

> nous sommes sujets à des *seuils* de sensibilité morale, de la même manière que nous sommes sujets à des seuils de sensibilité cognitive ou perceptive, [de telle sorte que] au-delà de ces seuils, nous sommes «moralement aveugles», ou bien encore nous subissons des effets de déstructuration analogues à ceux que peut subir un ordinateur victime d'une «saturation d'informations».

Raison pour laquelle les partisans d'une éventuelle «libération des plantes» risquent tout bonnement de nous parler dans une langue inconnue [1].

Indications bibliographiques

BIRCH Th. H., «Moral Considerability and Universal Consideration», *Environmental Ethics*, 15 (1993), p. 313-332.

BRENNAN A., «The Moral Standing of Natural Objects», *Environmental Ethics*, 3 (1981), p. 19-34.

1. La postérité critique de l'article de Goodpaster est considérable dans la mesure où le concept de considérabilité morale sera tenu pour équivalent à celui de valeur intrinsèque – selon une lecture au reste assez contestable – par de nombreux éthiciens de l'environnement, tels que R. Attfield et J. Baird Callicott. Signalons aussi que l'éthique animale de T. Regan trouvera son point de départ dans la même critique du raisonnement inconséquent de Feinberg que Goodpaster avait signalé, pour en tirer de toutes autres conclusions : voir «The Nature and Possibility of an Environmental Ethics», *Environmental Ethics*, 3 (1981), p. 19-34.

CAHEN H., « Against the Moral Considerability of Ecosystems », *Environmental Ethics*, 10 (1988), p. 195-216.

DRENGSON A. et INOUE Y. (ed.), *The Deep Ecology Movement. An Introductory Anthology*, Berkeley, North Atlantic Books, 1995.

FOX W., *Toward a Transpersonal Ecology. Developing New Foundations for Environmentalism*, Boston-Londres, Shambhala, 1990.

GOODPASTER K. E., « From Egoism to Environmentalism », dans K. E. Goodpaster et K. M. Sayre (ed.), *Ethics and the Problems of the Twenty-First Century*, Notre Dame, University of Notre Dame Press, 1979, p. 21-35.

– « On Stopping at Everything. A Reply to W. M. Hunt », *Environmental Ethics*, 2 (1980), p. 281-284.

– « Moral Consideration and the Environment », *Topoï. An International Review of Philosophy*, 12 (1993), p. 5-20

HUNT W. Murray, « Are Mere Things Morally Considerable ? », *Environmental Ethics*, 2 (1980), p. 59-65.

KATZ E., LIGHT A. et ROTHENBERG D. (ed.), *Beneath the Surface. Critical Essays in the Philosophy of Deep Ecology*, Cambridge, MIT Press, 2000.

LEE K., « Instrumentalism and the Last Person Argument », *Environmental Ethics*, 15 (1993), p. 333-344.

NAESS A., *Ecology, Community, and Lifestyle*, traduction anglaise D. Rothenberg, Cambridge, Cambridge University Press, 1989.

– « Huit thèses sur l'écologie profonde », trad. fr. A. de Benoist, *Krisis*, 15 (1993), p. 24-29.

ROTHENBERG D. et NAESS A., *Is it Painful to think ? Conversations with Arne Naess*, Minneapolis, Minnesota University Press, 1993.

ROUTLEY (SYLVAN) R., « A Critique of Deep Ecology », *Radical Philosophy*, 40-41 (1985), p. 2-12 (1re partie), p. 10-22 (2e partie).

– « Three Essays on Deeper Environmental Ethics », Canberra, *Discussions Papers in Environmental Philosophy*, 13 (1986).

– « In Defense of Deep Environmental Ethics », Canberra, *Discussions Papers in Environmental Philosophy*, 18 (1990).

— et ROUTLEY V., « Against the Inevitability of Human Chauvinism », dans K. E. Goodpaster et K. M. Sayre (ed.), *Ethics and the Problems of the Twenty-First Century*, Notre Dame, University of Notre Dame Press, 1979, p. 36-59.

— « Human Chauvinism and Environmental Ethics », dans D. Mannisson, M. McRobbie et R. Routley (ed.), *Environmental Philosophy*, Canberra, Australian National University, 1980, p. 96-189.

— et BENNETT D., *The Greening of Ethics. From Anthropocentrism to Deep-Green Theory*, Cambridge, The White Horse Press, 1994.

SESSIONS G. (ed.), *Deep Ecology for the Twenty-First Century*, Boston-Londres, Shambhala, 1995.

WARREN M. A., *Moral Status. Obligations to Persons and Other Living Things*, Oxford, Oxford University Press, 1997.

RICHARD SYLVAN ROUTLEY

A-T-ON BESOIN D'UNE NOUVELLE ÉTHIQUE, D'UNE ÉTHIQUE ENVIRONNEMENTALE ?[*]

I

Il est dit de plus en plus souvent que la civilisation, du moins la civilisation occidentale, réclame une nouvelle éthique (et corrélativement une nouvelle économie), qui permettrait de régler nos relations avec l'environnement – dans les termes de Leopold, « une éthique chargée de définir la relation de l'homme à la terre, ainsi qu'aux animaux et aux plantes qui vivent dessus »[1]. Il ne s'agit certes pas de dire que les éthiques qui ont prévalu jusqu'alors ne s'occupent pas des relations de l'homme à la nature ; elles le font, et selon la perspective qui y est dominante, il apparaît que l'homme est libre d'agir à sa guise, ce qui signifie que ses relations avec la nature, dans la mesure du moins où elles n'affectent pas les autres hommes, ne sont pas sujettes à la censure morale. Par conséquent, des énoncés tels que « Crusoé a le devoir de ne pas blesser ces

* R. Sylvan (Routley), « Is There a Need for a New, an Environmental Ethic ? », dans *Philosophy and Science : Morality and Culture : Technology and Man*, Proceedings of the XVth Congress of Philosophy, Varna, Sophia Press, 1973, p. 205-210.

1. A. Leopold, *A Sound County Almanac with Essays on Conservation from Round River*, New York, Balantine, 1966, p. 238 [trad. fr. A. Gibson, *Almanach d'un comté des sables*, Paris, GF-Flammarion, 2000, p. 257].

arbres » ont un sens et peuvent recevoir une qualification morale, mais pour autant que les actions de Crusoé n'interfèrent pas avec celles des autres hommes, les énoncés de ce genre sont faux ou intenables – les arbres n'étant pas, rigoureusement parlant, des objets de moralité[1].

Leopold et quelques autres entendent précisément rompre avec cette éthique, avec ses valeurs et ses évaluations. Leopold estime en effet que le comportement même qui, à se référer aux perspectives morales dominantes, est moralement autorisé, peut être soumis à une critique morale, et à une condamnation qui le qualifie comme répréhensible. Mais cela ne signifie pas, comme semble le penser Leopold, qu'un tel comportement se situe simplement hors de portée des morales dominantes, et qu'une *extension* de la moralité traditionnelle soit nécessaire pour couvrir de tels cas, comme pour combler un vide moral.

Si la critique que Leopold formule à l'encontre de l'attitude dominante est pertinente, alors ce qui est requis n'est rien moins qu'un *changement* au sein de l'éthique, un *changement* d'attitudes, de valeurs et d'évaluations. Car, il est manifeste, comme le dit encore Leopold, que les hommes n'éprouvent aucun scrupule moral à interférer avec la nature sauvage, à maltraiter la terre, à extraire de cette dernière tout ce qu'elle peut produire, et à vaquer par la suite à leurs affaires; et une telle attitude n'apparaît pas aux yeux des autres hommes comme étant, justement, une manière d'interférer avec la nature, ne suscitant de leur part aucune indignation morale :

> Le fermier qui défriche une pente à 75%, qui fait paître ses vaches dans cette friche et qui laisse ruisseler la pluie, les cailloux et le sol dans la rivière communale, est encore considéré comme un citoyen respectable[2].

---

1. Cette perspective est parfois tempérée par la croyance selon laquelle un esprit habite en chaque arbre.
2. Leopold, *A Sound County Almanach*, p. 245 [trad. fr. p. 265].

Du point de vue de ce que nous pourrions appeler une *éthique environnementale*, un tel comportement, traditionnellement autorisé, sera tenu pour moralement répréhensible, et le fermier sera susceptible de faire l'objet d'une critique morale.

Accordons, aux seules fins de la discussion, que cette appréciation globale de la situation soit bien fondée. Ce qui n'apparaît pas en toute clarté, c'est la raison pour laquelle une *nouvelle* éthique serait requise, même pour rendre possible l'énoncé de jugements aussi radicaux, et cela pour la bonne raison qu'il n'est jamais bien facile de savoir ce qui est appelé à valoir comme constituant la base d'une nouvelle éthique, de la même manière qu'il n'est parfois pas facile de savoir si tel nouveau développement en physique vaut comme point de départ d'une nouvelle physique, ou simplement comme une modification ou une extension de l'ancienne physique. Car il est bien connu que la clarté avec laquelle les différentes éthiques ont été conçues et élaborées n'est pas telle que l'on puisse leur appliquer sans réserve le critère d'identité[1]. Qui plus est, nous avons tendance à réunir au sein d'une même famille divers systèmes éthiques dont les principes fondamentaux diffèrent les uns des autres, et à considérer pourtant qu'ils forment une seule éthique ; il en va ainsi, par exemple, de l'éthique chrétienne dont la notion recouvre des systèmes d'inspiration différente et même concurrentiels.

En fait, avant d'envisager la possibilité d'une nouvelle éthique environnementale, il convient d'en envisager deux autres, qui pourraient éventuellement fournir de fondement aux évaluations radicales dont il a été question : à savoir d'une part la possibilité d'une extension ou d'une modification interne des morales prédominantes, et d'autre part la possibilité d'un développement des

---

1. Au grand dam assurément des partisans de Quine. Mais c'est un fait que nous pouvons parfaitement parler de systèmes dénués de cohérence intrinsèque et fragmentaires, dont l'identité peut demeurer indéterminée.

principes qui y sont déjà inclus ou qui y sont présents d'une façon latente.

La seconde possibilité mentionnée – selon laquelle les évaluations environnementales peuvent être incorporées au modèle d'éthique prédominant en Occident (ce qui permettrait par là même de déterminer le principe de résolution des problèmes écologiques par référence audit modèle) –, cette seconde possibilité, donc, est tout à fait ouverte parce qu'il n'existe aucune éthique unique qui aurait été défendue d'un bout à l'autre de la civilisation occidentale : il est de nombreux thèmes de discussion, à commencer par ceux qui sont particulièrement controversés, tels que ceux qui portent sur l'infanticide, les droits des femmes et l'usage des drogues, qui voient s'affronter des principes de décision morale en relation de concurrence les uns avec les autres. Le fait de parler d'une nouvelle éthique et de morales prédominantes tend à suggérer l'idée qu'il existerait une sorte de structure monolithique, une sorte d'uniformité, que nous n'avons aucune raison de projeter sur les éthiques prédominantes, ni même sur telle ou telle éthique considérée en elle-même.

Passmore est parvenu à isoler trois importantes traditions dans la pensée occidentale concernant le rapport de l'homme à la nature ; une tradition prédominante – la position du despote, où l'homme tient le rôle du despote (ou du tyran) –, et deux autres traditions minoritaires, qui sont respectivement la position de l'intendant, où l'homme tient le rôle de gardien de ce qui lui est confié, et la position du coopérateur où l'homme tient le rôle de celui qui travaille à perfectionner ce qui lui a été confié[1]. Ces traditions n'épuisent pas la liste de toutes les traditions existantes ; le primitivisme en est une autre, tout comme le romantisme et le mysticisme qui ont eux aussi influencé la pensée occidentale.

---

1. J. Passmore, *Man's Responsibility for Nature. Ecological Problems and Western Traditions*, New York, Scribner's, 1974.

La perspective occidentale prédominante est purement et simplement incompatible avec une éthique environnementale ; car selon elle, la nature est la propriété de l'homme, qui alors est libre de faire d'elle ce qui lui plaît (si on en croit tout au moins le courant augustino-stoïcien traditionnel pour lequel elle n'existe qu'en vue même de l'être humain), alors que, du point de vue d'une éthique environnementale, l'homme, n'a pas la liberté d'agir à sa guise.

Mais, pour autant, il n'apparaît nullement évident qu'une éthique environnementale ne puisse pas s'adjoindre l'une des deux autres traditions minoritaires. Ce qui fait problème, toutefois, c'est que l'une et l'autre tradition ne font nulle part l'objet d'une caractérisation adéquate, et la situation s'aggrave encore si l'on fait abstraction du contexte religieux au sein duquel elles ont été formulées – ainsi, pourrait-on demander, *qui* a confié à l'homme le bien dont il assure l'intendance, et devant *qui* est-il responsable ?

Quoi qu'il en soit de ce dernier point, les deux traditions sont en fait elles aussi incompatibles avec une éthique environnementale, parce qu'elles impliquent la mise en place de politiques prescrivant une interférence complète avec la nature, alors qu'une éthique environnementale proprement dite défend l'idée selon laquelle il est des endroits de grande valeur sur terre avec lesquels les hommes ne doivent pas interférer, indépendamment de la question de savoir si cette interférence vise à « améliorer » la nature ou pas. Les deux traditions, à bien y regarder, préféreraient voir toute la surface de la terre reconfigurée à l'échelle unique des petites fermes et des petits villages confortables de type nord européen situés sur des terres cultivées.

Selon la position du coopérateur, le rôle qui appartient en propre à l'homme est de développer, de cultiver et de perfectionner la nature – éventuellement dans sa totalité – en tirant parti de ses potentialités, l'épreuve de perfection à laquelle une chose aura été portée étant déterminée fondamentalement par l'utilité que représente cette chose pour les projets de l'homme ; tandis que, selon la position de l'intendant, le rôle de l'homme, à l'instar de celui d'un propriétaire fermier, est de rendre la nature productive, par des moyens qui prendront garde à ne pas dégrader délibérément ses ressources.

Bien que ces deux positions se distinguent l'une et l'autre de la position prédominante de telle sorte à rendre possible, dans une certaine mesure, l'intégration d'évaluations environnementales – comme, par exemple, celle qui consiste à condamner l'attitude du fermier irresponsable citée précédemment –, elles demeurent néanmoins insuffisantes et ne vont pas assez loin, puisque, dans la situation actuelle caractérisée par un accroissement des populations confinées à l'intérieur de zones naturelles aux dimensions finies, elles ne manqueraient pas de conduire, en même temps qu'elles le prescrivent comme tâches, au perfectionnement, à la mise en culture et à l'utilisation de toutes les zones naturelles. En fait, ces traditions minoritaires conduiraient à ce qu'une éthique authentiquement environnementale ne pourrait que rejeter, c'est-à-dire à un principe d'usage intégral, impliquant que chaque zone naturelle soit cultivée à seule fin de servir aux hommes, autrement dit que chaque zone naturelle soit « anthropisée »[1].

Dans la mesure où les traditions occidentales les plus importantes excluent toute éthique environnementale, il semblerait qu'une telle éthique, qui ne s'inspire pas non plus du primitivisme, du mysticisme ou du romantisme, soit tout bonnement une nouvelle éthique. Mais c'est aller un peu vite en besogne, car l'éthique prédominante a été précédemment caractérisée par cette clause substantielle que nul n'a le droit de toujours agir comme il l'entend dès lors qu'il interfère physiquement avec les autres personnes.

---

1. Si l'« usage » est étendu, d'une façon quelque peu illicite, jusqu'à inclure l'usage aux fins de préservation, le principe de l'usage total est rendu inoffensif, du moins sous le rapport des effets qu'il engendre. Il est à noter que le principe de l'usage total est lié à la perspective selon laquelle la nature est un ensemble de ressources.

Une telle clause restrictive n'était-elle pas implicite depuis le début (en dépit des apparences suggérant le contraire), l'hypothèse étant en l'occurrence qu'on peut agir à sa guise avec le monde naturel sans affecter les autres personnes (hypothèse de la non-interférence)? Si tel est le cas, selon certains penseurs, alors la position prédominante est appelée à être supplantée par sa version *modifiée*; or la position modifiée peut incontestablement nous conduire beaucoup plus loin dans la direction d'une éthique environnementale.

C'est ainsi que, pour reprendre l'exemple du fermier qui pollue les eaux d'une communauté, pareille attitude peut tout à fait être qualifiée d'immorale dès qu'on considère qu'il interfère physiquement avec ceux qui utilisent ces eaux ou seront susceptibles de le faire. De la même manière, les entreprises qui détruisent l'environnement naturel sans aucune compensation satisfaisante, ou qui sont responsables d'une pollution nuisible à la santé des personnes qui vivront dans le futur, peuvent être critiquées sur la base d'une sorte de calcul de prospérité (par exemple celui que proposent Barkley et Seckler) tout à fait compatible avec la position modifiée; et ainsi de suite[1]. Cette dernière, modifiée comme il se doit, pourrait même servir à restreindre le nombre d'enfants autorisé par famille, dans la mesure où, compte tenu des dimensions finies des zones naturelles, l'explosion démographique ne peut que nuire aux intérêts des générations futures.

Quoi qu'il en soit, ni cette position prédominante modifiée, ni les variantes qu'elle a pu connaître en Occident, obtenues par le biais de sa combinaison avec les traditions minoritaires, ne sont adéquates pour fonder une éthique environnementale, ainsi que je vais m'efforcer de le montrer. Une nouvelle éthique *est* requise.

---

1. P.W. Barkley et D.W. Seckler, *Economic Growth and Environment Decay. The Solution Becomes the Problem*, New York, Harcourt-Brace-Jovanovich, 1972.

II

Comme nous le disions précédemment, une/l'*éthique* est un terme équivoque, qui peut désigner aussi bien un système éthique spécifique, une éthique *spécifique*, qu'une super-éthique, recouvrant différentes éthiques spécifiques, le mot revêtant alors un sens plus générique[1].

Un système éthique S est, à peu de chose près, un système propositionnel (*i.e.* un ensemble structuré de propositions) ou une théorie qui inclut un ensemble de valeurs (comme termes premiers de la théorie) et un ensemble de jugements évaluatifs généraux (à la manière d'axiomes d'une théorie) portant sur la conduite et déterminant de manière typique ce qui est obligatoire, autorisé et répréhensible, quels sont les droits, ce qui est évalué, etc. Une proposition générale qui vaut comme loi du système est appelée un principe ; et assurément, des systèmes S1 et S2 contenant des principes différents constituent des systèmes différents. Il s'ensuit qu'une éthique environnementale proprement dite, quelle qu'elle soit, se distingue des principales éthiques traditionnelles dont il a été question ci-dessus.

Qui plus est, si l'éthique environnementale diffère des systèmes éthiques occidentaux par un point principiel *central* qui s'y trouve traditionnellement présent, alors elle se distingue du même coup de la super-éthique occidentale (en admettant, comme il semble que nous puissions le faire, que cette dernière se laisse caractériser de façon univoque) – auquel cas il ne faut pas seulement conclure qu'une éthique environnementale *est* requise, mais encore qu'une nouvelle éthique est nécessaire : il suffit pour ce faire d'identifier un principe central et de lui opposer des contre-exemples environnementaux.

---

1. Une *métaéthique* est, d'ordinaire, une théorie portant sur les éthiques, une super-éthique, qui soumet à l'analyse ses caractéristiques et notions fondamentales.

On admet généralement qu'il existe bien un certain nombre de principes centraux au sein des systèmes éthiques occidentaux, des principes censés être du ressort de la super-éthique. Le principe d'équité inscrit dans la Règle d'Or en fournit un bon exemple. En liaison avec celui-ci, mais comme une sorte de coup de poignard dirigé vers le cœur de ce principe, il est pertinent de citer le credo typiquement libéral inspiré de la position prédominante modifiée, dont l'une des formulations récentes énonce ceci :

> La philosophie libérale du monde occidental défend l'idée que chacun devrait être libre de faire ce qu'il veut, pourvu 1) qu'il ne lèse pas d'autres personnes, et 2) qu'il ne se lèse pas lui-même de façon irréversible [1].

Appelons ce principe le *chauvinisme (humain) fondamental* – puisque sous sa direction, les hommes viennent en première position et tout le reste en dernière position – bien qu'il soit parfois aussi salué comme un principe de *liberté* au motif qu'il autorise à accomplir une large gamme d'actions (parmi lesquelles il faut inclure celles qui mettent sens dessus dessous l'environnement et les choses naturelles), à la condition qu'elles ne lèsent pas autrui. En fait, ce principe tend avec habileté à faire reposer la charge de la preuve sur les autres personnes.

Il vaut d'être remarqué que la clause restrictive qui fait valoir la nécessité de ne pas *léser autrui* constitue une restriction plus étroite que la restriction qui commande de respecter les intérêts (ordinaires) des autres : par exemple, le fait que j'aie un intérêt à ce que vous cessiez de respirer, parce que je vous déteste, ne constitue pas un motif suffisant pour que vous le fassiez ; vous êtes libre de respirer, quoi qu'il en soit, car cela ne me porte en rien préjudice. Le problème demeure toutefois de savoir ce qui vaut au titre de préjudice ou d'interférence. En outre, le principe est si large qu'il en

---

1. Barkley et Seckler, *Economic Growth and Environmental Decay*, p. 58. Un principe corollaire énonce qu'une libre entreprise (dûment modifiée) est possible qui se réglerait sur les mêmes limites.

devient obscur, parce que l'« autre » dont il est question peut désigner toutes sortes de choses : l'extension du chauvinisme, et l'ordre des privilèges reconnus, ne sont pas les mêmes selon que l'« autre » s'étend à un « autre homme » – ce qui est trop restrictif – ou à une « autre personne », ou à un « autre être doué de sensibilité » ; l'adéquation du principe, et inversement les conditions de son application économique, ne sont pas non plus les mêmes selon que la classe des « autres », à laquelle le principe est censé s'appliquer, est composée d'individus vivant dans le futur aussi bien que de contemporains, ou selon que les individus concernés vivent dans un futur éloigné (mais prévisible) ou dans un futur très reculé (où la tâche de déterminer quels seront les hommes du futur est rendue plus difficile), ou bien encore selon que les individus concernés sont seulement des « autres » possibles. Le dernier cas de figure rendrait complètement inapplicable le principe, et c'est pourquoi on présuppose généralement qu'il s'applique au mieux à ces « autres » que sont nos contemporains et ceux qui vivront dans le futur.

Nous tiendrons pour acquis dans la suite du texte consacrée au développement de contre-exemples opposables aux principes fondamentaux du chauvinisme, qu'une analyse sémantique des énoncés établissant ce qui est permis et ce qui est obligatoire, couvre les situations idéales (qui peuvent bien être incomplètes ou inconsistantes), de telle sorte que ce qui est permis puisse valoir dans quelques-unes d'entre elles, que ce qui est obligatoire puisse valoir dans toutes, et que ce qui est mal en soit absolument exclu. Mais le point qu'il importe le plus de comprendre dans les contre-exemples qui vont être développés ci-dessous, est que les principes éthiques, s'ils sont avérés, sont universels et valables dans la classe de toutes les situations idéales.

1) L'exemple du *dernier homme*. Le dernier homme (ou la dernière personne) est le seul survivant d'une catastrophe mondiale, et il entreprend d'éliminer, autant que faire se peut, tous les êtres vivants, qu'il s'agisse d'animaux ou de plantes (à contrecœur, si vous y tenez, comme dans les meilleurs abattoirs). Selon le

chauvinisme fondamental, ce qu'il fait est tout à fait permis, mais d'un point de vue environnemental ce qu'il fait est mal. En outre, il n'est nul besoin de reprendre à son compte des valeurs ésotériques pour estimer que le dernier homme agit mal (et cela peut-être parce qu'une certaine radicalité a affecté la pensée et le système des valeurs en les orientant vers l'environnementalisme, en anticipant par là les modifications correspondantes appelées à se produire dans la formulation des principes fondamentaux d'évaluation).

2) L'exemple des *dernières personnes*. Il est possible d'élargir l'exemple du dernier homme en passant d'un seul survivant à un groupe de personnes qui seraient les dernières survivantes d'une catastrophe mondiale. Nous pouvons faire l'hypothèse que ces personnes savent qu'elles sont les dernières survivantes, par exemple parce qu'elles savent que les effets de la radiation leur ont retiré toute chance de se reproduire.

L'intérêt de cet exemple est que, quels que soient les agissements de ces personnes, il est exclu qu'elles puissent léser celles qui vivront dans le futur, ou interférer physiquement avec elles. Sans quoi, il aurait été possible d'envisager aussi bien ce cas de figure inspiré de la science-fiction où des personnes débarquent sur une nouvelle planète et détruisent tous les écosystèmes, que ce soit avec les meilleures intentions du monde, comme par exemple celles d'améliorer les conditions naturelles de la planète en vue de l'usage qu'ils peuvent en avoir, et ainsi de la rendre plus féconde, ou bien encore, au mépris des traditions morales minoritaires, dans le seul but de se divertir.

Supposons que ces dernières personnes soient très nombreuses. Dans toute la mesure du possible, elles entreprennent d'exterminer tous les animaux sauvages, d'éliminer tous les poissons des eaux, de soumettre toutes les terres cultivables à une culture intensive, de raser toutes les forêts qui restent à la surface de la terre en établissant à leur place des carrières ou des plantations, etc. Supposons que nos derniers hommes aient toutes sortes de raisons pour justifier leurs agissements; mettons qu'ils croient que telle est la voie du salut ou de la perfection, ou que c'est tout simplement une façon pour eux de satisfaire des besoins raisonnables, ou encore que c'est le seul moyen qu'ils aient trouvé de s'occuper et de s'employer à faire quelque chose pour ne pas avoir à se faire trop de souci en songeant à leur extinction imminente.

Du point de vue d'une éthique environnementale, l'on estimera que ces personnes ont mal agi, parce qu'elles ont ramené à leur plus simple expression et détruit dans une large mesure tous les écosystèmes naturels, si bien qu'après leur mort le monde sera bientôt réduit à n'être plus qu'un lieu hideux et qu'un champ de ruines. Or il se peut que cette conduite soit conforme aux prescriptions du principe chauviniste fondamental, qui elles-mêmes se conforment aux prescriptions des traditions morales minoritaires.

En fait, le but principal que nous poursuivons en élaborant cet exemple est de montrer que, comme le révélait déjà l'exemple du dernier homme, le principe du chauvinisme fondamental peut entrer en conflit avec celui de l'intendance ou avec celui de la coopération. On dira que ce conflit peut être désamorcé, semble-t-il, pour peu que l'on prenne soin d'ajouter une troisième clause au principe fondamental selon lequel chacun est libre de faire ce qu'il veut, pourvu 3) qu'il ne détruise pas délibérément les ressources naturelles. Mais dans l'exemple qui a été pris, il est clairement spécifié que les dernières personnes ne détruisent pas les ressources délibérément, mais plutôt « avec les meilleures raisons du monde »; il apparaît donc que cette variante demeure inadéquate d'un point de vue environnemental.

3) L'exemple du *grand entrepreneur*. L'exemple du dernier homme peut être modifié de telle sorte à le rendre compatible avec la clause (3). Dans cette perspective, le dernier homme revêt à présent les traits d'un entrepreneur; il fait tourner un complexe géant d'usines automatisées qu'il s'efforce de faire fructifier. Entre autres choses, il fabrique des automobiles, en exploitant bien sûr des ressources renouvelables et recyclables – la seule différence avec un entrepreneur habituel étant qu'au lieu d'en faire commerce et de les mettre en circulation, il les vend à un homme de paille, les détruit à peine sorties de la manufacture, et les recycle immédia-

tement. Il a bien sûr les meilleures raisons du monde pour justifier ce comportement, par exemple celle d'être le plus gros producteur au monde de ce genre de produit, ou encore celle d'augmenter le rendement en vue de mener à bien quelque plan, ce qui lui permet de hisser son propre niveau de prospérité générale puisqu'il privilégie l'augmentation du rendement et la productivité.

L'attitude de l'entrepreneur est tout à fait permise si on la juge à l'aune de l'éthique occidentale ; en fait, sa conduite est généralement considérée comme on ne peut plus normale, et il se peut même qu'elle satisfasse les exigences d'optimalité de Pareto, compte tenu des idées fort répandues sur ce qu'est être « mieux nanti ».

De même que nous avons pu élargir l'exemple du dernier homme en passant de la considération d'un seul survivant à celle d'une classe de personnes qui seraient les dernières survivantes, de même nous pouvons élargir l'exemple du dernier entrepreneur en passant de la considération d'un seul entrepreneur à celle de toute une *société industrielle* : cette société ressemble étonnamment à la nôtre.

4) L'exemple des *espèces en voie de disparition*. Considérez la baleine bleue – un bien commun, à en croire les économistes. La baleine bleue est sur le point de disparaître en raison des qualités qu'elle offre en tant que bien privé, comme ressource oléagineuse et nutritive. La chasse aux baleines bleues et leur commercialisation ne portent pas préjudice aux baleiniers ; de telles activités ne lèsent pas non plus les autres personnes, et n'interfèrent pas physiquement avec elles, en quelque sens que ce soit, même si cette situation peut exaspérer tous ceux qui se déclareront prêts à offrir des compensations financières aux baleiniers acceptant de renoncer à ce genre de commerce ; ici encore, il n'est pas davantage nécessaire que la chasse à la baleine soit une destruction délibérée. (Des exemples légèrement différents, qui ne comportent pas de référence à la chasse, sont fournis par tous ces cas de figure où une espèce est éliminée ou menacée en raison de la destruction de son habitat par l'activité humaine, ou par les activités des animaux que

l'homme a introduits, par exemple de nombreux Marsupiaux terrestres australiens et l'Oryx blanc arabe.)

Le comportement des baleiniers, qui les conduit à éliminer cette espèce magnifique de baleine, est, autant que l'on puisse en juger, tout à fait permis – du moins selon le principe du chauvinisme fondamental. Mais du point de vue d'une éthique environnementale, un tel comportement ne l'est pas. Quoi qu'il en soit, les mécanismes du libre marché ne vont pas cesser de livrer des baleines aux usages commerciaux, contrairement à ce que ferait une économie soucieuse de l'environnement; la loi du marché va continuer d'exercer une forte pression sur la courbe de la demande privée jusqu'à ce que la population de la baleine bleue ne soit plus viable – en admettant que ce ne soit pas déjà le cas[1].

En résumé, la classe des actions permises qui ont des implications écologiques est plus étroitement circonscrite en éthique environnementale qu'elle ne l'est dans le cadre de la super-éthique occidentale. Mais les environnementalistes ne vont-ils pas trop loin en déclarant que toutes ces personnes – celles citées dans les différents exemples, les industriels respectables, les pêcheurs, les fermiers – se comportent d'une manière moralement inadmissible, dès lors que leurs activités impliquent une dégradation de l'environnement? Certainement pas: ce que font ces gens, dans une mesure plus ou moins grande, est mal, et par voie de conséquence, dans les cas les plus graves, ce qu'ils font est moralement inadmissible. Par exemple, si le meurtre ou le déplacement forcé des peuples primitifs qui occupent un territoire promis à un éventuel développement industriel est moralement indéfendable et inadmissible, le massacre des dernières baleines bleues pour le seul profit de quelques entrepreneurs particuliers l'est tout autant.

Mais il reste à examiner le problème difficile de la reformulation du principe du chauvinisme fondamental, telle qu'on

---

1. Les fondements de la tragédie des communs sont bien élucidés dans Barkley et Sekler, *Economic Growth and Environmental Decay*.

puisse en faire un principe satisfaisant de liberté. Une tentative en ce sens, qui ne constituerait pas un point de départ très adéquat, consisterait à élargir la clause 2) de sorte à inclure tout préjudice que les autres subiraient, ou toute interférence avec eux résultant des actions entreprises qui affectent l'environnement, et d'élargir la clause 3) de sorte à exclure le massacre des espèces.

Nous ferions peut-être tout aussi bien – si l'on se souvient que le principe de liberté a tendance à faire reposer la charge de la preuve sur ceux qui veulent limiter la gamme des actions autorisées – de mettre l'une et l'autre clause à la trappe, et de spécifier directement quelles sont les catégories de conduites légitimes et autorisées, en dressant une sorte de charte des droits.

III

Un changement radical se produisant au sein d'une théorie contraint parfois à effectuer des changements au plan de la métathéorie ; par exemple, une logique qui rejette sans ménagement la Théorie de la Référence exige une modification de la métathéorie habituelle dans la mesure où cette dernière reprend à son compte la Théorie de la Référence, la métathéorie n'étant en fait que la métathéorie des logiques qui s'y conforment.

Un phénomène en quelque sorte similaire semble se produire dans le cas d'une métaéthique pleinement adéquate à une éthique environnementale. Loin de se contenter d'introduire de nouveaux et importants concepts environnementaux tels que ceux de *conservation*, de *pollution*, de *croissance* et de *préservation*, et de les proposer à une analyse métaéthique, une éthique environnementale contraint à un réexamen et à des analyses renouvelées des caractéristiques constitutives des actions morales, en posant la question de savoir ce qu'est le *droit naturel*, ou quel est le *fondement* du droit, ou encore quelles sont les relations entre l'obligation, la détermination de ce qui est permis et la reconnaissance des droits ; il se peut que cela exige une réévaluation des analyses qui, traditionnellement, sont faites des notions de *valeur* et de *droit*, et particulièrement de celles-ci quand elles reposent sur un ensemble de présuppositions chauvines ; et il se peut encore que cela contraigne à rejeter la plupart des positions prédominantes adoptées en métaéthique.

Ces points vont faire l'objet du bref examen qui suit, où il sera question des différentes approches existantes du droit naturel, et du biais typiquement spéciste qui affecte quelques-unes des plus importantes positions adoptées en éthique[1].

Hart reprend à son compte la doctrine classique des droits naturels, en dépit du fait qu'elle est exposée à des objections dirimantes qui sont ici sans pertinence. Cette doctrine énonce, entre autres choses, que « tout homme d'âge adulte (...) capable de faire un choix a la liberté d'entreprendre (*i.e.* n'est soumis à aucune obligation de s'abstenir d'entreprendre) tout ce qu'il veut, pour autant qu'il n'exerce aucune contrainte sur d'autres personnes, qu'il ne limite pas leur propre liberté d'entreprendre ou qu'il ne leur porte pas préjudice »[2].

Mais cette condition, qui est suffisante pour la détermination d'un droit naturel humain, suppose que l'on fasse sien le principe même du chauvinisme humain qu'une éthique environnementale rejette, car dès lors qu'une personne est investie d'un droit naturel, elle est investie d'un droit (tout court) ; par conséquent, la *définition* d'un droit naturel généralement adoptée par les théoriciens, et qui est acceptée à quelques réserves mineures près par Hart, présuppose que soit tenu pour valide le principe défectueux du chauvinisme humain. Par conséquent, une éthique environnementale devrait avoir pour tâche d'amender le concept classique de droit

---

1. On trouvera quelques développements sous la plume de ceux qui protestent contre les mauvais traitements que les hommes réservent aux animaux : voir en particulier les essais réunis dans le volume édité par S. et R. Godlovitch et J. Harris, *Animals, Men and Morals. An Inquiry into the Maltreatment of Non-humans*, New York, Grove Press, 1971.

2. H.L. Hart, « Are There any Natural Rights ? », dans A. Quinton (ed.), *Political Philosophy*, Londres, Oxford University Press, 1967.

naturel, dans le prolongement des efforts déjà accomplis depuis quelque temps pour soumettre à un vaste réexamen les droits des hommes considérés dans leur relation aux animaux et à l'environnement naturel, vaste réexamen qui s'inspirerait de la radicalité avec laquelle la situation des esclaves, il n'y a pas si longtemps, a été réévaluée.

Une éthique environnementale n'oblige pas à tenir les êtres naturels tels que les arbres pour des sujets de droit (même si, à l'occasion, certains ont défendu cette thèse, comme les panthéistes par exemple. Mais le panthéisme est une doctrine fausse puisque les artefacts ne sont pas vivants). L'énoncé de prohibitions morales interdisant certaines actions en relation à tel ou tel objet n'implique nullement qu'un droit lui soit corrélativement conféré. Le fait de dire que c'est mal agir que de mutiler tel ou tel arbre ou telle ou telle partie d'une propriété n'implique nullement l'affirmation d'un droit corrélatif de l'arbre ou de la partie d'une propriété à ne pas être mutilé (sauf à élargir considérablement le sens du concept de droit).

Sous ce rapport, les perspectives environnementales peuvent pleinement s'ajuster aux perspectives traditionnelles, dans la mesure où elles considèrent conjointement que les droits sont indissociables d'un certain nombre de responsabilités correspondantes et définissant des obligations contraignantes, et par là même d'un certain nombre d'intérêts et d'une capacité corrélative à les faire valoir; si bien que celui qui a un droit a pour cette raison même des responsabilités à assumer, donc des obligations, et nul n'a de droit s'il n'a des intérêts à défendre. Il ne suffit donc en aucune façon de reconnaître qu'il est possible qu'une personne soit investie de droits, pour pouvoir en conclure que tout être vivant peut lui aussi se voir reconnaître (de façon significative) des droits; selon toute apparence, la plupart des êtres sensibles, qui ne sont pas des personnes, ne peuvent se voir reconnaître aucun droit. Mais les personnes peuvent soutenir des relations morales, au travers d'obligations, de prohibitions et autres procédés de limitations, avec presque tout ce qui est et existe.

Il est facile de mettre en évidence le biais spéciste de certaines positions éthiques et économiques qui visent à déterminer, au moyen d'un calcul, quels sont les principes de conduite ou quel est le comportement économique raisonnable qu'il convient d'adopter. Ces positions emploient de façon caractéristique un critère unique *p*, tel que le critère de la préférence ou celui du bonheur, au titre de *summum bonum*; chaque individu issu d'une classe *de base* – presque toujours des hommes, et à l'occasion les hommes qui vivront dans le futur – est supposé avoir un critère *p* permettant de classer les différents états en question (par exemple, une classification des différentes affaires, une classification des différentes configurations économiques); enfin, est fourni un principe de détermination d'un critère collectif permettant de classer les différents états qui ont d'abord fait l'objet d'une classification individuelle, de telle sorte que ce qui s'impose comme étant le meilleur ou comme devant être fait est déterminé soit de façon directe, comme c'est le cas dans le cadre de l'utilitarisme des actes sous le commandement du principe du plus Grand Bonheur pour tous, soit de façon indirecte, comme c'est le cas dans le cadre de l'utilitarisme des règles sous le commandement d'une sorte de principe d'optimisation appliqué à la classification collective.

Le biais spéciste est manifeste et exerce ses effets dès la sélection de la classe de base. Et même si la classe de base en vient à être élargie pour inclure, outre les personnes, des animaux (au risque de se soustraire à toute vérification, risque que faisait déjà courir l'inclusion des personnes appelées à vivre dans un futur éloigné), les positions éthiques que nous examinons restent critiquables, parce que la totalité de la base peut toujours subir un préjudice qui soit tel qu'il contraigne à tenir pour injustes les principes qui ont conduit à cette situation.

Par exemple, si chaque membre de la classe de base tient en grande détestation ces mammifères carnivores d'Australie nommés les dingos, sur la simple foi d'informations erronées, alors en vertu du test de classification que propose Pareto, la classification collective classera en tête de liste les états favorables à l'extermination des dingos, d'où l'on devrait conclure que les dingos doivent être exterminés (ce qui, au demeurant, correspond effectivement à ce que pensent la plupart des fermiers australiens).

De même, seul un heureux hasard pourrait faire que la demande collective (obtenue par sommation horizontale des demandes individuelles) portant sur les baleines bleues considérées comme biens communs au sein de l'économie, en vienne à contrebalancer les demandes privées dont elles font l'objet : car si aucun membre de la classe de base n'a l'heur d'entendre parler de l'existence des baleines bleues, ou si, étant informé du fait, il ne s'en soucie pas le moins du monde, alors les conditions « rationnelles » de prise de décision économique ne seront nullement réunies pour empêcher leur extinction. Le fait que la baleine bleue survive ou non ne devrait pas dépendre de ce que les hommes savent ou de ce qu'ils voient à la télévision. Les intérêts et les préférences des hommes sont bien trop sectaires pour pouvoir fournir une base satisfaisante permettant de décider de ce qui est désirable d'un point de vue environnemental.

Ces théories éthiques et économiques sont loin d'être les seules à porter l'empreinte de ce chauvinisme spéciste ; on pourrait dire à peu près la même chose de la plupart des théories métaéthiques qui, à la différence des théories intuitionnistes, tentent de fournir des fondements rationnels à leurs principes fondamentaux. Ainsi en est-il des théories du contrat social, pour lesquelles les obligations sont une affaire de consentement réciproque entre les individus de la classe de base ; ou encore des théories de la justice sociale, qui défendent l'idée que les droits et les obligations dérivent de l'application de principes d'équité symétriques aux différents membres de la classe de base, et habituellement à une classe toute particulière de personnes ; ou bien des théories d'inspiration kantienne qui font dériver les obligations d'une certaine manière, du respect des personnes – des membres de la classe de base. Dans chaque cas, s'il arrive que les membres de la classe de base soient mal disposés à l'endroit de ceux qui se tiennent à l'extérieur de leur classe, alors tant pis pour eux : voilà une justice bien abrupte.

ARNE NAESS

LE MOUVEMENT D'ÉCOLOGIE SUPERFICIELLE ET LE MOUVEMENT D'ÉCOLOGIE PROFONDE DE LONGUE PORTÉE. UNE PRÉSENTATION*

Le mouvement d'émergence des écologistes hors de leur relative obscurité initiale constitue un tournant pour nos communautés scientifiques. Mais leur message est déformé et utilisé à mauvais escient. Un mouvement d'écologie superficielle, qui en fait est actuellement des plus puissants, et un mouvement d'écologie profonde, qui est bien moins influent, luttent l'un contre l'autre pour retenir notre attention. Je vais m'efforcer dans ce qui suit de caractériser ces deux mouvements.

LE MOUVEMENT D'ÉCOLOGIE SUPERFICIELLE

Lutter contre la pollution et l'épuisement des ressources. Objectif central: la santé et l'affluence des populations dans les pays développés.

* A. Naess, «The Shallow and the Deep, Long-Range Ecology Movement. A Summary», *Inquiry*, 16 (1973), p. 95-100.

Le syntagme de *deep ecology* étant passé en français depuis quelque temps déjà, nous avons choisi de ne pas le traduire dans ce qui suit, sauf dans le titre et dans les premières lignes du texte, où il importait de bien comprendre que l'écologie *profonde* n'est telle qu'à s'opposer à une écologie dite *superficielle*.

LE MOUVEMENT DE LA *DEEP ECOLOGY*

1. Rejet de l'image de l'homme-au-sein-de-l'environnement en faveur de *l'image relationnelle de champ de vue total*. Les organismes sont des nœuds au sein du réseau ou du champ de la biosphère, où chaque être soutient avec l'autre des relations intrinsèques. Une relation intrinsèque entre deux choses A et B est telle que la relation appartient aux définitions ou aux constitutions fondamentales de A et de B, si bien qu'en l'absence de cette relation, A et B cessent d'être ce qu'ils sont. Le modèle du champ de vue total ne dissout pas seulement le concept de l'homme-au-sein-de-l'environnement, mais tout concept d'une chose comprise comme chose-compacte-au-sein-d'un-milieu – sauf lorsque l'on parle en se situant à un niveau d'échange verbal superficiel ou préliminaire.

2. *Égalitarisme biosphérique* – ce dernier étant de principe. L'ajout de cette clause (« de principe ») est indispensable car toute praxis réaliste nécessite, dans une certaine mesure, le meurtre, l'exploitation et la suppression. La pratique de l'écologiste de terrain le conduit à éprouver un respect profond, voire une vénération, pour les différentes formes et modes de vie. Il acquiert une connaissance de l'intérieur, une sorte de connaissance que les autres hommes réservent d'ordinaire à leurs semblables, et qui est au reste fort limitée puisqu'elle n'embrasse généralement qu'un nombre restreint de formes et de modes de vie. L'écologiste de terrain tient que *le droit égal pour tous de vivre et de s'épanouir* est un axiome de valeur évident et intuitivement clair.

La restriction de cet axiome aux hommes est le fait d'un anthropocentrisme dont les effets préjudiciables s'exercent sur la qualité de vie des hommes eux-mêmes. Cette qualité de vie dépend en partie de la satisfaction et du plaisir profonds que nous éprouvons à vivre en association étroite avec les autres formes de vie. La tentative visant à ignorer notre dépendance et à établir une distribution des rôles entre, d'une part, un maître et, d'autre part, un esclave, a contribué à l'aliénation de l'homme lui-même.

L'égalitarisme écologique implique la réinterprétation de la recherche prospective portant sur la variable «densité de population», de telle sorte que la population *générale* des mammifères et la perte comprise en termes d'égalité de vie soient prises au sérieux, et pas seulement la population des hommes. (La recherche qui porte sur les exigences élevées concernant l'espace de vie de certains mammifères a suggéré, de façon incidente, la remarque selon laquelle les théoriciens de l'urbanisme ont largement sous-estimé les exigences humaines en termes d'espace de vie. Les symptômes comportementaux qui résultent du rassemblement des hommes – tels que les névroses, l'agressivité, la perte des modes traditionnels d'existence, etc. – sont largement les mêmes chez tous les mammifères.)

3. *Principes de diversité et de symbiose*. La diversité augmente les potentialités de survie, les chances de développement de nouveaux modes de vie, la richesse des formes de vie. Et ce que l'on appelle la lutte pour l'existence et la survie des plus adaptés, devrait être interprété dans le sens d'une capacité à coexister et à coopérer en nouant des relations complexes, plutôt que comme capacité à tuer, à exploiter et à supprimer. «Vivre et laisser vivre» est un principe écologique bien plus puissant que «C'est soit toi, soit moi».

Ce dernier principe tend à réduire la multiplicité des genres de formes de vie, et ainsi à induire une destruction au sein des communautés de même espèce. Par conséquent, les attitudes qui s'inspirent de l'écologie privilégient la diversité des modes de vie humains, des cultures, des activités, des économies. Elles prêtent main-forte aux combats livrés contre les formes d'invasion et de domination économiques et culturelles, aussi bien que militaires, et elles s'opposent à l'annihilation des phoques et des baleines, tout autant qu'à celle des peuples et des cultures primitives.

4. *Position anti-classe*. La diversité des modes de vie humains résulte en partie (que cela soit intentionnel ou pas) des activités d'exploitation et de suppression qu'exercent certains groupes.

Celui qui exploite vit différemment de celui qui est exploité – situation qui affecte les deux parties de façon négative dans leurs potentialités respectives d'autoréalisation. Le principe de diversité, dont il a été question ci-dessus, ne comprend pas dans l'ensemble qu'il définit les différences qui résultent uniquement du fait du blocage ou de la restriction forcée de certaines attitudes ou de certains comportements. Les principes de l'égalitarisme écologique et de symbiose défendent eux aussi la même position anti-classe. L'attitude écologique privilégie bien plutôt l'extension des trois principes à tous les groupes en conflit, en y incluant les conflits qui opposent aujourd'hui les nations en voie de développement aux nations développées. Les trois principes recommandent également la plus grande prudence à l'endroit de plans prospectifs omni-englobants, à l'exception de ceux qui sont compatibles avec une diversité large et élargie, étrangère aux classes.

5. Lutte contre *la pollution et l'épuisement des ressources*. Dans cette lutte, les écologistes ont trouvé de puissants collaborateurs, mais parfois au détriment de la position même qu'ils défendent. C'est ce qui se produit lorsque l'attention est focalisée sur la pollution et l'épuisement des ressources, plutôt que sur tout autre point, ou lorsque les modalités d'implantation d'un projet contribuent à réduire la pollution tout en augmentant par ailleurs des maux d'un autre genre. Ainsi en est-il, par exemple, lorsque, le prix de la vie augmentant de façon significative au motif de l'installation coûteuse de dispositifs anti-pollution, les différences de classe ne cessent de leur côté de se creuser. Une éthique de la responsabilité implique que les écologistes n'apportent pas de contribution au mouvement d'écologie superficielle, mais au mouvement de la *deep ecology*. Ceci ne vaut pas seulement du cinquième point, mais des sept points pris ensemble.

Dans toutes les sociétés, les écologistes sont des informateurs irremplaçables, quelle que soit leur couleur politique. Pour peu qu'ils sachent bien s'organiser, ils disposeront alors du pouvoir de refuser des emplois qui impliquent qu'ils se mettent au service d'institutions ou de planificateurs dont les perspectives écologiques sont des plus limitées. Mais au jour d'aujourd'hui, il arrive que les écologistes servent des maîtres qui ignorent délibérément des perspectives écologiques plus larges.

6. *Complexité, et non pas complication.* La théorie des écosystèmes contient une importante distinction entre ce qui est compliqué et qui ne comporte aucune *Gestalt* ou aucuns principes unificateurs – que l'on songe à la situation qui est la nôtre lorsque nous cherchons notre chemin dans une ville chaotique – et ce qui est complexe.

Il se peut qu'une multiplicité de facteurs en interaction, plus ou moins réglée par une loi, opère de concert pour former une unité, un système. C'est ainsi que nous fabriquons une chaussure, ou que nous utilisons une carte, ou bien encore que nous intégrons une variété d'activités au sein d'un modèle pratique. Les organismes, les modes de vie et les interactions qui se produisent dans la biosphère en général, manifestent en revanche une complexité d'un niveau extraordinairement élevé, à telle enseigne qu'elle laisse son empreinte sur la perspective générale des écologistes. L'on peut difficilement éviter de se représenter une telle complexité autrement qu'en termes de vastes systèmes. Cela permet du même coup de prendre clairement la mesure de la profonde *ignorance humaine* au sujet des relations nouées au sein de la biosphère, et par conséquent relativement aux effets des perturbations que les activités humaines peuvent y introduire.

Appliqué aux hommes, le principe de complexité-et-non-pas-de-complication privilégie la division du travail, et *non pas la fragmentation du travail*. Il privilégie les actions intégrées dans lesquelles la personne totale est active, et non pas de simples réactions. Il privilégie des économies complexes, une variété intégrée de moyens de vivre. (Les combinaisons des activités industrielles et agricoles, de travaux intellectuels et manuels, d'activités spécialisées et non spécialisées, d'activités urbaines et non urbaines, de modes de vie où l'on travaille en ville et où l'on se divertit dans la nature et de modes de vie où l'on se divertit en ville et où l'on travaille dans la nature, etc.)

Il privilégie la technique douce et la « recherche prospective douce », il accorde moins d'importance aux pronostics et plus au travail de clarification des possibilités actuelles ; il manifeste une plus grande sensibilité à l'endroit de la continuité et des traditions vivantes, et – plus fondamentalement – il a une conscience plus vive des limites de la connaissance.

L'implantation de politiques écologiquement responsables exige que se produise en ce siècle une croissance exponentielle du savoir-faire et de l'invention technologiques – qui devrait toutefois être orientée vers de nouvelles directions, ce à quoi ne contribuent pas de façon cohérente et sans étroitesse d'esprit les organes politiques de nos États.

7. *Autonomie locale et décentralisation.* La vulnérabilité d'une forme de vie est *grosso modo* proportionnelle au poids des influences lointaines qui peuvent s'exercer sur elle – influences qui proviennent de l'extérieur de la région localisée où cette forme de vie a trouvé à réaliser un équilibre écologique.

Ce fait doit nous encourager à poursuivre nos efforts en vue d'obtenir la reconnaissance du droit de chaque région à se gouverner elle-même, à se suffire à elle-même tant sur le plan matériel que sur le plan moral. De tels efforts ne présupposent rien d'autre qu'un élan en direction de la décentralisation. La recherche de solution aux problèmes de pollution que nous rencontrons, en y incluant les problèmes de pollution thermique et de recyclage des matériaux, nous conduit également à nous orienter dans cette direction, car pour peu que nous soyons capables de maintenir à niveau constant tous les autres facteurs, la décentralisation permet à chaque localité de maîtriser et de réduire sa propre consommation d'énergie. (Comparez une agglomération qui, à peu de chose près, se suffit à elle-même, avec une autre agglomération qui dépend de l'importation de nourritures, de matériaux pour la construction des maisons, de carburant et de main-d'œuvre qualifiée provenant des autres continents. Il se peut que la première n'utilise que 5% de l'énergie utilisée par la seconde.) L'autonomie locale trouve une garantie dans la réduction du nombre de maillons qui composent la chaîne hiérarchique de décisions. (Par exemple, une chaîne consistant en un conseil d'administration local, puis en un conseil municipal où siègent des acteurs représentant des intérêts supranationaux, en une institution départementale englobée au sein d'un État fédéré, en une institution gouvernementale nationale fédérale, en une coalition de nations – telle que la Communauté Économique Européenne (C. E. E.) –, et enfin en une institution globale, une telle chaîne, donc, peut être réduite à quelques-uns de ses maillons, comprenant ainsi un conseil d'administration local, une institution départementale, et une institution globale.) Même si à chaque étape de la prise de décision, la décision suit la règle de la majorité, il se peut que de nombreux intérêts locaux tombent dans les oubliettes, si le processus de décision prend trop de temps.

Pour nous résumer, il devrait apparaître en toute clarté, premièrement, que les normes et les tendances du mouvement de la *deep ecology* ne sont pas dérivées de l'écologie en vertu de règles de logique ou de règles d'induction. Le savoir écologique et le style de vie de l'écologiste de terrain ont *suggéré, inspiré et fortifié* les perspectives du mouvement de la *deep ecology*. Parmi les formulations données précédemment dans la vue d'ensemble des sept points, quelques-unes ne sont encore que de vagues généralisations, demandant, pour être rendues pleinement intelligibles, à être clarifiées dans des directions bien précises. Il faut noter, de ce point de vue, que, partout dans le monde, les mouvements qui se sont inspirés de l'écologie convergent en de nombreux points de façon remarquable. La vue d'ensemble que nous avons proposée ne prétend pas être autre chose que l'une des codifications condensées possibles de ces tendances convergentes.

Deuxièmement, il conviendrait de se rendre pleinement attentif au fait que les principes significatifs du mouvement de la *deep ecology* sont de toute évidence, et par la force des choses, de type *normatif.* Ils expriment un système de valeurs prioritaires qui n'est qu'en partie fondé sur les résultats (ou l'absence de résultats, voir ci-dessus le sixième point) de la recherche scientifique. De nos jours, les écologistes tentent d'exercer une influence sur la façon dont les programmes de politique environnementale sont conçus, en recourant dans une large mesure aux menaces, à des prédictions concernant le danger des polluants et l'épuisement des ressources, en sachant que ceux qui ont un pouvoir de décision politique tiennent pour valides au moins un nombre minimal de normes au sujet de la santé et des principes de juste distribution. Mais il est clair qu'il y a aussi un très grand nombre de personnes dans tous les pays, et même un nombre considérable de personnes au pouvoir, qui tiennent pour valides les normes plus larges et caractéristiques du mouvement de la *deep ecology*. Ce mouvement comporte des potentialités politiques qui ne devraient pas être négligées, et qui ont peu de chose à voir avec la pollution et l'épuisement des ressources. En faisant le dessein des futurs possibles, les normes devraient être librement utilisées et élaborées.

Troisièmement, dans la mesure où les mouvements écologiques méritent notre attention, ces mouvements sont d'inspiration *écophilosophique* plutôt qu'écologique. L'écologie est une science *limitée* qui *utilise* des méthodes scientifiques. La philosophie est le forum de débat le plus général qui soumet à examen les principes fondamentaux, qu'ils soient d'ordre descriptif ou prescriptif, et la philosophie politique est l'une de ses dépendances. Par *écosophie* j'entends une philosophie de l'harmonie ou de l'équilibre écologique. Une philosophie, en tant que genre de *sophia*-sagesse, est ouvertement normative, elle contient à la fois des *normes*, des règles, des postulats, des thèses se rapportant à un système de valeurs prioritaires *et* des hypothèses sur la situation de fait de notre univers. La sagesse se traduit en une politique et en des prescriptions qui s'en inspirent, et non pas seulement en une description scientifique et en prédictions.

Les détails d'une écosophie donneront à voir bien des variantes résultant de différences significatives, lesquelles se rapportent non seulement aux « faits » de pollution, de l'état des ressources, de la densité de population, etc., mais aussi aux valeurs auxquelles il convient de reconnaître une priorité. Pour l'heure, toutefois, les sept points dont nous avons dressé la liste fournissent un modèle unifié des systèmes écosophiques.

Dans la théorie générale des systèmes, les systèmes sont pour la plupart conçus en termes d'items qui sont causalement ou fonctionnellement en interaction ou en interrelation. Néanmoins, une écosophie est plus proche d'un système du genre de ceux construits par Aristote ou par Spinoza. Il s'exprime sous la forme d'un ensemble d'énoncés accompagné d'une variété de fonctions, de nature descriptive et prescriptive. La relation fondamentale est celle qui existe entre les énoncés valant comme prémisses et les énoncés valant comme conclusions, c'est-à-dire la relation de dérivabilité. Les concepts pertinents de dérivabilité peuvent être classés selon leur rigueur respective, en plaçant en tête de liste les déductions logiques et mathématiques, mais ils peuvent aussi être classés en fonction du nombre d'idées qui sont considérées implicitement comme allant de soi.

Toute exposition de l'écosophie doit nécessairement se montrer modérément précise, compte tenu de l'étendue des matériaux écologique et normatif (sociaux, politiques, éthiques) pertinents. Pour le moment, l'écosophie peut se contenter de tirer parti des modèles de systèmes, qui sont des approximations grossières de systématisations globales. C'est le caractère global, et non pas la précision dans le détail, qui distingue une écosophie. Elle articule et intègre les efforts d'une équipe écologique idéale, une équipe comptant dans ses rangs non seulement des scientifiques d'horizons disciplinaires extrêmement variés, mais encore des étudiants en sciences politiques et des responsables politiques au pouvoir.

Sous le nom d'*écologisme*, de nombreuses formations déviantes issues du mouvement de la *deep ecology* ont été propulsées sur le devant de la scène – tout d'abord en mettant l'accent de façon unilatérale sur les problèmes de pollution et d'épuisement des ressources, mais aussi en négligeant les grandes différences qui existent entre les pays en voie de développement et les pays développés, au bénéfice d'une approche globale et vague. L'approche globale est essentielle, mais les différences régionales doivent déterminer dans une large mesure les politiques des années à venir.

Indications bibliographiques

COMMONER B., *The Closing Circle : Nature, Man, and Technology*, New York, A. A. Knopf, 1971.

EHRLICH P. R. et A., *Population, Resources, Environment : Issues in Human Ecology*, San Francisco, W. H. Freeman & Co., 2ᵉ éd., 1972.

ELLUL J., *La technique ou l'enjeu du siècle*, Paris, A. Colin, 1954.

GLACKEN Cl. J., *Traces on the Rhodian Shore. Nature and Culture in Western Thought*, Berkeley, University of California Press, 1967.

KATO H., « The Effects of Crowding », *Quality of Life Conference*, Oberhausen, April 1972.

MCHARG I. L., *Design with Nature*, New York, Doubleday & Co., 1971.

MEYNAUD J., *La technocratie, mythe ou réalité ?*, Paris, Payot, 1964.

MISHAN E. J., *Technology and Growth : The Price We Pay*, New York, F. A. Praeger, 1970.

ODUM E. P., *Fundamentals of Ecology*, Philadelphia, W. E. Saunders Co., 3ᵉ éd., 1971.

SHEPARD P., *Man in the Landscape. A Historic View of the Aesthetics of Nature*, New York, A. A. Knopf, 1967.

KENNETH E. GOODPASTER

DE LA CONSIDÉRABILITÉ MORALE[*]

Une chose est juste lorsqu'elle tend à préserver l'intégrité, la stabilité et la beauté de la communauté biotique. Elle est injuste lorsqu'elle tend à l'inverse.

Aldo Leopold

Je propose dans ce qui suit une enquête préliminaire portant sur une question qui demande un traitement plus élaboré que celui que peut fournir un article. La question peut être et a été formulée de différentes manières, mais la formulation qu'en a proposée

---

[*] K. E. Goodpaster, « On Being Morally Considerable », *Journal of Philosophy*, vol. 75, 6 (1978), p. 308-325.

Le mot de « considérabilité » constitue un néologisme en français, tout comme l'était dans les pays anglo-saxons le mot correspondant de « *considerability* » à la fin des années soixante-dix. Il n'est sans doute pas exagéré de dire que l'article de Kenneth E. Goodpaster a grandement contribué à ce que le mot devienne ce qu'il est aujourd'hui, à savoir un terme technique courant de la langue philosophique. Après discussion avec l'auteur, il nous a semblé que le concept inédit de « *considerability* » exigeait que nous prenions le risque d'avancer un mot nouveau pour le traduire.

G. J. Warnock[1] est peut-être la meilleure par laquelle l'on puisse commencer:

> Examinons la question de savoir à qui les principes moraux s'appliquent en la considérant, pour ainsi dire, de l'autre bout – du point de vue, non pas de l'agent, mais du «patient». Quelle est la condition – pourrions-nous demander ici – de *pertinence* morale? Quelle condition convient-il de satisfaire pour pouvoir revendiquer d'être *pris en considération* par des agents rationnels auxquels s'appliquent les principes moraux? (148).

Selon la terminologie de R. M. Hare (ou même de Kant), la même question pourrait être posée de la manière suivante: en universalisant nos maximes supposément morales, quelle est la portée de la variable sur laquelle l'universalisation est censée se régler? Une terminologie plus juridique, récemment employée par Christopher D. Stone[2], formulerait la question de cette manière: quelles sont les conditions requises pour «avoir un statut»* dans la

---

1. G.J. Warnock, *The Object of Morality*, New York, Methuen, 1971. Les références au livre de Warnock entre parenthèses renvoient aux pages de cette édition.

2. Ch.D. Stone, *Should Trees Have Standing?*, Los Altos, William Kaufmann, 1974. Les références au livre de Stone entre parenthèses renvoient à cette édition.

* En anglais: «*having standing*». La difficulté qu'il y a à traduire cette expression mérite d'être signalée car le concept de «*moral considerability*», comme le suggère ce passage, est l'analogue dans la sphère éthique du concept juridique de «*moral standing*». Ce qui rend difficile la traduction de ce dernier concept juridique tient à ce qu'il n'a pas vraiment d'équivalent en droit français. «*To have standing*» signifie que l'on se voit reconnaître un droit d'action à l'encontre de l'auteur d'un préjudice que l'on a subi, c'est le droit de soutenir une action en justice, comme demandeur ou comme défendeur (d'une manière assez proche de ce que l'on appelle en droit français le droit d'ester en justice). Lorsque K. Goodpaster dira plus loin que les Noirs se sont longtemps vus dénier tout «*moral standing*», ceci doit être entendu au sens où le droit d'action à l'encontre de l'auteur du préjudice revenait au maître de l'esclave, que c'est lui et lui seul qui décidait (s'il le souhaitait) d'introduire une action en justice, que c'est son dommage qui était pris en compte (le manque à gagner qu'il subissait suite à l'indisponibilité temporaire de l'esclave), et que c'est lui encore qui se voyait attribuer éventuellement des compensations. Si l'esclave s'était vu

sphère morale? Quelle que soit la façon dont la question est formulée, la pointe du questionnement repose sur les conditions nécessaires et suffisantes de détermination de X tel que :

1) Quel que soit A, X mérite de faire l'objet d'une considération morale de la part de A

où le domaine de la variable A, qui couvre les agents moraux rationnels et la « considération » morale, est construit de façon suffisamment large pour inclure les formes les plus fondamentales de respect pratique (et n'est par conséquent pas restreint à la « possession de droits » par X).

I

Les motifs qui poussent à poser une telle question sont de plusieurs ordres. La dernière décennie a vu une augmentation significative du nombre de ceux qui se préoccupent de l'« environnement ». Cette nouvelle conscience se manifeste elle-même de multiples manières. L'une de ces manifestations a été la recherche de méthodes permettant une « évaluation des choix technologiques », la recherche des critères de choix social qui prennent la mesure de l'enjeu en déterminant les coûts et les bénéfices (qu'ils soient quantifiables ou pas). Sur un tout autre front, des débats enflammés se sont multipliés concernant les espèces en danger et plus généralement le traitement que nous réservons aux animaux

---

reconnaître un « *moral standing* », alors c'est l'esclave (qui, à vrai dire, ne serait plus vraiment « esclave » dans ces conditions) qui agirait de son propre chef en justice, c'est la réparation de son préjudice qu'il ferait valoir, et c'est lui qui aurait été le bénéficiaire de la compensation financière décidée, le cas échéant, par le tribunal. L'auteur parlant également de « droits moraux » (*moral rights*) dans cet article, il était impossible de traduire « *moral standing* » de cette manière. Faute de mieux, nous avons choisi de traduire par « statut moral », en regrettant de ne pas pouvoir retenir « dignité morale ».

(considérés à la fois comme ressources nutritives et comme instruments pour l'élaboration d'un savoir expérimental). La légitimité morale de l'avortement et, de façon générale, l'usage adéquat de la technologie médicale ont également mis à vif notre sensibilité morale, en inscrivant à l'ordre du jour le problème de la détermination de la portée et de la nature de la considérabilité morale.

Ces réflexions, dans leur diversité, font toutes valoir l'importance de la clarté du *modèle* de la considération morale, aussi bien que la clarté de l'*application* d'un tel modèle. Par exemple, nous avons besoin de mieux comprendre la portée du respect moral, les sortes d'entités qui peuvent et qui devraient bénéficier d'une attention morale, et la nature du «bien» que la moralité (puisqu'elle *inclut* au moins la bienveillance) est supposée promouvoir. À cela s'ajoute le fait que nous ayons besoin de principes pour pouvoir soupeser et arbitrer les prétentions rivales de considération morale.

La question sur laquelle l'attention va se concentrer dans les pages qui suivent n'est donc qu'une première étape dans une interrogation dont les enjeux sont plus larges. C'est une question qui concerne davantage le modèle que l'application de la considération morale – même si sa pertinence pratique n'est pas à ce point lointaine qu'elle réduirait la réflexion à une simple affaire de spéculation logique. J'ai fait connaître ailleurs de façon détaillée mes convictions à ce sujet[1], mais elles peuvent être résumées de la façon suivante.

L'égoïsme éthique est le cadre théorique dans lequel la philosophie morale moderne a développé sa théorie de la valeur et de l'obligation, dans une perspective qu'il faut bien dire étroitement *humaniste*. C'est bien ainsi que, pour au moins deux de ces philosophies, à savoir l'approche kantienne et l'approche humienne de l'éthique, l'enjeu philosophique de la réflexion a essentiellement

---

1. «From Egoism to Environmentalism», dans K.E. Goodpaster et K.M. Sayre (ed.), *Ethics and Problems of the 21st Century*, Notre Dame, Notre Dame University Press, à paraître 1978 [livre paru en 1979, l'article cité se trouve aux p. 21-35].

été déterminé par la tâche de fournir un fondement épistémologique et motivationnel à la généralisation du souci naturel de soi-même qui caractérise tous les agents. Soucieuse de faire en sorte que la morale puisse « décoller » de l'aire circonscrite par le seul sujet, la réflexion a négligé d'examiner d'un regard critique le vol lui-même et sa destination.

De là résulte peut-être ce sentiment d'impuissance qu'éprouvent de nombreux théoriciens de philosophie morale lorsqu'ils sont confrontés aux questions mentionnées précédemment – où l'ampleur plus que le point de départ de toute entreprise morale est l'objet du questionnement. Assurément, les questions portant sur la conservation, la préservation de l'environnement, et l'évaluation des choix technologiques *peuvent* être examinées, tout simplement, comme des questions de morale appliquée, en se demandant par exemple : « Comment devrions-nous évaluer les alternatives techniques disponibles en se référant à la satisfaction qu'elles peuvent procurer aux hommes ? ». Mais cette façon de prendre en charge le questionnement manque désespérément d'esprit critique – à la manière dont manquerait désespérément d'esprit critique une politique étrangère qui réglerait ses décisions sur le seul « intérêt national ». Telle est du moins mon opinion.

Il me semble que nous ne devrions pas seulement méditer sur le « chemin que nous n'avons pas suivi dans la forêt » *, mais que nous devrions réellement le suivre. Ni la rationalité ni la capacité à éprouver du plaisir et de la douleur ne me semblent être des conditions nécessaires (en admettant qu'elles soient suffisantes) de considérabilité morale. La seule raison qui nous retienne de l'admettre est liée aux formes hédonistes et concentriques de notre réflexion morale. En revanche, la condition d'*être vivant* m'appa-

---

* Allusion au célèbre poème de R. Frost, « The Road Not Taken » (1915), dont on pourra trouver une traduction dans l'*Anthologie de la poésie américaine des origines à nos jours* d'A. Bosquet, Paris, Stock, 1956, p. 124-125, et dans le volume consacré au poète signé par R. Asselineau, Paris, Seghers, 1964, p. 98-99.

raît comme étant le critère le plus raisonnable et le moins arbitraire. Qui plus est, si ce critère venait à être pris au sérieux, il pourrait être appliqué à des entités et à des systèmes d'entités qui, jusque-là, n'avaient jamais été conçus comme pouvant mériter notre attention morale (tel le biosystème lui-même).

Certains pourraient estimer que de telles implications ont pour effet de réfuter par l'absurde l'essai de réflexion qui vise à mener « au-delà de l'humanisme ». Mais je suis pour ma part de plus en plus persuadé du contraire, et je suis enclin à penser que non seulement de telles implications pourraient bien conduire à envisager les problèmes moraux dans une perspective hautement significative, mais encore qu'elles pourraient bien fournir un fondement à l'espoir que nous avons d'être guidés de façon plus adéquate pour décider des actions à long terme qui doivent être entreprises. Les paradigmes sont des composantes fondamentales de toute connaissance – mais ils peuvent dissimuler autant qu'ils révèlent. Nos paradigmes de considérabilité morale renvoient à des personnes individuelles – à leurs joies et à leurs peines. Je voudrais hasarder l'idée selon laquelle l'univers de la considération morale est plus complexe que ne l'admettent ces paradigmes.

II

À présent que j'ai retourné toutes mes cartes sur la table, la stratégie que je vais adopter sera de définir quelques règles du jeu (c'est l'objet de cette section), puis d'examiner le « jeu » de plusieurs philosophes respectés qui semblent contester qu'il faille jeter le filet moral aussi loin que je suis enclin à le faire (sections III, IV et V). Dans la section de conclusion (VI), je prendrai en considération différentes objections et mentionnerai quelques questions additionnelles qui réclament l'attention.

Nous avons déjà fait allusion à la première des (quatre) distinctions qui doit être clairement présente à l'esprit pour mener à bien l'examen de notre question. Il s'agit de la distinction entre les *droits* moraux et la *considérabilité* morale. Je propose d'interpréter la notion de « droit » comme étant plus spécifique que la notion de « considérabilité », afin d'éviter, autant que faire se peut, ce qui me paraît compliquer inutilement la détermination des exigences auxquelles un être doit satisfaire pour pouvoir être un « titulaire de droits » approprié. Le concept de « droit » est bien entendu susceptible d'être utilisé en des sens plus stricts et plus larges. Certains auteurs (parmi lesquels il en est un dont nous reparlerons plus tard) utilisent ce concept comme étant *grosso modo* synonyme de celui avancé par Warnock de « pertinence morale ». D'autres pensent qu'être « titulaire de droits » implique que soient satisfaites des exigences autrement plus rigoureuses. Le sentiment de John Passmore [1] est probablement assez représentatif de cette perspective plus étroite :

> L'idée de « droits » n'est tout simplement pas applicable à ce qui n'est pas humain (…). Une chose est de dire qu'il est mal de traiter les animaux avec cruauté, autre chose est de dire que les animaux ont des droits (116-117).

Je ne suis pas si sûr que la classe des titulaires de droits soit ou doive être restreinte aux êtres humains, mais je propose de suspendre entièrement l'examen de cette question et de reformuler le problème dans les termes de la considérabilité morale (suivant en cela Warnock), en mettant à part les contextes où il y a des raisons de penser que le sens le plus large du concept de « droit » peut faire l'affaire. Par conséquent, la question de savoir si les êtres qui méritent une considération morale en eux-mêmes, et non pas seulement en raison de leur utilité pour les êtres humains, possèdent également des *droits* moraux en un sens étroit, sera laissée ouverte dans les pages qui suivent – c'est une question qui n'exige pas qu'une réponse lui soit donnée par avance.

---

1. J. Passmore, *Man's Responsibility for Nature*, New York, Scribner's, 1974.

La seconde distinction isole deux types de critères : ce qui pourrait être appelé un *critère de considérabilité morale* et un *critère d'importance morale*. La détermination du premier constitue l'enjeu central de cet article, tandis que le second, qui pourrait être aisément confondu avec le premier, vise à régler les jugements *comparatifs* par lesquels sont soupesés les différents « poids » moraux en cas de conflit. La question de savoir, par exemple, si un arbre mérite de faire l'objet d'une quelconque considération morale, doit être disjointe de la question de savoir si les arbres méritent de faire l'objet de plus ou de moins de considération que les chiens, ou les chiens que les personnes humaines. Nous avons tort d'attendre du critère dont dépend l'attribution d'un « droit moral » qu'il soit le même que celui dont dépendent les modes d'adjudication qui permettent de départager les revendications rivales issues d'êtres – auxquels un tel droit mérite d'être reconnu – qui réclament qu'une priorité leur soit donnée. Il se pourrait en fait que ce soit une mauvaise appréciation de cette distinction qui conduise certains à se soucier de droits lorsqu'ils traitent des affaires de morale. Je soupçonne que la véritable force des attributions de « droits » provient de contextes comparatifs, au sein desquels la considérabilité morale est présupposée et où la question du poids est fondamentale. Certes, pour pouvoir être opératoire, une théorie morale se doit de prendre en considération ces problèmes de priorité entre les êtres – et sur ce point, j'ai déjà dit mon accord – mais dans l'intérêt de la clarté, je les laisse de côté pour l'instant.

La troisième distinction importante repose sur la différence entre les questions d'intelligibilité et les questions d'ordre normatif. Un examen approprié de cette distinction délicate et complexe nous conduirait trop loin au-delà des limites de notre propos[1], mais les quelques remarques qui suivent s'imposent. Il est tentant de

---

1. Voir R.M. Hare, « The Argument from Received Opinion », dans *Essays on Philosophical Method*, New York, Macmillan, 1971, p. 117.

supposer, avec Joel Feinberg[1], qu'on peut disjoindre soigneusement des questions telles que :

> 2) De quelles sortes d'êtres peut-on *dire* (logiquement) qu'elles méritent la considération morale ?
> 3) Quelles sortes d'êtres méritent vraiment, dans la perspective d'une « éthique concrète », de faire l'objet d'une considération morale ?

Mais il suffit de réfléchir sur la *plasticité* manifeste de nos croyances métamorales pour que nous commencions à douter de la possibilité d'opérer une telle distinction (peut-être le doute s'immisce-t-il ici plus rapidement que dans d'autres contextes philosophiques où prend place la distinction entre le conceptuel et le substantiel). Par exemple, on pourrait faire remarquer à juste titre qu'il fut des époques et qu'il y eut des sociétés où la dénégation du statut moral des Noirs s'imposait comme le résultat d'une *analyse conceptuelle*. On pourrait multiplier les exemples en y incluant les femmes, les enfants, les fœtus, et de nombreuses autres instanciations de ce qu'on pourrait appeler l'« aliénation métamorale ». Je pense que la leçon qui doit être retenue ici tient à ceci que, comme William Frankena l'a fait remarquer[2], la métaéthique est et a toujours été une discipline partiellement normative. Quant à savoir s'il faut en conclure qu'une analyse conceptuelle et moralement neutre soit inconcevable en éthique, c'est là bien entendu une tout autre affaire. Quoi qu'il en soit, et pour revenir au problème que nous examinons ici, il apparaît pour le moins difficile de disjoindre les questions (2) et (3). Je crois que la prudence la plus élémentaire recommande de considérer avec circonspection les arguments qui nous invitent à répondre à la question (3) sur la *seule* base des

---

1. J. Feinberg, « The Rights of Animals and Unborn Generations », dans W.T. Blackstone (ed.), *Philosophy and Environmental Crisis*, Athens, University of Georgia, 1974, p. 43. Les références à l'article de Feinberg entre parenthèses renvoient à cette édition.

2. W. Frankena, « On Saying the Ethical Thing », dans *Perspectives on Morality*, Notre Dame, Notre Dame University Press, 1976, p. 107-124.

réponses fournies à la question (2) faites dans le style du « langage ordinaire ».

Bien que la présente étude focalise son attention sur des problèmes qui sont plus d'ordre normatif que conceptuel (et qui ont donc plus de rapport avec la question (3) qu'avec la question (2)), elle n'en porte pas moins sur ce que j'ai appelé le « modèle » de la considération morale, dans la mesure où elle détourne son attention de la question des poids relatifs (de l'importance morale) des différentes revendications à la considérabilité morale.

En outre – et ceci nous conduit à considérer la quatrième et dernière distinction – il est encore d'autres raisons pour lesquelles la présente étude relève d'un questionnement sur le modèle de la considération morale plutôt que sur son application. Il y a de toute évidence du sens à dire que nous sommes sujets à des *seuils* de sensibilité morale, de la même manière que nous sommes sujets à des seuils de sensibilité cognitive ou perceptive. Au-delà de ces seuils, nous sommes « moralement aveugles », ou bien encore nous subissons des effets de déstructuration analogues à ceux que peut subir un ordinateur victime d'une « saturation d'informations ».

Compte tenu de nos limitations conatives, nous aurons souvent recours à la distinction entre les exigences morales qui sont relatives à ces limitations, et celles qui ne le sont pas. Pour ce qui est de ces dernières, elles expriment la façon dont nous reconnaissons si ce n'est pratiquement, du moins idéalement, le caractère contraignant des revendications qui en appellent à notre considération et à notre respect.

Nous pourrions être tentés de consigner ce point en empruntant la distinction que fait Ross entre « devoir *prima facie* » et « devoir réel » – mais à bien y regarder, deux objections nous en empêchent : d'une part, les catégories de Ross sont naturellement plus aptes à formaliser la distinction mentionnée précédemment entre considérabilité et importance ; et d'autre part, elles ont tendance à évoquer quelque chose qui relève du conditionnel et des capacités « internes » de réponse pratique de l'agent, de sorte qu'elles négligent la multiplicité des sources mêmes des pressions morales « externes ».

Nous dirons donc que la considérabilité morale de X est *opératoire* et qu'elle s'exerce sur un agent A si et seulement si la reconnaissance plénière de X par A est une possibilité psychologique (et, de manière générale, causale) de A. Si la considérabilité de X est susceptible d'être défendue sur de tout autre fondement que sur des fondements opératoires, nous dirons que cette considérabilité est *régulatrice*. Par exemple, un agent peut bien avoir l'obligation de reconnaître la considérabilité régulatrice de tous les êtres vivants, tout en n'étant capable psychologiquement (et en liaison avec ses propres habitudes nutritives) de reconnaître une considération opératoire qu'à une classe beaucoup plus petite de choses (même si, sous ce rapport, il faut noter que les capacités diffèrent d'un individu à l'autre et d'une époque à l'autre).

En utilisant toutes ces distinctions, ainsi que la terminologie expéditive mais efficace par laquelle elles s'énoncent, nous pouvons désormais préciser le sens de la question formulée en (1) en disant qu'il s'agit d'une question, dont l'enjeu est plutôt d'ordre substantiel (*versus* d'ordre purement logique), portant sur la détermination d'un critère moral de considérabilité (*versus* d'importance morale) d'une sorte que l'on peut dire régulatrice (*versus* opératoire). Autant que je puis en juger, le fait pour X d'être un être vivant est une condition à la fois nécessaire et suffisante de considérabilité morale, quelle que soit la réponse qu'il faille donner par ailleurs à la question des droits moraux que les agents rationnels doivent ou non lui reconnaître.

III

Considérons pour commencer la réponse que Warnock propose à cette question, maintenant que la question a été quelque peu clarifiée. Afin de mieux mettre en perspective la position qu'il défend, Warnock soumet à la critique (de manière à mes yeux convaincante) deux positions plus restrictives. La première, qui défend ce que l'on pourrait appeler le *principe kantien*, se ramène pour le fond à une réflexion sur les exigences de *l'agir* moral en liaison avec les exigences de la considérabilité morale :

4) Pour que X mérite de faire l'objet d'une considération morale de la part de A, X doit être une personne humaine rationnelle.

La seconde position, qui est en fait une variante moins restrictive de la première, détermine les limites de la considérabilité en introduisant l'idée de « potentialité » :

5) Quel que soit A, X mérite de faire l'objet d'une considération morale de la part de A si et seulement si X est une personne humaine rationnelle ou est potentiellement une personne humaine rationnelle.

Ce que Warnock réplique à ceux qui défendent ce genre de propositions est tout à fait convaincant. Il n'est pas douteux que les enfants et les êtres atteints d'idiotie soient des êtres potentiellement rationnels, mais ce n'est pas pour cette raison qu'il nous semble que nous ne devions pas les maltraiter. Et nous n'accorderions pas que l'on puisse raisonnablement priver un être de toute prétention morale * pour le seul motif que l'on peut raisonnablement juger qu'il est incurablement atteint d'idiotie (151). En bref, il paraît arbitraire de refermer le cercle de la *considérabilité* morale autour des êtres humains rationnels (réels ou potentiels), même s'il peut apparaître raisonnable de refermer sur eux le cercle de la *responsabilité* morale[1].

---

1. En fait, il me semble que nous ne devrions pas refermer le cercle de la responsabilité morale de cette manière. Voir sur ce point mon article intitulé « Moralité et Organisations » à paraître, dans *Proceedings of the Second National Conference on Business Ethics*, Waltham, Bentley College, 1978 [l'article est plus aisément accessible dans le volume collectif où il a été réédité par T. Donaldson et P. Werhane (ed.), *Ethical Issues in Business. A Philosophical Approach*, Englewood Cliffs, Prentice-Hall, 2e éd., 1983].

* En anglais : « *moral claim* ». Nous rencontrons là une difficulté analogue à celle qui a été signalée précédemment. Sur la difficulté qu'il y a à traduire le mot « *claim* », voir l'entrée qui lui correspond dans le *Dictionnaire des intraduisibles*, B. Cassin (éd.), Paris, Seuil-Le Robert, 2004, p. 222-225.

Warnock, par la suite, avance sa propre solution. Le fondement de toute prétention morale, dit-il, peut être énoncé comme suit :

> De même que la capacité à être tenu pour un agent moral découle de la capacité générale à soulager, au moyen d'une action morale, les maux éprouvés dans une situation de détresse, et est pour cette raison limitée aux êtres rationnels, de même la condition sous laquelle il est possible de prétendre bénéficier en propre d'une action morale est la capacité à *souffrir* les maux éprouvés dans une situation de détresse – et pour cette raison, elle n'est pas limitée aux êtres rationnels, pas davantage même aux membres potentiels de cette classe (151).

Le critère de considérabilité morale est ainsi déterminé par la *capacité à souffrir* :

> 6) Quel que soit A, X mérite d'être l'objet de la considération morale de A si et seulement si X est capable d'éprouver de la souffrance (ou d'éprouver du plaisir).

L'interdiction d'infliger de la souffrance implique d'en appeler à ce que Warnock considère (de façon analytique) comme l'*objet* de toute entreprise morale : à savoir, l'amélioration de la « situation de détresse » dans laquelle se trouve un être.

Un tel appel lancé en direction de l'objet de la moralité nous inspire immédiatement deux types de remarques. La première remarque que nous souhaiterions faire concerne la stratégie d'ensemble que Warnock adopte dans le contexte du passage que nous avons cité. Plus tôt dans son livre, l'auteur avait annoncé que l'analyse appropriée du concept de moralité ne manquerait pas de nous conduire à un « objet » dont la poursuite constitue le modèle de toute éthique. Mais l'« objet », à ce moment-là, apparaissait comme étant bien restreint :

> L'objet général de l'évaluation morale doit être de contribuer de quelque façon, au moyen des actions des êtres rationnels, à l'amélioration de la situation de détresse humaine – c'est-à-dire, à l'amélioration des conditions dans lesquelles *ces* êtres humains rationnels se trouvent réellement eux-mêmes (16; le soulignement est dans le texte original).

Il semble donc que, après avoir mesuré les enjeux de la considérabilité morale dans les chapitres suivants du livre, Warnock ait changé d'avis en ce qui concerne l'objet de la moralité et donc élargi la définition de la « situation de détresse » afin d'y inclure les êtres non humains.

La seconde remarque que nous souhaiterions faire concerne la question de l'analyse elle-même. Ainsi que je l'ai suggéré précédemment, il est difficile de disjoindre les questions conceptuelles et les questions substantielles dans le contexte présent de réflexion. Nous pouvons bien sûr élaborer de toutes pièces une *définition* de la moralité stipulant à la fois que la moralité a un objet et que cet objet n'est autre que le soulagement de la souffrance. Mais, en l'absence de tout autre argument, on ne voit pas bien sur quoi une telle définition serait elle-même fondée. Les efforts consacrés au XXe siècle à l'analyse et à la mise en cause du sophisme naturaliste nous auront au moins appris à quoi nous devons nous en tenir sur ce point.

Nous n'entendons nullement, bien entendu, suggérer par l'une ou l'autre remarque que le critère que propose Warnock est erroné. Mais ces critiques ont pour effet, me semble-t-il, d'inviter à plus d'exigence, ce à quoi ont manqué les deux autres auteurs ayant abordé ce sujet, qui semblent défendre pour leur part des positions analogues.

W. F. Frankena, dans un article récent[1], apporte de l'eau au même moulin :

> À l'instar de Warnock, je pense qu'il y a de bonnes et de mauvaises façons de traiter les enfants, les animaux, les êtres atteints d'idiotie même si ou quand bien même (selon les cas) ces êtres ne sont pas (ou ne seraient pas) des personnes ou des êtres humains – en vertu de leur capacité à éprouver du plaisir et de la souffrance, et non pas parce

---

1. W.F. Frankena, « Ethics and the Environment », à paraître, dans K.E. Goodpaster et K.M. Sayre (ed.), *Ethics and Problems of the 21st Century*, Notre Dame, Notre Dame University Press, 1978 [livre paru en 1979, l'article cité se trouve p. 3-20].

que leur vie aurait de la valeur aux yeux de (ou par rapport à ceux) qui sont de toute évidence des personnes ou des êtres humains.

De son côté, Peter Singer[1] écrit ceci :

> Si un être n'est pas capable de souffrir, ou d'éprouver du plaisir ou de la joie, il n'y a rien qui demande à être pris en considération. C'est pourquoi les limites de la sensibilité (en utilisant ce terme par convention, en dépit de son manque de précision, pour désigner de façon commode la capacité à souffrir ou à éprouver du plaisir et de la joie) sont les seules qui soient susceptibles d'être justifiées par le souci qu'il convient d'avoir pour les intérêts des autres (154).

Notre état d'esprit en est renforcé, ai-je dit, car, même si je tiens pour justifiée la conviction qu'expriment ces philosophes, et même si je n'hésite pas à saluer l'idée selon laquelle la capacité à souffrir (ou mieux peut-être : la *sensibilité*) est un critère suffisant de considérabilité morale, je ne parviens pas à comprendre les raisons pour lesquelles ils pensent qu'un tel critère est nécessaire. Ce n'est pas qu'ils n'aient rien suggéré en ce sens. Warnock déclare que les êtres dénués de sensibilité ne pourraient pas, à proprement parler, bénéficier d'une action morale les prenant pour objet. Singer semble penser, quant à lui, qu'au-delà de la sensibilité « il n'y a rien qui demande à être pris en considération ». Et Frankena suggère que les êtres dénués de sensibilité ne fournissent tout simplement aucune raison morale de les traiter avec respect, à moins de leur reconnaître une forme de sensibilité potentielle[2]. Et pourtant, il est bien évident

---

1. P. Singer, « All Animals are Equal », dans T. Regan et P. Singer (ed.), *Animal Rights and Human Obligations*, Englewood Cliffs, Prentice-Hall, 1976, voir aussi p. 316.

2. Dans un article à paraître déjà cité « Ethics and the Environment », W. Frankena écrit ceci : « Je ne vois aucune raison pour laquelle nous devrions respecter quelque chose qui est vivant, mais qui est dénué de toute sensibilité consciente, et qui par conséquent ne peut éprouver ni plaisir ni douleur, ni joie ni peine, sauf à considérer que cette forme de vie est potentiellement un être sensible conscient, comme c'est le cas d'un fœtus. Pourquoi devrais-je ne pas arracher une feuille à un arbre, s'il est vrai que les feuilles et les arbres n'ont aucune capacité à éprouver du plaisir ou de la

qu'il y a quelque chose qui demande à être pris en considération, quelque chose qui n'est pas seulement une « sensibilité potentielle » et qui confère assurément aux êtres un titre à bénéficier de tel ou tel traitement favorable ou à ne pas subir un préjudice résultant de tel ou tel comportement adopté à leur endroit : à savoir, *la vie* – point qui me paraît avoir été négligé par mes prédécesseurs.

Biologiquement parlant, il apparaît que la sensibilité est une caractéristique adaptative des organismes vivants qui leur confère une capacité plus grande à anticiper, et par là à se soustraire à ce qui menace leur vie. Ce fait suggère au moins, même s'il ne suffit pas bien sûr à en faire la preuve, que les capacités à souffrir et à éprouver du plaisir, plutôt que d'être en eux-mêmes des gages de considérabilité, sont subordonnées à quelque chose de plus important. Pour citer les observations scientifiques pénétrantes de Mark W. Lipsey, nous pourrions dire la chose suivante :

> Si nous considérons que le plaisir plonge ses racines dans notre physiologie sensorielle, il n'est pas difficile de voir que notre équipement neurophysiologique, pour pouvoir évoluer en fonction de la variation et de la rétention sélectives, a dû enregistrer un signal positif pour réagir à des conditions adaptatives satisfaisantes, et un signal négatif pour réagir aux conditions adaptatives insatisfaisantes sous le même rapport (…). Le signal du plaisir n'est qu'un indicateur évolutif dérivé, et non pas un objectif qui serait poursuivi pour son propre compte. Les applaudissements saluent un travail qui a été bien fait, mais ne saluent pas le fait même qu'un travail a été effectué[1].

---

souffrance ? Pourquoi l'emplacement qui est celui d'un arbre aurait-il meilleur titre à être l'objet de mon respect que l'emplacement qui est celui d'un rocher qui obstrue une voie de circulation, s'il est vrai que le fait de le déplacer ne bénéficie ni ne porte préjudice à aucune personne ni à aucun être sensible ? ».

1. M.W. Lipsey, « Value science and Developing Society », *Society for Religion in Higher Education*, Institute on Society, Technology and Values, 15 juin-4 août 1973, p. 11.

Il est absurde d'imaginer que l'évolution ait pu donner naissance (et en fait, qu'elle puisse encore le faire aujourd'hui) à des êtres dont la capacité à maintenir, à protéger et à assurer le progrès de leur vie, ne dépende en aucune façon des mécanismes de douleur et de plaisir.

Parvenus à ce stade, nous avons quelque raison de penser que la recherche d'un critère de considérabilité morale nous conduit promptement au-delà des limites d'un humanisme étroit. Mais il y a une tendance, visible dans les propos que tiennent Warnock, Frankena et Singer, à refermer le cercle de la considérabilité autour de la sensibilité. Je viens de suggérer que nous avons de bonnes raisons de vouloir aller plus loin, sans qu'il faille renoncer à la voie argumentative qu'ils ont choisie de suivre. Il est peut-être possible de tirer un plus grand parti et de façon plus explicite du thème de la sensibilité. J'en suis pour ma part convaincu, et je vais m'efforcer de l'expliquer plus en détail dans la section suivante.

IV

Joel Feinberg offre (51) ce qui est sans doute l'argument le plus clair et le plus explicite permettant de déterminer un critère restrictif de considérabilité morale (restrictif si on le compare à celui de la vie). Toutefois, il convient de dire dès le début que le champ contextuel des remarques de Feinberg est déterminé par :

> I) Le concept de « droit » qui, ainsi qu'il a été dit précédemment, est parfois entendu comme étant plus étroit que celui de « considérabilité » ;
> II) L'*intelligibilité* des modes d'attribution des droits, qui, comme il a été montré précédemment, est liée problématiquement à la question (d'ordre plutôt substantiel) : quels êtres méritent la considération morale ?

Ces deux caractéristiques du propos que tient Feinberg sont telles que l'on pourrait estimer qu'elles suffisent à invalider par avance l'usage que je compte en faire ici. Mais, à bien y regarder, le concept de « droit » reçoit un sens très large dans ce contexte, qui le rend plus proche de ce que j'appelle la considérabilité morale que de ce que Passmore désigne sous le nom de « droit ». Et la signification centrale de l'argumentation, dans la mesure où elle est dirigée contre *l'intelligibilité* de certaines attributions de droits, est *a fortiori* pertinente pour toute réflexion qui se pose des questions d'ordre substantiel du type de la question (1).

Par conséquent, je propose d'interpréter les arguments de Feinberg comme s'ils reprenaient à leur compte le problème de la considérabilité dans sa forme la plus substantielle, qu'ils aient été conçus ou pas en vue d'une telle application. J'ai conscience que ce faisant, il sera sans doute nécessaire de citer le nom de Feinberg avec force guillemets, mais je suis convaincu que c'est bien dans le propos de Feinberg que la promotion de la sensibilité au rang d'objet de la considération morale trouve sa justification la plus claire – selon une ligne d'argumentation seulement suggérée dans les considérations de Warnock, Frankena et Singer.

La thèse centrale que défend Feinberg énonce, d'une part, qu'un être ne peut pas, de façon intelligible, être réputé titulaire de droits moraux (lisez : ne peut pas être dit mériter une considération morale) à moins de satisfaire le « principe d'intérêt » ; et, d'autre part, que, parmi les êtres vivants, seule la classe constituée par les êtres humains et les animaux supérieurs satisfait un tel principe :

> Les sortes d'êtres qui peuvent avoir des droits sont précisément celles qui ont (ou peuvent avoir) des intérêts. Deux raisons me conduisent à ce résultat que nous présentons à titre d'essai : 1) tout d'abord, un titulaire de droit doit être capable d'être représenté et il est impossible de représenter un être qui n'a aucun intérêt à défendre ; 2) ensuite, un titulaire de droit doit être capable de bénéficier du traitement qui lui est réservé à titre personnel, et un être sans intérêt étant incapable de subir un préjudice ou de profiter de tel ou tel traitement, puisqu'il n'a aucun bien qui lui soit propre et aucun « égard » par rapport à lui-même (51).

Sont implicitement énoncés dans ce passage, pour peu qu'on les interprète dans les termes de la considérabilité morale, les deux arguments suivants :

> (Argument I) Seuls les êtres qui peuvent être représentés méritent de faire l'objet d'une considération morale.
> Seuls les êtres qui ont (ou qui peuvent avoir) des intérêts peuvent être représentés.
> Donc, seuls les êtres qui ont (ou peuvent avoir) des intérêts peuvent mériter la considération morale.

> (Argument II) Seuls les êtres capables de bénéficier d'un certain traitement peuvent mériter la considération morale.
> Seuls les êtres qui ont (ou qui peuvent avoir) des intérêts sont capables de bénéficier d'un certain traitement.
> Donc, seuls les êtres qui ont (ou qui peuvent avoir) des intérêts peuvent mériter la considération morale.

Je soupçonne ces deux arguments d'être implicitement contenus dans les propos de Warnock, Frankena et Singer, même si l'on ne peut en être absolument sûr. Quoi qu'il en soit, je considère que ces arguments sont ceux qui offrent la meilleure défense susceptible d'être trouvée dans la littérature récente du critère de la sensibilité.

Je suis disposé, à quelques réserves près, à reconnaître la vérité des prémisses initiales de chacun de ces arguments qui sont, en eux-mêmes, évidemment valides. En revanche, les secondes prémisses sont toutes deux manifestement équivoques. Faire de la représentation juridique le seul apanage d'êtres ayant (ou pouvant avoir) des intérêts peut vouloir dire que les « simples choses » ne sont pas susceptibles d'être représentées dans la mesure même où elles n'auraient rien à défendre, aucun « intérêt » à protéger (par opposition à leur utilité pour un autre). De la même manière, suspendre à l'intérêt réel ou possible la capacité à recevoir un certain traitement peut vouloir dire que les « simples choses » sont aussi inaptes à en bénéficier qu'à subir un préjudice, puisqu'elles n'éprouvent aucun bien-être qui devrait être mis en évidence et reconnu par des agents moraux rationnels.

Interprétés de la sorte, les arguments de Feinberg paraissent faire mouche; mais il semble également du même coup que ces arguments permettent de promouvoir tout être *vivant* au rang d'objet de la considération morale. C'est ainsi que Feinberg déclare admettre que les plantes elles-mêmes

> ne sont pas de « simples choses »; elles sont des objets doués de vie ayant hérité d'un certain nombre de tendances biologiques qui déterminent leur croissance naturelle. En outre, il nous arrive de dire que certaines conditions sont «bonnes» et que d'autres sont « mauvaises » pour les plantes, en suggérant par là que les plantes, à la différence des rochers, sont capables d'avoir un «bien» (51).

Mais l'intention qui anime assez clairement Feinberg est de resserrer les mailles du filet bien plus qu'il ne l'a fait jusqu'ici – comme on le voit bien dans les secondes prémisses où la notion d'«intérêts» est interprétée de façon plus étroite. Le terme oppositionnel qui lui sert de façon privilégiée n'est plus alors celui de «simples choses» mais de «créatures inintelligentes». Et il accomplit le passage de l'un à l'autre en soulignant le fait que les «intérêts» présupposent logiquement des *désirs* ou des *volitions* ou des *déterminations de but*, ce dont sont incapables les plantes parce qu'elles ne disposent pas des attributs nécessaires à cette fin (pas davantage, pourrions-nous ajouter, que de nombreux animaux et même certains hommes?).

Mais pourquoi devrions-nous accepter ce virage dans l'argumentation qui renforce le critère de la considérabilité au prix d'une restriction? En procédant de cette manière, nous renonçons de toute évidence au bon sens qui consiste à dire que les organismes vivants tels que les plantes ont des intérêts susceptibles d'être représentés juridiquement. Il n'y a rien d'absurde dans l'idée que les besoins en soleil et en eau de l'arbre peuvent être opposés à la proposition de l'abattre, lui et quelques autres à proximité, pour faire place nette et permettre la construction d'un parking. Nous pouvons bien entendu, après réflexion, décider de poursuivre ce projet et abattre l'arbre, mais il n'y a aucun problème d'intelligibilité à penser que les intérêts de l'arbre aient pu être pris en considération et nous conduire à renoncer à notre projet initial. Eu égard à leurs tendances manifestes à se préserver et à se soigner eux-mêmes, il est très difficile de repousser l'idée que les arbres (et les plantes en général) ont des intérêts à demeurer en vie[1].

De même, on ne peut se satisfaire de la suggestion de Feinberg selon laquelle les besoins (ou intérêts) des choses vivantes telles que les arbres ne sont pas vraiment les leurs, mais sont plutôt implicitement les *nôtres* :

> Les plantes peuvent bien avoir besoin de certaines choses en vue d'accomplir leurs fonctions, mais leurs fonctions ne sont telles que parce qu'elles leur ont été assignées par les intérêts des hommes, et ne sont donc pas les leurs (54).

Comme si les intérêts des hommes pouvaient assigner aux arbres la tâche de grandir et de se préserver ! Les intérêts en jeu sont clairement ceux des choses vivantes elles-mêmes, et pas seulement les intérêts de ceux qui les possèdent ou les utilisent, ou de toute autre personne humaine ayant rapport à elles. En fait, ce que ce passage suggère, c'est qu'un organisme doit *importer* à l'homme d'une façon ou d'une autre pour être capable d'être représenté – suggestion dont les implications sont des plus graves, pensées en termes de reconnaissance des droits humains (c'est-à-dire d'émancipation), pour ne rien dire de ceux des animaux (de façon inconséquente pour Feinberg, j'imagine).

En vérité, il semble suivre de ce qui précède que les intérêts des êtres dénués de sensibilité, comme ceux des êtres qui en sont dotés,

---

1. Voir A. Szent-Gyorgyi, *The Living State*, New York, Academic Press, 1972, particulièrement chap. 6, « Les systèmes de défense végétatifs ».

constituent des critères de considérabilité bien plus raisonnables que les « intérêts » limités aux seuls êtres doués de sens (par opposition aux « créatures inintelligentes »). Ce qui ne veut pas dire que les intérêts interprétés de la seconde manière ne sont pas pertinents – car ils peuvent jouer un rôle comme critères d'*importance* morale – mais que les capacités psychologiques et hédonistes semblent constituer des capacités inutilement sophistiquées quand il importe de déterminer les conditions minimales qu'un être doit remplir pour pouvoir faire l'objet d'une considération en son propre nom. Il est surprenant de constater qu'en vertu de ses propres réflexions sur ce qu'il appelle les « simples choses », Feinberg semble être conduit à défendre la même thèse :

> Les simples choses n'ont pas de vie conative : pas de souhaits, pas de désirs ni d'espoirs conscients ; pas d'impulsions et de mouvements spontanés ; pas de pulsions, d'intentions ou de buts inconscients ; pas de tendances latentes, de croissance finalisée et d'accomplissements naturels. Les intérêts doivent être d'une certaine manière combinés avec les conations ; partant, les simples choses ne possèdent pas d'intérêts (49).

Si l'on se souvient des remarques faites antérieurement selon lesquelles les plantes, par exemple, ne sont pas de « simples choses », la proposition que nous venons de citer semble bien compromettre la validité du « principe d'intérêt » en sa forme la plus restrictive. Je peux donc en conclure, avec les précautions d'usage, qu'il en va ici de deux choses l'une : soit le « principe d'intérêt » gagne en extension afin de s'ajuster à ce que nous pourrions appeler le « principe de vie », soit il exige que l'on détermine de façon arbitraire des capacités psychologiques (requises pour éprouver des désirs, des volitions, etc.), qui ne sont garanties ni dans l'Argument I ni dans l'Argument II, et qui n'ont même pas pour elles une apparence raisonnable.

V

Jusqu'à présent, j'ai examiné les idées de quatre philosophes qui tiennent la sensibilité ou les intérêts (conçus de façon étroite) comme constituant la condition nécessaire de toute considérabilité morale. Je me suis efforcé de montrer que ces idées ne sont pas défendues de façon convaincante – si elles le sont tout court – du fait même de leur réticence à reconnaître chez les êtres vivants dénués de sensibilité la présence de besoins qui leur sont propres, de capacités à bénéficier d'un certain traitement ou à subir un préjudice, etc. À présent, je souhaiterais brièvement situer la réflexion sur un plan plus général, en examinant les racines mêmes de cette réticence, avant de passer au crible à leur tour les objections qui peuvent être formulées à l'encontre du critère que j'ai proposé précédemment, à savoir le critère de la « vie ». Chemin faisant, il se peut que nous réussissions à voir plus clairement pour quelles raisons nous nous montrons collectivement si hésitants quand il s'agit de concevoir une éthique environnementale qui ne soit pas « chauvine »[1].

Lorsque nous analysons cette réticence à aller au-delà de la sensibilité comme critère de la considération morale – et lorsque nous nous mettons en quête d'explications et de justifications sur ce point – deux remarques s'imposent à l'esprit.

La première est que, compte tenu des liens que soutiennent l'une avec l'autre la bienveillance (ou la malveillance) et la morale, il est naturel que les limites de la considérabilité correspondent à celles de la classe des êtres qui peuvent bénéficier d'un certain traitement (ou en pâtir). Cette idée est implicitement présente chez Warnock et explicitement chez Feinberg.

---

1. Voir R. et V. Routley, « Against the Inevitability of Human Chauvinism », dans K.E. Goodpaster et K.M. Sayre (ed.), *Ethics and Problems of the 21st Century*, Notre Dame, Notre Dame University Press, 1978, note 3 [livre paru en 1979, l'article cité se trouve p. 36-59]. R. Routley est, me semble-t-il, le père de l'expression de « chauvinisme humain ».

La seconde remarque est que, si la conception que l'on se fait du bien est de type *hédoniste*, l'idée que l'on se fait de ce qu'est un être qui peut bénéficier d'un certain traitement sera tout naturellement limitée aux êtres qui sont capables d'éprouver du plaisir et de la douleur. Si le plaisir ou la satisfaction est le don par excellence que nous sommes moralement tenus de faire, alors il est à prévoir que seuls les êtres équipés pour recevoir un tel don trouveront place dans notre délibération morale. Et si la peine ou le déplaisir est le préjudice le plus grave que nous puissions leur faire subir, il est à prévoir également que seuls les êtres qui sont équipés pour l'éprouver mériteront de faire l'objet de notre considération. Il semble donc qu'il y ait une liaison non contingente entre une théorie hédoniste ou quasi-hédoniste [1] des valeurs, et une réponse à la question de la considérabilité morale qui privilégie la sensibilité et la possession d'intérêts (conçus de façon étroite).

Il faut se garder, bien sûr, de tirer des conclusions hâtives au sujet de cette liaison. De ce que l'hédonisme conduit au critère de considérabilité morale déterminé par la sensibilité, il ne s'ensuit ni que l'hédonisme implique un tel critère, ni que son défenseur adhère à une théorie des valeurs de type hédoniste. Car l'on peut bien être un hédoniste dans la théorie des valeurs, et penser, sur la base de convictions tout à fait indépendantes, que la considération morale doit être restreinte à la classe particulière des êtres qui sont susceptibles d'éprouver de la joie ou de la peine. De même, l'on peut bien tenir la sensibilité pour un critère de considérabilité morale tout en niant que le plaisir, par exemple, soit le seul bien intrinsèque dans la vie d'un être humain (ou non humain).

Par conséquent, l'hédonisme des valeurs et le choix de la sensibilité comme critère de considérabilité morale ne sont pas logiquement équivalents. L'un n'implique pas davantage l'autre. Mais il est, semble-t-il, de bon sens d'affirmer qu'ils se prêtent un

1. Frankena utilise l'expression « quasi-hédoniste » dans son livre *Ethics*, Englewood Cliffs, Prentice-Hall, 2ᵉ éd., 1973, p. 90.

soutien réciproque – à la fois en ce sens où les deux se donnent mutuellement quelque apparence de raison, et en ce sens où ils s'expliquent l'un l'autre. Ainsi que Derek Parfit le dit fort justement, « il n'y a pas d'implications, mais aussi bien il n'y en a que rarement dans les raisonnements moraux »[1].

Que l'on me permette par conséquent de hasarder l'hypothèse selon laquelle il existe une affinité, qui n'a rien d'accidentelle, entre la conception des valeurs que se fait une personne ou une société, et la conception qu'elle se fait de la considérabilité morale. Plus précisément, il existe une affinité entre l'hédonisme (ou l'une quelconque de ses variantes) et la préférence marquée pour le choix de la sensibilité (ou l'une quelconque de ses variantes) comme critère de considérabilité. Les implications que l'on pourrait tirer de cet état de fait sont multiples. Dans le contexte de la recherche d'un modèle moral plus riche permettant de faire droit à une conscience renouvelée de l'environnement, on pourrait s'attendre à ce que la société hédoniste oppose à un tel projet une résistance importante, à moins que nous ne soyons, individuellement et collectivement, forcés de nous représenter leurs impératifs sous une forme instrumentale. On pourrait aussi être conduit à évaluer la manière dont les fins poursuivies par la technologie, et qui sont hédonistes dans une large mesure, ont pu graduellement « durcir le cœur » d'une civilisation à l'égard de la communauté biotique au sein de laquelle elle vit – du moins jusqu'à ce qu'une crise ou un bouleversement de la société nous contraigne à poser un certain nombre de questions[2].

---

1. D. Parfit, « Later Selves and Moral Principles », dans A. Montefiori (ed.), *Philosophy and Personal Relations*, p. 147, Boston, Routledge & Paul Kegan, 1973.

2. Il serait possible d'approfondir les propositions que nous venons d'avancer au sujet de la théorie de la valeur qui est à l'œuvre dans notre société, et au sujet de la nécessité d'une approche des valeurs qui ne soit pas instrumentale. La théorie des valeurs, à l'instar de toute théorie scientifique, tend à évoluer en s'efforçant d'accommoder au modèle conventionnel toutes les suggestions nouvelles concernant ce qui est bon ou ce qui devrait faire l'objet de respect. Je pense que l'analogie permet de rendre compte des révolutions qui se produisent en éthique – une façon inédite et plus

VI

Considérons à présent plusieurs objections dont on pourrait estimer qu'elles rendent intenable le choix du « principe de vie » comme critère de considérabilité morale et ce, quel que soit par ailleurs le caractère adéquat ou inadéquat du principe de la sensibilité ou du principe d'intérêt.

(Objection 1) Un principe de respect moral ou de considération pour la vie dans toutes les formes que peut revêtir cette dernière, relève purement et simplement du romantisme schweitzerien, même s'il n'implique pas – comme il le fait selon toute probabilité – la projection de catégories mentales ou psychologiques au-delà de leurs limites raisonnables dans le règne des plantes, des insectes et des microbes.

(Réponse 1) Cette objection passe à côté de la thèse centrale qui est défendue, laquelle *ne* consiste *pas* à dire que le critère de sensi-bilité est nécessaire et qu'il est applicable à toute forme de vie – mais plutôt, que la possession de la sensibilité n'est pas nécessaire pour déterminer la considérabilité morale. Il se peut que Schweitzer lui-même ait défendu la première thèse – et qu'il ait été à ce titre « romantique » – mais ce n'est pas notre affaire.

(Objection 2) Suggérer avec le plus grand sérieux du monde que la considérabilité morale est coextensive à la vie, revient à suggérer que les êtres conscients qui éprouvent des sensations n'occupent pas une place plus importante dans la vie morale que

---

simple de faire droit à notre sens moral émerge, et tend à prendre la place occupée par les anciennes élaborations morales, que ces dernières soient d'inspiration égoïste, utilitariste, ou en l'occurrence hédoniste (si ce n'est étroitement humaniste). De tels problèmes ne sont bien entendu pas compris dans ceux qu'entend examiner cet article. Peut-être m'excusera-t-on de les mentionner en considérant qu'une ligne d'argumentation en morale (et en fait, de façon générale, en philosophie) ne demande pas seulement à être critiquée – elle demande encore à être *comprise*.

celle qu'occupent les légumes, ce qui est franchement absurde – si ce n'est pervers.

(Réponse 2) Cette objection, encore une fois, passe à côté de la thèse centrale qui est défendue, pour une raison différente. La reconnaissance de la considérabilité morale de toutes les formes de vie est compatible avec la reconnaissance de différences d'importance morale entre ces diverses formes de vie. Quant à la perversion dont il est question, l'histoire ne manquera peut-être pas, en effet, de juger en ces termes la façon dont notre civilisation a traité les animaux et l'environnement biotique.

(Objection 3) La considération de la vie ne peut valoir comme critère que dans la mesure où la vie peut recevoir une définition précise ; or, elle ne le peut pas.

(Réponse 3) Je ne vois pas pourquoi le fait que les conditions d'application d'un critère de considérabilité morale ne puissent pas être strictement déterminées, empêcherait ce critère d'être opératoire. De ce point de vue, la rationalité (réelle ou potentielle), la sensibilité et la capacité d'avoir des intérêts ou le fait même de les avoir, ne se trouvent pas dans une situation plus favorable. En outre, ces termes semblent proposer une description des êtres vivants qui est empiriquement tout à fait respectable, et aucun ne peut être accusé d'être intolérablement vague ou éminemment équivoque :

> Il apparaît que la marque caractéristique d'un système vivant (…) est son état persistant d'entropie négative, entretenue par des processus métaboliques visant à accumuler l'énergie, et à se maintenir en équilibre avec son environnement au moyen de boucles rétroactives homéostatiques [1].

Tout en reconnaissant la nécessité d'apporter des précisions supplémentaires au concept de vie, je suis enclin à tenir la définition qui vient d'être citée non seulement pour parfaitement recevable en

---

1. K.M. Sayre, *Cybernetics and the Philosophy of Mind*, New York, Humanities Press, 1976, p. 91.

elle-même, mais encore à la considérer comme vivement éclairante d'un point de vue éthique, dans la mesure où elle suggère que le principe de toute démarche morale réside dans le respect des systèmes s'auto-organisant et s'auto-intégrant qui luttent contre les pressions engendrant une dégradation entropique.

(Objection 4) Si la vie, ainsi qu'il a été dit dans la réponse précédente, était réellement prise comme principe de considérabilité morale, alors il se pourrait que des systèmes plus larges, se tenant à côté de ceux que nous extrapolons de façon « linéaire » en partant des êtres humains (par exemple, les animaux, les plantes, etc.), puissent satisfaire de telles conditions – tel le biosystème dans sa totalité. Ceci équivaudrait assurément à une réfutation par l'absurde du principe de vie.

(Réponse 4) Au mieux, cette réfutation serait une réfutation du principe de vie ainsi formulé ou sans précision supplémentaire. Mais il me semble que de telles implications (quelque peu surprenantes), si elles devaient se produire, mériteraient d'être prises au sérieux. Il est possible de prouver dans une certaine mesure que le biosystème dans sa totalité manifeste un comportement qui tend approximativement à se rapprocher de la définition du concept de vie esquissé précédemment [1], et dans de telles conditions je ne vois aucune raison de nier sa considérabilité morale. Pourquoi le cercle de l'univers de la considérabilité morale devrait-il se refermer strictement sur les organismes qui se rapprochent le plus du modèle moyen de l'organisme qui est le nôtre ?

(Objection 5) Il y a de graves problèmes épistémologiques à reconnaître que les êtres dénués de sensibilité ont des intérêts, qu'ils peuvent bénéficier d'un certain traitement ou subir des préjudices, etc. Que signifie qu'un arbre a des besoins ?

---

1. Voir J. Lovelock et S. Epton, « The Quest for Gaïa », *The New Scientist*, LXV, 935 (6 février 1975), p. 304-309.

(Réponse 5) Je ne suis pas convaincu que les problèmes épistémologiques qui se posent dans ce contexte soient éminemment plus graves que ceux qui se poseraient dans de nombreux autres contextes et que l'objecteur ne tiendrait pourtant probablement pas pour problématiques. Christopher Stone a formulé cette idée avec élégance :

> Je suis sûr que je puis juger avec bien plus de certitude et de façon plus significative si et à quel moment la pelouse de mon jardin veut (ou réclame) de l'eau, que le ministère public lorsqu'il établit si et à quel moment l'État veut faire appel d'un jugement (ou qu'il le réclame) devant une cour de cassation. La pelouse me dit qu'elle veut de l'eau par une certaine sècheresse des brins d'herbe et du sol – immédiatement manifestes au toucher –, par l'apparition de morceaux de terrain pelé ou jaunissant, et un manque d'élasticité après avoir été foulée ; comment « l'État » communique-t-il avec le ministère public ? (24).

Nous prenons chaque jour des décisions au nom des intérêts des autres ou pour le profit des autres – ces « autres » dont les volontés sont bien moins vérifiables que celles de la plupart des créatures vivantes.

(Objection 6) Quelle que soit la force des objections précédentes, la réfutation à la fois la plus claire et la plus décisive du principe du respect de la vie est que l'on ne peut pas *vivre* en s'y conformant, et qu'il n'y a aucune indication dans la nature attestant que telle est bien notre destination. Nous devons nous nourrir, mettre en place des expérimentations afin d'obtenir des connaissances, nous protéger nous-mêmes de sorte à n'être pas la proie d'autres formes de vie (qu'elles soient macroscopiques ou microscopiques), et de façon générale nous devons nous faire un chemin au travers des accablantes complexités de la vie morale tout en conservant une certaine santé psychologique. S'il fallait prendre au sérieux le critère de considérabilité défendu, tout ce que nous ferions ne manquerait pas d'apparaître comme étant, en quelque façon, moralement répréhensible.

(Réponse 6) Il est possible de répondre à cette objection – à moins que ce ne soit déjà chose faite avec la Réponse 2 – en rappelant la distinction faite précédemment entre une considération morale opératoire et une considération morale régulatrice. Il me semble qu'il y a, de toute évidence, des limites au caractère opératoire du respect dû aux êtres vivants. Nous devons nous nourrir, et en temps normal (quoiqu'occasionnellement) cela implique de tuer. Nous devons obtenir des connaissances, et parfois cela implique (quoiqu'occasionnellement) de mettre en place des expérimentations avec des êtres vivants, et donc de tuer. Nous devons nous protéger contre la maladie et contre les êtres vivants pour lesquels nous constituons une proie, et parfois (quoiqu'occasionnellement) cela implique de tuer. Le caractère régulateur de la considération morale qui est due à tous les êtres vivants demande, autant que faire se peut, de la part de l'agent moral une sensibilité et une conscience de ce que commande le principe du respect de la vie, sans qu'une telle attitude conduise au suicide (psychique ou tout autre). Dans ces conditions, le principe du respect de la vie n'est pas vide puisqu'il fournit un encouragement *ceteris paribus* à développer un genre de pratiques nutritives, scientifiques et médicales qui respecte authentiquement la vie.

Quant à l'objection implicite – selon laquelle, étant donné que la nature ne respecte pas la vie, nous n'avons pas non plus à le faire –, il y a deux répliques possibles. La première consiste à dire que la vérité de la prémisse sur laquelle repose l'objection n'est pas si évidente. En effet, le meurtre gratuit se produit rarement dans la nature. La seconde réponse – plus importante – est que le problème examiné consiste à déterminer les exigences morales appropriées qui incombent aux agents moraux rationnels, et non pas aux êtres qui ne sont pas des agents moraux rationnels. Qui plus est, cette objection pourrait être reconduite contre *tout* critère de considérabilité morale, si elle revenait bien à suggérer, ainsi qu'il me semble, que la nature est amorale.

J'ai examiné les conditions nécessaires et suffisantes qui devraient régler la considération morale. Toutefois, ainsi qu'il a été indiqué précédemment, bien d'autres questions ont été laissées en souffrance. Parmi celles-ci, se trouvent les questions décisives qui touchent à l'arbitrage des revendications rivales d'êtres prétendant à notre considération, dans un monde où de telles prétentions antagonistes pullulent. En liaison avec ces questions, il faut également mentionner celles qui interrogent la pertinence d'une catégorisation des époques de la vie et d'une multiplication des statuts (du plus jeune au plus vieux), et la pertinence de la relation partie-tout (les feuilles par rapport à l'arbre ; les espèces par rapport à un écosystème). Et il en est bien d'autres encore.

Quoi qu'il en soit, nous en avons peut-être assez dit pour tirer au clair un important projet de l'éthique contemporaine, quand bien même notre propos ne suffirait pas à établir une véritable théorie de la considérabilité morale et de la signification morale. La pensée éthique de Leopold et ses implications pour la société moderne sous la forme d'une éthique environnementale sont importantes – aussi devrions-nous procéder avec soin dans l'évaluation que nous nous efforçons d'accomplir.

BIOCENTRISME, ÉCOCENTRISME
ET VALEUR

INTRODUCTION

Dieu créa le monde en sept jours, et il le fit à dessein de l'homme. La Genèse (I, 26-29), qui commande à l'homme de « dominer sur les poissons de la mer, les oiseaux du ciel, les bestiaux, toutes les bêtes sauvages et toutes les bestioles qui rampent sur la terre », ne laisse aucune place au doute sur ce point.

Un lecteur un tant soit peu attentif de la Bible ne manquera pas de reconnaître que « le Christianisme est la religion la plus anthropocentrique que le monde ait connue » : telle est du moins la conviction de Lynn White Jr., qu'il exprime sans ménagement dans un article aujourd'hui célèbre, auquel il a déjà été fait allusion dans la *Préface*.

Veut-on d'autres preuves de l'existence d'une tradition anthropocentrique occidentale non pas seulement religieuse, mais encore théologique, morale, et même métaphysique ? Que l'on ouvre donc Aristote, où l'homme nous est clairement présenté comme étant la fin de la nature au sein d'un univers hiérarchisé où chaque échelon ou chaque degré apparaît comme le moyen d'un degré supérieur, l'ensemble étant ordonné de manière finale à l'homme, et à l'homme seul; mais que l'on ouvre aussi saint Thomas, Bacon, Descartes, Kant et tant d'autres encore [1].

---

1. Les textes incriminés sont généralement les suivants : Aristote, *Les Politiques*, I, 8, 1256b, 11-12; *Physique*, II, 8-9; saint Thomas d'Aquin, *Somme contre les gentils*, Livre III, chap. 112; Bacon, *Novum Organon*, I, 10, 24, 98; II, 6; *Du progrès*

Que l'on considère enfin la suprématie déclarée et effective de l'homme sur les animaux et, plus généralement, sur la nature, à laquelle la science moderne est venue simplement prêter main-forte en réduisant le monde à l'état de matière inerte, offerte aux façonnements, aux manipulations et à la domination des technosciences[1] – et alors on prendra toute la mesure du caractère anthropocentré de la culture occidentale, et par là même on saisira dans toute son urgence la nécessité de mettre un terme à cet *anthropocentrisme des valeurs* si l'on veut apporter des solutions durables aux problèmes écologiques auxquels nous sommes confrontés.

Que faut-il entendre au juste par « anthropocentrisme des valeurs » ? C'est l'idée selon laquelle l'homme est la mesure de toutes choses, les composantes non humaines de la nature ne pouvant se voir reconnaître de valeur qu'en relation aux intérêts des êtres humains et aux buts qu'ils s'assignent. Pour dire la même chose autrement, l'homme, et l'homme seul, définit un lieu de *valeur intrinsèque*, au sens où il vaut par lui-même, en vertu de ce qu'il est, au titre de fin en soi, tandis que tout le reste ne vaut que pour autant qu'il sert comme moyen de telle ou telle fin, c'est-à-dire en tant qu'il a une *valeur instrumentale*.

Telle est, précisément définie, la prémisse anthropocentrique qui a vicié la réflexion morale par le passé, et qu'il importe désormais de réfuter en élaborant à nouveaux frais une éthique de la valeur intrinsèque des entités du monde naturel – programme qui n'est nul autre que celui de l'éthique environnementale.

et de la promotion des savoirs, II; Descartes, *Discours la méthode*, 6ᵉ partie; *Lettre à Morus* du 5 février 1649; Kant, *Fondements de la métaphysique des mœurs*, 2ᵉ section.

1. Voir en ce sens, C. Merchant, *The Death of Nature. Women, Ecology, and the Scientific Revolution*, New York, Harper Collins Publishers, 1980, et G. Steiner, *Anthropocentrism and Its Discontents. The Moral Status of Animals in the History of Western Philosophy*, Pittsburgh, University Pittsburgh Press, 2005.

De toutes les propositions qui précédent, il n'en est pas une seule qui n'ait eu à faire face à de graves objections provenant des acteurs mêmes de l'éthique environnementale.

Que le monothéisme chrétien, en expulsant les divinités païennes des ruisseaux et des montagnes, ait laissé derrière lui un monde désenchanté, et ait engendré une révolution spirituelle qui a rendu ultimement possible une attitude d'exploitation, de maîtrise et de possession de la nature – voilà, pour le moins, un raccourci audacieux, qui méconnaît l'histoire complexe des relations de l'homme à la nature au cours des siècles[1].

Que l'histoire de la pensée occidentale soit celle de la domination monolithique d'un «mode de représentation anthropocentrique» est purement et simplement une construction intellectuelle, qui néglige non seulement la profonde ambiguïté de l'héritage judéo-chrétien, mais encore l'existence de multiples inspirations (philosophiques, spirituelles, etc.) bien plus favorables à la protection de l'environnement[2].

---

1. La bibliographie est pléthorique. Parmi les réponses directes à l'article de L. White Jr., voir R. Attfield, «Christian Attitudes to Nature», *Journal of the History of Ideas*, vol. 44, 3 (1983), p. 369-386; W. Brueggemann, *The Land. Place as Gift, Promise, and Challenge in Biblical Faith*, Philadelphia, Fortress Press, 1977; E. Withney, «Lynn White, Ecotheology, and History», *Environmental Ethics*, 15 (1993), p. 151-169. Sur le même thème, voir aussi H. Rolston III, «Does Nature Need to Be Redeemed?», *Zygon. Journal of Religion and Science*, 29 (1994), p. 205-229. Enfin, en français, voir l'article d'E. Baratay, «L'anthropocentrisme du christianisme occidental», dans *Si les lions pouvaient parler. Essais sur la condition animale*, B. Cyrulnik (éd.), Paris, Gallimard, 1998, p. 1428-1449, et l'intéressante lecture de la narration du déluge dans Genèse 6-9 par J. Benoist, «Noé l'in-juste», *Philosophie politique*, 6 (1995), p. 33-42.

2. Sur l'histoire des relations de l'homme à la nature, voir le livre classique de Cl. J. Glacken, *Traces on the Rhodian Shore* [1967], trad. fr. T. Jolas et I. Tarier *Histoire de la pensée géographique*, 3 vol., Paris, Éditions du C.T.H.S., 2000-2005. Voir aussi le livre très influent de J. Passmore, *Man's Responsibility for Nature*, London, Duckworth, 1974, qui recommande de puiser dans la richesse des traditions religieuses et morales occidentales pour repenser nos rapports à la nature, au prix d'un élargissement et d'un assouplissement des théories anthropocentriques. Le livre de

Qu'il faille enfin renverser l'anthropocentrisme des valeurs et créer de toutes pièces une théorie de la valeur intrinsèque des entités du monde naturel pour résoudre nos problèmes écologiques, voilà un programme, sinon contradictoire, du moins paradoxal, puisque c'est au nom des intérêts bien compris de l'homme et de sa survie que l'on nous presse d'apprendre à respecter la nature pour elle-même : gageons qu'un tel programme aura bien du mal à se faire entendre des décideurs politiques et, plus largement, de tous ceux qui se soucient de l'environnement, et qu'à ce compte il est probablement voué à être inefficace.

Les textes que nous présentons dans cette section prennent tous place dans ce que l'on pourrait appeler la querelle de l'anthropo-centrisme, en se situant résolument du côté de ceux qui proclament ou prennent acte de l'échec des philosophies traditionnelles à fonder un quelconque devoir moral à l'endroit des entités et des créatures non humaines de la nature qui ne soit pas un devoir indirect à l'endroit des hommes.

En ce sens, ils impliquent tous une critique de la prémisse anthropocentrique et l'élaboration d'une théorie originale de la valeur intrinsèque. Mais au-delà de ces points d'entente, certes fondamentaux, les trois auteurs dont les textes ont été retenus ne s'accordent ni sur les principes généraux d'une éthique environne-mentale, ni sur l'évaluation des problèmes environnementaux qui s'en déduisent et les solutions pratiques qu'il convient de leur apporter.

L'article de Paul W. Taylor, publié en 1981, constitue la référence majeure en matière d'éthique biocentrée, qui confère à la vie comme telle une valeur moralement contraignante.

Le caractère insolite de son entreprise tient à ce qu'elle combine des schèmes de pensée hétérogènes, que l'on aurait même pu croire

---

Passmore est véritablement l'ancêtre des travaux menés actuellement qui repoussent le programme d'une éthique de la valeur intrinsèque et s'efforcent de revisiter l'anthropocentrisme dans une perspective, le plus souvent, pragmatique.

mutuellement incompatibles si l'auteur ne parvenait de fait à les articuler rigoureusement les uns aux autres.

Le premier schème est celui, d'inspiration aristotélicienne, qui détermine tous les organismes vivants, du plus simple au plus complexe, comme autant de « centres téléologiques de vie » tendus vers l'accomplissement d'un but (celui de se conserver dans l'existence et de se reproduire), les contraignant à développer des stratégies adaptatives comprises comme des moyens au service d'une fin qui peuvent être valorisés comme tels.

Il s'ensuit qu'il existe dans la nature, au regard des multiples individualités téléonomiques et indépendamment de toute évaluation humaine, des fins intrinsèques et des valeurs naturelles, au nombre desquelles il faut bien entendu compter celles que posent les êtres humains, mais sans plus leur accorder en droit le moindre privilège, en tant que les êtres humains sont des membres parmi tant d'autres de la communauté terrestre de vie – c'est-à-dire des êtres tout aussi vulnérables que les autres, partageant avec eux la même origine évolutive, à cette différence que les hommes sont des tard venus sur terre, qui dépendent des autres formes de vie pour assurer leur propre survie, alors que la réciproque n'est pas vraie.

L'affirmation d'une valeur inhérente au sein du monde non humain, si elle n'a pas pour effet de conférer des droits aux entités naturelles ni même de les qualifier de sujets moraux, suffit toutefois à fonder certaines normes prescriptives ou prohibitives qui ne soient pas centrées sur l'être humain, à commencer par une règle de non-ingérence, exigeant que nous n'entravions pas sans justification le développement et l'épanouissement des formes de vie, mais que nous nous efforcions au contraire, autant que possible, d'adopter leur « point de vue » en jugeant des événements en fonction de la manière dont ils peuvent leur profiter ou leur porter préjudice[1].

---

1. À ce titre, l'éthique biocentrique de Taylor, comprise comme éthique du respect de la nature, retrouve l'inspiration de la pensée d'A. Schweitzer (et au-delà

Le second schème de pensée est d'inspiration kantienne – l'éthique biocentrique de Taylor étant assez nettement (et nonobstant les réserves de l'auteur sur ce point) une éthique de type déontologique qui s'interroge sur les conditions de validité prescriptive des commandements moraux, qui dissocie ces derniers des intérêts que les agents peuvent avoir à accomplir leurs devoirs (meilleur garde-fou contre l'anthropocentrisme des valeurs), et qui conditionne l'adoption d'une attitude d'authentique respect de la nature par la capacité de chaque agent à universaliser les normes de son action.

L'indéniable mérite du biocentrisme est que, d'un point de vue pratique, il a pour effet de renverser la charge de la preuve en matière de protection de l'environnement : reconnaître une valeur intrinsèque à chaque entité vivante contraint pratiquement à ne plus pouvoir en disposer de façon arbitraire, et donc rend exigible une justification de la part de ceux qui proposent de nouvelles activités, potentiellement dangereuses, devant ainsi apporter la preuve que l'importance des bénéfices retirés justifie le sacrifice d'une chose qui aurait une valeur intrinsèque.

Mais au-delà de cette règle générale toute négative de non-intervention (qui ne signifie donc pas « maintien de la vie à tout prix »), le biocentrisme se montre incapable de transformer la valeur intrinsèque en norme environnementale (quelle différence peut-il y avoir, de ce point de vue, entre un champ de blé et un

---

celle de Schopenhauer) – figure tutélaire du biocentrisme anglo-américain –, sans en procéder directement : « Le principe de respect de la vie d'Albert Schweitzer n'a pas influencé ma réflexion », écrit P. Taylor dans une lettre du 6 novembre 2000 adressée à J.Cl. Evans (*With Respect for Nature. Living as Part of the Natural World*, New York, SUNY Press, 2005, p. 79, n. 1). Il poursuit : « J'avais bien sûr eu connaissance du principe de Schweitzer, mais seulement de façon superficielle. Bien qu'ayant de l'admiration pour le grand homme qu'il était véritablement, je n'avais guère lu ses livres. Philosophiquement, sa religiosité était étrangère à mes sentiments au sujet de la nature et à ma vision du monde ».

champ de fleurs sauvages? quelle valeur reconnaître à la biodiversité comme telle?) et de fournir des critères de décision.

L'éthique individualiste biocentrique semble assez mal adaptée à la protection de la nature, dont elle est pourtant censée fournir les règles d'action, dans la mesure où il en va dans cette dernière d'assurer la survie des espèces et de prendre en charge, non pas seulement des organismes vivants, mais aussi des éléments abiotiques ou des systèmes non organiques[1].

Les deux textes qui suivent celui de Taylor proposent l'un et l'autre des alternatives à la position biocentrique en élaborant une éthique environnementale de type holiste ou écocentrique, qui vise à prendre en considération des ensembles écologiques tels que les écosystèmes, les espèces et la biosphère considérée dans sa totalité.

Par opposition à l'éthique biocentrique déontologique, une éthique écocentrique se définit comme une éthique conséquentialiste, où le critère d'appréciation de ce qui doit être fait se mesure à ses conséquences par rapport au bien de l'ensemble – tout le problème étant bien entendu de savoir comment délimiter cet « ensemble » et comment définir ce qui constitue pour lui un « bien »[2].

---

1. Cette critique est développée, ici même, par J. Baird Callicott, par B.G. Norton (*Why Preserve Natural Variety?*, Princeton, Princeton University Press, 1987, p. 151-168) et par C. Larrère (« L'éthique environnementale : axiologie ou pragmatisme? », dans *Leçons de philosophie économique*, A. Leroux et P. Livet (éd.), p. 224-225, Paris, Économica, 2006). Parmi les principaux partisans d'une éthique biocentrique, voir R. Attfield, *The Ethics of Environmental Concern*, Oxford, Basil Blackwell, 1983 ; L. Lombardi, « Inherent Worth, Respect and Rights », *Environmental Ethics*, 5 (1983), p. 257-270 ; L.E. Johnson, *A Morally Deep World. An Essay on Moral Signifiance and Environmental Ethic*, Cambridge, Cambridge University Press, 1991 ; J.Cl. Evans, *op. cit.* (voir notamment les p. 97-126 qui contiennent une lecture critique détaillée des thèses de P. Taylor).

2. Sur ces différents types de philosophie morale, d'usage courant dans les pays anglo-saxons, voir entre autres J.L. Mackie, *Ethics. Inventing Right and Wrong*, Harmondsworth, Penguin Books, 1977, p. 149-168, et de façon plus générale M. Canto-Sperber, *La philosophie morale britannique*, Paris, P.U.F., 1994.

Aldo Leopold peut à juste titre être tenu pour le père fondateur d'un tel courant philosophique, qui se fixe expressément pour tâche d'élargir « les frontières de la communauté de manière à y inclure le sol, l'eau, les plantes et les animaux ou, collectivement, la terre », dans le cadre d'une *land ethic* dont le principe fondamental énonce qu'« une chose est juste lorsqu'elle tend à préserver l'intégrité, la stabilité et la beauté de la communauté biotique » et qu'« elle est injuste lorsqu'elle tend à autre chose »[1].

Sous ce rapport, Holmes Rolston III et J. Baird Callicott partagent ce trait commun décisif d'être tous deux des héritiers directs de Leopold. Leur second point commun est que leur entreprise philosophique ambitionne conjointement de sortir de la modernité, en refusant de répéter le geste d'exclusion de l'homme défini comme un être extérieur à la nature, où la nature elle-même est réduite au statut d'objet faisant face à un sujet, comme tel essentiellement à la disposition d'un sujet, et en travaillant par conséquent, comme le dit J. Baird Callicott, à déconstruire cette détermination métaphysique de la subjectivité « cartésienne » en vue d'élaborer une théorie objective (ou objectiviste, ce qui, on le verra, ne signifie pas exactement la même chose) de la valeur intrinsèque des entités du monde naturel.

La théorie de Rolston III, qu'il appelle « *autonomous intrinsic value theory* », défend l'idée qu'il y a assurément certaines valeurs qui sont le fruit d'une évaluation effectuée par les hommes, mais qu'il y en a également d'autres qui ne procèdent d'aucune activité d'évaluation, qui sont bien plutôt présentes objectivement dans le monde, inscrites d'une certaine manière dans la matière même du

---

1. A. Leopold, *Almanach d'un comté des sables*, trad. fr. A. Gibson, Paris, Aubier, 1995, respectivement p. 258 et 283. L'influence de ce livre, publié à titre posthume en 1949, sur l'éthique environnementale ne saurait être surestimée. R. Nash intitule le chapitre qu'il consacre à Leopold dans son livre classique *Wilderness and the American Mind*, New Haven-London, Yale University Press, 3e éd., 1982, « Aldo Leopold : A Prophet », ce qui est à peine une exagération.

monde, où l'esprit les rencontre ou les découvre bien plus qu'il ne les lui apporte.

Il s'agit de reconnaître la valeur intrinsèque qui se manifeste dans le monde naturel lui-même, et de replacer les expériences humaines sur cette scène comme constituant l'un des types de valeur qui comptent moralement.

En apprenant à reconnaître la valeur de cela même à quoi nous n'attachons personnellement aucune valeur, il est possible de découvrir que nous avons encore des devoirs au-delà de nos préférences et de nos préoccupations humaines, ce qui permet de jeter les premières bases d'une éthique de l'environnement qui ne commet pas l'erreur de plaider en faveur d'un quelconque égalitarisme normatif (puisque l'existence d'une pluralité de valeurs n'exclut pas leur hiérarchie), et qui est en outre susceptible d'avoir une application politique concrète en attaquant de front la tendance des décideurs à traduire toute stratégie environnementale en termes économiques (comme si les intérêts économiques pouvaient à eux seuls épuiser le champ des valeurs humaines)[1].

La stratégie argumentative que développe Rolston, nourrie des leçons de l'écologie moderne et de la théorie darwinienne, consiste à passer successivement des êtres naturels individuels à l'espèce dont ils sont membres, puis de l'espèce à la communauté biotique avec laquelle elle est en relation d'interdépendance, puis de cette communauté aux composantes abiotiques, etc., jusqu'à inclure l'ensemble de la nature en montrant que chaque niveau définit un niveau spécifique de valorisation – en établissant, comme le dit encore J. Baird Callicott, « un continuum, une sorte de pente glissante » où « par étapes progressives, la subjectivité du sujet ne cesse de s'éroder », non pas dans le but d'en finir avec le sujet, mais dans le but de situer l'apparition de l'homme dans cette histoire comme le moment d'apparition d'une conscience, d'une nouvelle

---

1. Ce point est fort bien souligné par P. Gimeno, « L'éthique environnementale : valeur, anthropocentrisme et démocratie », *Critique*, 612 (1998), p. 225-245.

valeur intrinsèque capable d'évaluer et d'admirer les autres valeurs intrinsèques.

Les hommes sont les seuls êtres qui sachent valoriser le lieu de leur séjour, au double sens où *ils savent lui trouver une valeur* et où *ils savent lui en ajouter une* du seul fait de vivre. Ils peuvent maintenir à la vie son caractère merveilleux parce qu'ils ont la capacité de s'émerveiller. À ce titre, ils définissent le lieu de la plus haute valeur intrinsèque parce qu'en eux se réalise la sommation de tous les niveaux de valeurs de la nature elle-même. Dans l'histoire de l'évolution « les hommes sont spectaculaires parce qu'ils émergent pour voir le spectacle dont ils sont partie intégrante »[1].

La théorie de la valeur intrinsèque de J. Baird Callicott n'est que très brièvement présentée à la fin de l'article que nous avons retenu, où se donne à lire essentiellement une méditation « métaéthique » évaluant et critiquant avec une remarquable clarté les trois principales théories qui se sont fait jour en éthique environnementale (pragmatisme de Norton, biocentrisme de Taylor, écocentrisme de Rolston III)[2].

---

1. H. Rolston III, *Environmental Ethics. Duties to and Values in the Natural World*, Philadelphia, Temple University Press, 1988, p. 339. Signalons l'existence d'un site Internet, particulièrement bien conçu, créé par l'auteur, mettant en ligne une bonne partie de ses nombreuses publications à l'adresse suivante : http://lamar. colostate.edu/~rolston/

2. Le travail de Callicott ne se prête pas aisément à une présentation d'ensemble, tout d'abord parce qu'il affectionne la forme de l'essai ou de l'article, ensuite parce qu'il a évolué de manière significative depuis que l'auteur s'est fait connaître en 1980 par un article qui a fait couler beaucoup d'encre (« Animal Liberation : A Triangular Affair », *Environmental Ethics*, 2 (1980), p. 311-338), et enfin parce qu'il couvre des domaines très divers, de l'enquête sur les cultures aborigènes d'Australie ou du Mexique, à l'éthique de la valeur intrinsèque, en passant par une appropriation philosophique de la physique quantique, sans oublier le travail de commentaire et d'interprétation d'A. Leopold, la relecture de Hume et d'Adam Smith, le recours à l'écologie moderne et à la théorie de l'évolution de Darwin, la référence à la sociobiologie de E.O. Wilson, etc. L'étonnante richesse de l'œuvre de Callicott est telle qu'il n'est pas sûr qu'il y ait une porte d'entrée privilégiée, l'auteur s'étant illustré dans chacun des domaines où il est intervenu. Voir la synthèse que propose Y.S. Lo, « The Land Ethic

Cette théorie consiste, dans ses grandes lignes, à distinguer entre le *lieu* de ce qui comporte une valeur et la *source* de toutes les valeurs. Pour Callicott, une chose est d'affirmer que toute valorisation a l'homme pour auteur, autre chose est d'affirmer que, pour cette raison même, toutes les valeurs sont de type instrumental.

Une éthique des valeurs anthropo*génique* n'est pas nécessairement une éthique des valeurs anthropo*centrée*. Dire d'une chose qu'elle comporte une valeur signifie qu'elle est susceptible d'être valorisée à la condition qu'une conscience évaluatrice la prenne en vue. En l'absence de tout sujet qui évalue, la chose continue de conserver les propriétés en vertu desquelles elle est susceptible de se voir attribuer une valeur pour peu qu'elle tombe sous le regard d'une conscience évaluatrice. Il est donc possible de dire qu'une chose comporte une valeur intrinsèque, si l'on entend par là qu'elle est telle qu'elle s'offre à être évaluée de manière intrinsèque plutôt qu'instrumentale au regard des éventuelles consciences évaluatrices qui viendraient à la prendre en vue.

L'articulation de cette théorie à une éthique environnementale de type écocentrique constitue l'opération qui semble s'être révélée la plus délicate dans la carrière intellectuelle de Callicott, laquelle s'étend désormais sur plusieurs décennies.

Au début des années 1980, la jonction s'opérait simplement au moyen de la thèse selon laquelle le bien de la communauté biotique est la mesure ultime de la valeur morale, tandis que la valeur de ses membres individuels est purement instrumentale et est fonction de la contribution qu'ils apportent au maintien de l'intégrité, de la stabilité et de la beauté de la communauté de vie, le problème étant alors de trouver la situation et le point de vue intégrateur qui permettent d'ordonner les valeurs ainsi trouvées, conformément à la leçon célèbre que tire Leopold dans l'un de ses récits intitulé « Penser comme une montagne »[1].

Le modèle de compréhension des phénomènes naturels sur lequel l'action était censée se régler comprenait les trois termes suivants : les composantes individuelles, les ensembles systémiques et enfin les processus d'échange, les interrelations, les interdépendances qui lient les multiples éléments des écosystèmes qui composent l'écosphère considérée dans sa totalité.

Mais l'implication immédiate de cette version de la *land ethic* n'était-elle pas que des membres individuels de la communauté biotique devraient être sacrifiés sans hésitation si l'équilibre global l'exigeait – l'homme y compris ? Une approche qui subordonne le bien de l'individu à celui de l'ensemble de la nature ne prête-t-elle pas le flanc au reproche d'« écofascisme »[2] ?

Callicott s'est efforcé de répondre[3] que le fait de fournir la possibilité d'une considération morale des ensembles ne se fait pas nécessairement au détriment des individus. La *land ethic* ne remplace ni n'annule les obligations interhumaines antérieures engendrées socialement – obligations à l'endroit des membres de sa famille, de ses voisins, des êtres humains et de l'humanité tout entière. L'évolution sociale humaine consiste en une série d'additions et non pas de substitutions. La sphère morale, dont la

1. A. Leopold, *op. cit.*, p. 168-173.

2. Les critiques allant en ce sens ont été nombreuses : W. Aiken, « Ethical Issues in Agriculture », dans T. Regan (ed.), *Earthbound. New Introductory Essays in Environmental Ethics*, New York, Random House, 1984, p. 274-288 ; M. Kheel, « The Liberation of Nature : A Circular Affair », *Environmental Ethics*, 7 (1985), p. 135-149 ; F. Ferré, « Persons in Nature. Toward an Applicable and Unified Environmental Ethics », *Ethics and the Environment*, 1 (1996), p. 15-25 ; K. Shrader-Frechette, « Individualism, Holism, and Environmental Ethics », *Ethics and the Environment*, 1 (1996), p. 55-69 ; T. Regan (le père de l'expression d'« écofascisme »), *The Case for Animal Rights*, London, Routledge & Kegan Paul, 1983, p. 362.

3. Nous suivons presque à la lettre le résumé qu'il donne de sa propre position dans « Environmental Ethics », *Encyclopedia of Bioethics*, W. Th. Reich (ed.), New York, Macmillan Library Reference, 1995, vol. 2, p. 683.

circonférence s'agrandit à chaque étape du développement social, n'enfle pas à la façon d'un ballon de baudruche, sans laisser la trace de ses limites antérieures; bien plutôt, de nouveaux cercles concentriques s'ajoutent aux précédents, chaque cercle correspondant à une communauté socio-éthique émergente.

La découverte de la communauté biotique a simplement pour effet d'ajouter plusieurs nouvelles orbites situées à l'extérieur de la communauté humaine, accompagnées des obligations corollaires concernant les nouveaux membres de la communauté ainsi élargie, tout en laissant intacts nos liens sociaux plus intimes et nos allégeances envers les communautés proches.

Par là même il nous est possible de mettre en balance nos devoirs récemment découverts à l'endroit de la communauté biotique et de ses membres, avec nos obligations sociales, plus vénérables et plus insistantes, d'une manière qui nous soit entièrement familière, et qui nous paraisse pleinement raisonnable et humaine.

Indications bibliographiques

BENOIST A. de, « La nature et sa "valeur intrinsèque" », *Krisis*, 15 (1993), p. 113-126.

CALLICOTT J. B., *In Defense of the Land Ethic : Essays in Environmental Philosophy*, Albany, SUNY Press, 1989.

– « La nature est morte, vive la nature ! », trad. fr. M. Saint-Upéry, *Écologie politique*, automne-hiver 1993, p. 73-90.

– « Environnement », trad. fr. J.-Y. Goffi dans M. Canto (éd.), *Dictionnaire d'éthique et de philosophie morale*, Paris, P.U.F., 1996, p. 498a-501b.

– « Après le paradigme industriel », trad. fr. F. Marin et C. Larrère, dans C. et R. Larrère (éd.), *La crise environnementale*, Paris, INRA, 1997, p. 205-219.

– *Beyond the Land Ethic : More Essays in Environmental Philosophy*, Albany, SUNY Press, 1999.

– « L'écologie déconstructiviste et la sociobiologie sapent-elles la *land ethic* leopoldienne ? », trad. fr. R. Larrère, *Cahiers philosophiques de Strasbourg*, 10 (2000), p. 134-164.

– « Racines conceptuelles de la *land ethic* », trad. fr. C. Masutti, *Cahiers philosophiques de Strasbourg*, 10 (2000), p. 165-201.

– « Diversité culturelle », trad. fr. C. Larrère, dans C. Larrère (éd.), *Nature Vive*, Paris, Nathan-Musée National d'Histoire Naturelle, 2000, p. 76-87.

CHENEY J., « Callicott's Metaphysics of Morals », *Environmental Ethics*, 13 (1991), p. 311-325.

– « Intrinsic Value in Environmental Ethics : Beyond Subjectivism and Objectivism », *The Monist*, 75 (1992), p. 139-160.

FIESER J., « Callicott and the Metaphysical Basis of Eco-centric Morality », *Environmental Ethics*, 15 (1993), p. 171-181.

GOFFI J.-Y., « La valeur symbolique des êtres de nature », dans A. Fagot-Largeaut et P. Acot (éd.), *L'éthique environnementale*, Paris, Sens Éditions, 2000, p. 113-128.

– « Le traitement de la valeur et la question des êtres de nature », dans A. Leroux et P. Livet (éd.), *Leçons de philosophie économique*, Paris, Économica, 2006, t. II, p. 190-217.

LARRÈRE R., « Écocentrisme/biocentrisme », dans M.-Cl. Smouts, *Le développement durable. Les termes du débat*, Paris, A. Colin, 2005, p. 46-53.

LEE K., « The Source and Locus of Intrinsic Value : A Reexamination », *Environmental Ethics*, 18 (1996), p. 297-309.

LEMOS N. M., *Intrinsic Value. Concept and Warrant*, Cambridge, Cambridge University Press, 1994.

O'NEILL J., « The Varieties of Intrinsic Value », *The Monist*, 75 (1992), p. 119-137.

OUDERKIRK W. et HILL J. (ed.), *Land, Value, Community. Callicott and Environmental Philosophy*, Albany, SUNY Press, 2002.

— PRESTON Ch. (ed.), *Nature, Value, Duty. Life on Earth With Holmes Rolston III*, Berlin, Springer-Verlag, 2007.

PRESTON Ch., « Epistemology and Intrinsic Values : Norton and Callicott's Critiques of Rolston », *Environmental Ethics*, 4 (1988), p. 409-428.

ROLSTON III H., *Environmental Ethics. Duties to and Values in the Natural World*, Philadelphia, Temple University Press, 1988.

– *Philosophy Gone Wild. Environmental Ethics*, New York, Prometheus Book, 1989.

– *Conserving Natural Value*, New York, Colombia University Press, 1994.

– « Intrinsic Values on Earth : Nature and Nations », dans A. M. Henk et M. J. ten Have (ed.), *Environmental Ethics and International Policy*, Paris, Unesco, 2006, p. 47-68.

TAYLOR P. W., « In Defense of Biocentrism », *Environmental Ethics*, 5 (1985), p. 237-243.

– *Respect for Nature. A Theory of Environmental Ethics*, Princeton, Princeton University Press, 1986.

– « Inherent Value and Moral Rights », *The Monist*, 70 (1987), p. 15-30.

VILKKA L., *The Varieties of Intrinsic Value in Nature. A Naturalistic Approach to Environmental Philosophy*, Helsinki, Hakapaino Oy, 1995.

ZIMMERMAN M. E., « Quantum Theory, Intrinsic Value, and Pantheism », *Environmental Ethics*, 10 (1988), p. 3-30.

ZWEERS W., *Participating With Nature. Outline of an Ecologization of our World View*, traduction anglaise J. Taylor, Utrecht, International Books, 2000.

PAUL W. TAYLOR

L'ÉTHIQUE DU RESPECT DE LA NATURE*

LES SYSTÈMES D'ÉTHIQUE ENVIRONNEMENTALE
ANTHROPOCENTRIQUE ET BIOCENTRIQUE

Dans cet article, je m'efforce de montrer de quelle manière l'adoption d'une certaine attitude morale ultime, que j'appelle l'attitude de « respect de la nature », occupe une place centrale dans la fondation d'un système d'éthique environnementale biocentrique. Je défends l'idée qu'un ensemble de normes morales (composé à la fois de modèles de caractère et de règles de conduite) présidant au traitement que les hommes réservent au monde naturel est rationnellement fondé si, premièrement, la prise en charge de ces normes est une implication pratique de l'adoption de l'attitude de respect de la nature comme attitude morale ultime, et deuxièmement, si l'adoption de cette attitude par tous les agents rationnels peut soi-même être justifiée.

Lorsque les caractéristiques constitutives de l'attitude de respect de la nature auront été rendues claires, il ne manquera pas d'apparaître qu'un système d'éthique environnementale biocentrique n'a nullement besoin d'être holiste ou organiciste pour

* P.W. Taylor, « The Ethics of Respect of Nature », *Environmental Ethics*, vol. 3, 3 (1981), p. 197-218. La présente traduction est publiée avec l'aimable autorisation de l'auteur.

concevoir des genres d'entités qu'on estime être appropriés à la préoccupation et à la considération morales. Un tel système n'exige pas davantage que les concepts d'homéostasie écologique, d'équilibre et d'intégrité, nous fournissent des principes normatifs d'où pourraient être déduites (en leur adjoignant le savoir empirique) nos obligations à l'endroit des écosystèmes naturels. L'«équilibre de la nature» n'est pas lui-même une norme morale, quelle que soit l'importance du rôle qu'il peut jouer dans la compréhension d'ensemble du monde naturel qui sous-tend l'attitude de respect de la nature. J'avancerai dans ce qui suit l'argument selon lequel, en fin de compte, c'est le bien (bien-être, prospérité) des organismes individuels, considérés comme des entités possédant une valeur inhérente, qui détermine nos relations morales avec les communautés de vie sauvage présentes sur Terre.

En annonçant son caractère biocentrique, je cherche à montrer combien cette théorie contraste avec toutes celles qui sont de type anthropocentrique. Selon ces dernières, en effet, les actions des hommes qui affectent l'environnement naturel et ses résidents non humains, sont justes (ou répréhensibles) en vertu de l'un des deux critères suivants : elles ont des conséquences qui sont favorables (ou défavorables) au bien-être humain, ou elles sont compatibles (ou incompatibles) avec le système de normes qui protègent et garantissent l'application des droits humains.

Dans cette perspective anthropocentrique, les hommes sont, en dernière instance, les seuls êtres à l'endroit desquels il est possible de se reconnaître un quelconque devoir. Il se peut que nous ayons des responsabilités *à l'égard* des écosystèmes naturels et des communautés biotiques de notre planète, mais ces responsabilités sont à chaque fois fondées sur le fait contingent que la manière dont nous les traitons peut favoriser la réalisation des valeurs humaines et/ou des droits humains. Nous n'avons aucune obligation de promouvoir ou de protéger le bien des êtres non humains, indépendamment de ce fait contingent.

C'est précisément sur ce point qu'un système d'éthique environnementale biocentrique s'oppose à ceux qui sont de type anthropocentrique. Dans la perspective d'une théorie biocentrique, nous avons des obligations morales *prima facie* à l'endroit des plantes et des animaux sauvages eux-mêmes en tant que membres de la communauté biotique de la Terre. Nous sommes moralement tenus (toutes choses égales par ailleurs) de protéger et de promouvoir leur bien *pour le compte* des animaux et des plantes sauvages. Le devoir de respecter l'intégrité des écosystèmes naturels, de préserver les espèces en danger, et d'éviter la pollution environnementale, provient du fait que ce sont là autant de façons que nous avons de rendre possible pour les populations d'espèces sauvages la poursuite et le maintien d'une existence saine dans un environnement naturel. De telles obligations nous incombent dans notre rapport à ces êtres vivants indépendamment de la reconnaissance de leur valeur inhérente.

Ces obligations viennent s'ajouter à celles qui nous incombent dans notre rapport à nos compagnons d'humanité, et leur sont indépendantes. Bien que plusieurs des actions qui satisfont un ensemble d'obligations puissent également satisfaire l'autre, deux fondements différents d'obligation sont impliqués. Leur bien-être, tout comme celui des hommes, est quelque chose qui demande à être réalisé comme une *fin en soi*.

S'il nous fallait admettre la validité d'une théorie d'éthique environnementale biocentrique, alors il s'ensuivrait une réorganisation en profondeur de notre univers moral. Nous commencerions à considérer la totalité de la biosphère sous un autre jour. Nous verrions nos devoirs à l'endroit du « monde » de la nature comme élevant une prétention *prima facie* à rivaliser avec les devoirs qui nous incombent dans notre rapport au « monde » de la civilisation humaine. Nous ne pourrions plus dès lors adopter le point de vue des hommes et considérer les effets de nos actions exclusivement depuis la perspective de notre propre bien.

LE BIEN D'UN ÊTRE ET LE CONCEPT
DE VALEUR INHÉRENTE

Qu'est-ce qui pourrait justifier l'acceptation d'un système de principes éthiques biocentriques? Afin de répondre à cette question, il est d'abord nécessaire de clarifier l'attitude morale fondamentale qui sous-tend et rend intelligible l'engagement de celui qui vit en conformité avec un tel système. Il est ensuite nécessaire d'examiner les considérations qui pourraient justifier l'adoption par quelque agent que ce soit de cette attitude morale.

Deux concepts sont essentiels pour l'adoption d'une attitude morale de la sorte qui nous intéresse. D'un être qui ne « possé-derait » pas ces concepts, c'est-à-dire qui serait incapable de saisir leur sens et leurs conditions d'application, on ne pourrait pas dire qu'il a adopté cette attitude comme faisant partie intégrante de sa perspective morale. Ces concepts sont, tout d'abord, celui du bien (bien-être, prospérité) d'un être vivant, et ensuite, l'idée d'une entité qui possède une valeur inhérente. Je vais examiner chacun d'entre eux à tour de rôle.

1) Chaque organisme, chaque population d'individus d'une même espèce, chaque communauté de vie a un bien qui lui est propre et que les actions des agents moraux peuvent intentionnel-lement favoriser ou compromettre. Dire d'une entité qu'elle a un bien qui lui est propre, c'est seulement dire que, en l'absence d'une référence à toute *autre* entité, elle peut profiter d'une situation ou subir un préjudice. Quelqu'un peut agir dans le seul but de servir ses propres intérêts ou de façon contraire à ses intérêts, et les conditions environnementales peuvent lui être plus ou moins bonnes (lui être plus ou moins avantageuses) ou plus ou moins mauvaises (lui être plus ou moins désavantageuses). Ce qui est bon pour une entité est « ce qui lui fait du bien » au sens où cela améliore ou préserve son

existence et son bien-être. Ce qui est mauvais pour une entité est ce qui est nuisible à sa vie et à son bien-être [1].

Nous pouvons penser que le bien d'un organisme individuel non humain consiste dans le plein développement de ses pouvoirs biologiques. Son bien est réalisé dans la mesure où l'organisme individuel se trouve en bonne santé et qu'il est de constitution robuste. Il possède toutes les capacités dont il a besoin pour faire face victorieusement à son environnement, et ainsi pour préserver son existence à travers les étapes variées du cycle biologique normal de son espèce. Le bien d'une population ou d'une communauté de tels individus consiste dans le maintien de soi, de génération en génération, de la population ou de la communauté, en tant que système cohérent d'organismes génétiquement et écologiquement reliés les uns aux autres dont le bien moyen est à son niveau optimum pour tel ou tel environnement donné. (Ici le *bien moyen* signifie que le degré de réalisation du bien des *organismes individuels* dans la population ou la communauté est, en moyenne, plus grand qu'il ne l'aurait été dans le contexte d'un tout autre ordre écologiquement opératoire d'interrelations entre ces populations d'espèces dans tel ou tel écosystème.)

L'idée d'un être possédant un bien qui lui est propre, telle que je la comprends, n'implique pas que cet être ait des intérêts, ou qu'il prenne intérêt à ce qui affecte sa vie pour le meilleur ou pour le pire. Nous pouvons agir pour le bien d'un être ou de façon contraire à ses intérêts sans que ce dernier soit intéressé par ce que nous faisons pour lui, en ce sens où il n'attend pas que nous le fassions ou que nous nous en abstenions. Il se peut, en fait, que cet être soit tout à fait inconscient des événements favorables ou défavorables qui se produisent dans sa vie.

---

1. Le lien conceptuel entre la *possession* d'un bien par une entité, le fait que quelque chose est bon *pour* elle, et les événements qui *lui* font du bien est examiné par G.H. Von Wright dans *The Varieties of Goodness*, New York, Humanities Press, 1963, chap. 3 et 5.

Je considère, par exemple, que les arbres sont dénués de connaissance, de désirs ou de sentiments. Et pourtant il est incontestable que les arbres peuvent tirer un bénéfice ou subir un préjudice du fait de nos actions. Nous pouvons broyer leurs racines en faisant rouler un bulldozer à leur proximité. Nous pouvons voir à leur apparence si la nourriture et le taux d'humidité qui résultent des actions de fertilisation et d'arrosage du sol alentour leur conviennent ou pas. De cette façon, nous pouvons les aider ou les entraver dans la réalisation de leur bien. C'est le bien des arbres eux-mêmes qui est ainsi affecté. Nous pouvons aussi agir de façon à favoriser le bien de toute une population d'arbres d'une certaine espèce (mettons, tous les arbres rouges de la vallée californienne), ou le bien de toute une communauté de vie végétale dans telle ou telle zone sauvage, de même que nous pouvons porter préjudice à une telle population ou communauté.

Élaboré de la sorte, le concept du bien propre à un être n'est pas coextensif à la sensibilité ou à la capacité à éprouver de la douleur. William Frankena a défendu la possibilité d'une théorie générale d'éthique environnementale qui fasse de la sensibilité d'une créature le fondement de la considérabilité morale. J'ai formulé ailleurs un certain nombre d'objections contre cette conception, mais la réfutation complète de cette position, me semble-t-il, repose sur les raisons positives que nous avons d'adopter une théorie biocentrique du genre de celle que je défends dans cet article[1].

Il convient de noter que je laisse ouverte la question de savoir si l'on peut dire en toute rigueur des machines – en particulier, celles qui ne sont pas seulement orientées vers un but, mais également

---

1. Voir W.F. Frankena, « Ethics and the Environment », dans K.E. Goodpaster et K.M. Sayre (ed.), *Ethics and the Problems of the 21st Century*, Notre Dame, University of Notre Dame Press, 1979, p. 3-20. La critique à laquelle j'ai soumis les idées de Frankena se trouve dans « Frankena and Environmental Ethics », à paraître [article paru dans la revue *Monist*, vol. 64 (1981), p. 313-324].

celles qui s'autorégulent – qu'elles possèdent un bien propre[1]. Dans la mesure où seul m'intéresse ici le traitement que les hommes réservent aux organismes sauvages, aux populations d'espèces, et aux communautés de vie tels qu'ils apparaissent au sein des écosystèmes naturels de notre planète, le concept de « ce qui possède un bien qui lui est propre » sera appliqué uniquement à ces entités.

Je ne conteste pas que les autres êtres vivants, dont les origines génétiques et dont les conditions environnementales ont été produites, contrôlées et manipulées par les hommes à des fins humaines, puissent avoir un bien qui leur soit propre, à l'instar des plantes et des animaux sauvages. Toutefois, mon intention dans cet article n'est pas d'énumérer ou de défendre les principes qui devraient guider notre conduite dans le rapport que nous avons avec ces autres vivants. L'éthique du respect de la nature n'entre en jeu que là où la production de ces formes de vie et leur utilisation par les hommes engendrent des effets sur les écosytèmes naturels et les êtres sauvages qui y habitent, susceptibles d'être qualifiés de bons ou de mauvais.

2) Le second concept essentiel à l'attitude morale de respect de la nature est l'idée de valeur inhérente. Nous adoptons cette attitude à l'endroit des êtres vivants sauvages (des individus, des populations d'espèces, ou des communautés biotiques dans leur ensemble) si et seulement si nous considérons que ces entités possèdent une valeur inhérente. En fait, ce n'est que parce que ces dernières sont ainsi conçues que les agents moraux peuvent estimer qu'ils sont parvenus à déterminer correctement les devoirs contraignants, les obligations et les responsabilités qui leur *incombent*

---

1. À la lumière des réflexions développées par Daniel Dennett dans *Brainstorms. Philosophical Essays on Mind and Psychology*, Montgomery, Bradford Books, 1978, il semble plus prudent pour l'heure de ne pas se prononcer sur ce point. Le jour où les machines seront capables de développer les fonctions qui sont les leurs à la façon dont nos cerveaux le font, nous pourrons éventuellement les tenir pour des sujets de considération morale à part entière.

dans le rapport qu'ils soutiennent avec elles, et ce dans la mesure même où un tel traitement leur est *dû*. Je ne défends pas à ce niveau l'idée que toutes ces entités *devraient* être considérées de la sorte ; j'examinerai ce point plus en détail ci-dessous. Mais je dis que cette façon de les considérer conditionne l'adoption d'une attitude de respect à leur endroit et par conséquent aussi la compréhension de soi-même comme d'un agent soutenant une relation morale avec elles. Ceci peut être élucidé de la façon suivante.

Que signifie le fait de regarder une entité possédant un bien qui lui est propre comme dotée d'une valeur inhérente ? Deux principes généraux sont impliqués : le principe de considération morale et le principe de valeur intrinsèque.

Selon le principe de considération morale, les êtres vivants sauvages méritent d'être l'objet de la préoccupation et de la considération de tous les agents moraux en vertu du fait qu'ils sont membres de la communauté de vie présente sur Terre. D'un point de vue moral, leur bien doit être pris en considération à chaque fois qu'il est affecté en bien ou en mal par la conduite des agents rationnels. Ceci vaut indépendamment de la question de savoir à quelle espèce la créature appartient. Le bien de chaque être vivant doit se voir reconnaître une sorte de valeur, et doit être par conséquent reconnu comme ayant quelque poids dans la délibération de tous les agents rationnels.

Il se peut bien sûr qu'il soit nécessaire de la part de ces agents d'agir de façon contraire au bien de tel ou tel organisme particulier ou groupe d'organismes afin de favoriser le bien des autres, en y incluant le bien des êtres humains. Mais le principe de considération morale prescrit que tout individu est digne de considération, dans la mesure où il possède un bien qui lui est propre.

Le principe de valeur intrinsèque énonce que, quel que soit le genre d'entité auquel nous ayons affaire, il suffit que cette entité soit membre de la communauté de vie présente sur Terre pour que la réalisation du bien qui lui est propre soit tenue pour quelque chose qui vaut de façon *intrinsèque*. Cela signifie que son bien vaut *prima facie* d'être préservé ou promu comme une fin en soi et pour le compte de l'entité qui est considérée. Dans la mesure où nous tenons chaque organisme, chaque population d'individus d'une même espèce ou chaque communauté de vie pour une entité possédant une valeur inhérente, nous pensons par là même qu'ils ne doivent jamais être traités comme s'ils étaient de simples objets ou de simples choses dont toute la valeur repose sur le fait de pouvoir être instrumentalisé pour le bénéfice d'autres entités. Le bien-être de chacun est jugé valoir en lui-même et pour lui-même.

En combinant ces deux principes, nous pouvons désormais définir ce que signifie le fait pour un être vivant ou un groupe d'êtres vivants de posséder une valeur inhérente. Soutenir qu'il possède une valeur inhérente revient à dire que son bien mérite des agents moraux qu'ils s'en soucient et le prennent en considération, et que la réalisation de son bien a une valeur intrinsèque, qu'il vaut d'être poursuivi comme une fin en soi et pour le compte de l'entité qui est considérée.

Les devoirs qui nous incombent dans notre rapport aux organismes, aux populations d'espèces et aux communautés de vie qui existent au sein des écosystèmes naturels de la Terre, sont fondés sur leur valeur inhérente. Lorsque les agents rationnels autonomes considèrent que de telles entités possèdent une valeur inhérente, ils confèrent une valeur intrinsèque à la réalisation de leur bien, et se tiennent par conséquent eux-mêmes pour responsables des actions qui auront pour effet d'y contribuer ou de l'entraver.

L'ATTITUDE DE RESPECT DE LA NATURE

Pourquoi les agents moraux devraient-ils considérer que les êtres vivants sauvages dans le monde naturel possèdent une valeur inhérente ? Pour répondre à cette question, nous devons en premier lieu prendre en compte le fait que, lorsque les agents rationnels autonomes souscrivent aux principes de considération morale et de valeur intrinsèque, et qu'ils estiment en conséquence que les êtres vivants sauvages possèdent ce genre de valeur, ces agents sont en train d'adopter une *certaine attitude morale ultime à l'endroit du monde naturel.* Telle est l'attitude que j'appelle « l'attitude de respect de la nature ».

Une telle attitude est analogue à l'attitude du respect des personnes dans le cadre de l'éthique entre les hommes. Lorsque nous adoptons l'attitude de respect des personnes comme étant l'attitude de rigueur (adéquate, appropriée) qu'il convient de faire nôtre à l'endroit de toutes les personnes considérées en tant que personnes, nous tenons l'accomplissement des intérêts fondamentaux de chaque individu comme ayant une valeur intrinsèque. Nous nous engageons par là même moralement à vivre conformément à un certain genre de vie en relation avec les autres personnes. Nous nous soumettons nous-mêmes à la direction d'un système de modèles et de règles que nous considérons comme exerçant à juste titre une contrainte sur tous les agents moraux comme tels[1].

De façon analogue, lorsque nous adoptons l'attitude de respect de la nature comme attitude morale ultime, nous nous engageons à vivre conformément à certains principes normatifs. Ces principes constituent les règles de conduite et les modèles de caractère appelés à présider au traitement que nous réservons au monde naturel. Nous disons, premièrement, que cet engagement moral est *ultime* parce qu'il n'est pas dérivé d'une norme quelconque plus élevée. L'attitude de respect de la nature n'est pas fondée sur une autre attitude, plus générale ou plus fondamentale. Elle constitue le modèle global de nos responsabilités à l'égard du monde naturel. Elle peut être justifiée, comme il sera montré ci-dessous, mais sa justification ne peut pas consister à référer cette attitude à une attitude plus générale ou à un principe normatif plus fondamental.

Nous disons, deuxièmement, que cet engagement est *moral* parce qu'il est supposé être un principe désintéressé. Ce trait est

---

1. J'ai soumis à analyse la nature de cet engagement de l'éthique entre les hommes dans « On Taking the Moral Point of View », *Midwest Studies in Philosophy*, vol. 3 (1978), p. 35-61.

celui qui distingue l'attitude de respect de la nature de l'ensemble des sentiments et de dispositions qui correspondent à l'amour de la nature.

Ce dernier trouve sa source dans l'intérêt personnel que le monde naturel revêt à nos yeux, ainsi que dans la façon dont nous nous y rapportons. À l'instar des sentiments affectueux que nous nourrissons pour certains êtres humains individuels, l'amour que nous portons à la nature n'est rien d'autre que la façon particulière dont on ressent l'environnement naturel, et dont on se rapporte aux êtres sauvages qui y habitent. Et de même que l'amour que nous portons à un être individuel diffère du respect que nous éprouvons pour toutes les personnes comme telles (que nous les aimions ou pas), de même l'amour de la nature diffère du respect de la nature.

Le respect de la nature est une attitude que nous estimons devoir être adoptée par tous les agents moraux simplement en tant que tels, abstraction faite de la question de savoir s'ils aiment ou n'aiment pas la nature. En fait, nous n'avons pas réellement adopté l'attitude de respect de la nature nous-mêmes aussi longtemps que nous n'en avons pas été convaincus. Pour le formuler à la façon de Kant, adopter l'attitude de respect de la nature revient à adopter la posture de celui qui veut que cette attitude soit une loi universelle pour tous les êtres rationnels. C'est adopter cette posture de façon catégorique, comme étant pleinement applicable à tous les agents moraux sans exception, sans tenir compte des sentiments personnels à l'endroit de la nature que de tels agents peuvent avoir ou ne pas avoir.

Bien que l'attitude de respect de la nature soit en ce sens une attitude désintéressée et universalisable, quiconque l'adopte doit avoir un certain nombre de dispositions régulières, plus ou moins permanentes. Ces dispositions, qui doivent elles-mêmes être considérées comme étant désintéressées et universalisables, sont au nombre de trois et sont intimement liées les unes aux autres : dispositions à chercher certaines fins, dispositions à mettre en pratique d'une certaine façon le résultat du raisonnement pratique et de la délibération, et dispositions à éprouver certains sentiments.

En conséquence, nous pourrions analyser l'attitude de respect de la nature en isolant les composantes suivantes.

a) La disposition qui consiste à se donner pour but la promotion et la protection du bien des organismes, des populations d'espèces et des communautés de vie présents dans les écosystèmes naturels, et à prendre les initiatives nécessaires à ces fins – objectifs qui l'un et l'autre constituent des fins ultimes et désintéressées. (Ces fins sont « ultimes » en tant qu'elles ne sont pas poursuivies comme moyens de fins ultérieures. Elles sont « désintéressées » en tant qu'elles sont indépendantes de tout intérêt égoïste.)

b) La disposition consistant à considérer les actions qui tendent à réaliser ces fins comme obligatoires *prima facie parce qu'elles* ont cette tendance.

c) La disposition consistant à éprouver des sentiments positifs et négatifs à l'endroit de certains états de fait dans le monde *parce que* ces états sont favorables ou défavorables au bien des organismes, des populations d'espèces et des communautés de vie présents dans les écosystèmes naturels.

La connexion logique entre l'attitude de respect de la nature et les devoirs d'un système d'éthique environnementale biocentrique peut à présent être clarifiée. Dans la mesure où quelqu'un adopte sincèrement cette attitude et possède par conséquent les trois dispositions ci-dessus mentionnées, il sera par là même disposé à se soumettre à certaines règles de devoir (telles que l'abstention de tout comportement malveillant et de toute action impliquant une interférence) déterminant les obligations et les vertus des agents moraux dans leur rapport aux êtres vivants sauvages de la Terre.

Nous pouvons dire que les actions que quelqu'un accomplit et les traits de caractère qu'il développe en honorant ces exigences morales, sont les façons dont cette personne *exprime* et *incarne* l'attitude de respect de la nature dans sa conduite et dans son caractère. Dans son célèbre article « La justice comme équité », John Rawls décrit les règles des devoirs de la moralité entre les hommes (telles que la fidélité, la gratitude, l'honnêteté et la justice) comme des « formes de conduite par lesquelles s'exprime la reconnaissance des autres en tant que personnes »[1]. Je considère que les règles de devoir qui président au traitement du monde naturel et de ceux qui y habitent sont des formes de conduite par lesquelles s'exprime l'attitude de respect de la nature.

LA JUSTIFICATION DE L'ATTITUDE
DE RESPECT DE LA NATURE

Revenons à présent à la question qui a été posée précédemment, et à laquelle il n'a pas été répondu : pourquoi les agents moraux *devraient-ils* considérer que les êtres vivants sauvages sont dotés d'une valeur inhérente ? L'idée que je vais défendre est que le seul moyen d'y répondre consiste à montrer comment se justifie l'adoption de l'attitude de respect de la nature par tous les agents moraux.

Supposons que nous soyons capables d'établir qu'il y a de bonnes raisons d'adopter l'attitude de respect de la nature, raisons qui sont intersubjectivement valables pour tout agent rationnel. Si de telles raisons existent, alors la possession par un individu quelconque des trois dispositions ci-dessus mentionnées pourrait suffire à donner un sens à l'attitude de respect de la nature. Si un être possède la disposition à promouvoir et à protéger le bien des êtres vivants sauvages en tant que cette action désintéressée constitue pour lui une fin ultime, et s'il possède également la disposition à accomplir des actions parce qu'elles tendent à réaliser cette fin, alors il est clair que de telles dispositions engagent la personne qui les possède à reprendre à son compte les principes de considération morale et de valeur intrinsèque.

1. J. Rawls, « Justice as Fairness », *Philosophical Review*, vol. 67 (1958), p. 183 [repris, sous une forme très révisée, dans *Théorie de la justice*, trad. fr. C. Audard, Paris, Seuil, 1987, chap. 1].

Le fait d'être disposé à favoriser, en tant que cette action est une fin en soi, le bien d'une entité dans la nature pour le seul motif que tel est le bien de cette entité, revient à être disposé à accorder de la considération à *toutes* les entités de ce genre, et à conférer une valeur intrinsèque à la réalisation de leur bien. Dans la mesure où nous souscrivons à ces deux principes, nous considérons que les êtres vivants possèdent une valeur inhérente. Souscrire à ces principes : voilà ce que cela *signifie* que de leur reconnaître une valeur inhérente. Justifier l'attitude de respect de la nature revient ainsi à justifier l'assomption de ces principes, et par là même à justifier le fait de considérer les créatures sauvages comme possédant une valeur inhérente.

Nous devons garder présent à l'esprit que la valeur inhérente n'est pas une sorte mystérieuse de propriété objective appartenant aux êtres vivants, qui pourrait être découverte par observation empirique ou par investigation scientifique. Assigner une valeur inhérente à une entité, ce n'est pas la décrire en citant quelque trait susceptible d'être discerné au moyen de la perception sensorielle ou susceptible d'être inféré au moyen d'un raisonnement de type inductif.

Pas davantage n'y a-t-il de connexion logiquement nécessaire entre le concept d'un être possédant un bien qui lui est propre et le concept de valeur inhérente. Nous ne nous contredirions pas si nous disions qu'une entité possédant un bien qui lui est propre est dénuée de valeur inhérente. Si nous voulons montrer qu'une telle entité en « possède » une, il nous faut avancer de bonnes raisons pour lui assigner ce genre de valeur (pour lui conférer ce genre de valeur, pour la concevoir comme étant susceptible d'être évaluée de cette manière).

Bien que ce soit les hommes (les personnes, les sujets évaluants) qui doivent effectuer l'évaluation, du point de vue d'une éthique du respect de la nature, la valeur qui est ainsi assignée n'est pas une valeur humaine. Autrement dit, ce n'est pas une valeur dérivée de considérations concernant le bien-être humain ou les droits des êtres humains. Il s'agit d'une valeur qui est assignée aux plantes et aux animaux non humains eux-mêmes, indépendamment de leur relation avec ce que les hommes estiment pouvoir conduire à ce qui est bien pour eux.

Ainsi, quelles que soient les raisons que nous invoquions pour justifier l'adoption de l'attitude de respect de la nature telle qu'elle a été définie précédemment, ces raisons sont celles-là mêmes qui montrent pourquoi nous *devrions* considérer les êtres vivants du monde naturel comme des êtres possédant une valeur inhérente. Nous avons vu plus haut que, dans la mesure où l'attitude de respect de la nature est une attitude ultime, elle ne peut pas être dérivée d'une attitude plus fondamentale, et elle ne peut pas non plus être présentée comme étant un cas particulier d'une attitude plus générale. Sur quels genres de fondements, alors, peut-elle être établie?

L'attitude que nous adoptons à l'endroit des êtres vivants dans le monde naturel dépend de la façon dont nous les considérons et dont nous nous représentons le genre d'existence qui est le leur, ainsi que de la manière dont nous comprenons les relations que nous soutenons avec eux. Notre attitude est sous-tendue et confortée par un certain *système de croyances* qui constitue une vision du monde particulière ou un regard d'ensemble jeté sur la nature et sur la place que la vie humaine y occupe.

Le projet visant à donner de bonnes raisons d'adopter l'attitude de respect de la nature exige ainsi, en premier lieu, l'élucidation claire du système de croyances qui sous-tend et conforte cette attitude. S'il était possible de montrer que le système de croyances est doué d'une cohérence interne et qu'il est bien structuré, et s'il était possible de montrer, sous bénéfice d'inventaire, que ce système de croyances est compatible avec toutes les vérités scientifiques qui ressortissent au domaine de la connaissance de cela même qui fait l'objet de l'attitude de respect (ce qui, en l'occurrence, inclurait tous les écosystèmes naturels de la Terre et leurs communautés de vie), alors nous reviendrait d'expliquer pourquoi les penseurs rationnels qui disposent d'une bonne information scientifique et sont tout à fait capables de prendre en vue la réalité telle qu'elle est – pourquoi, donc, ces penseurs estiment que le système de croyances définit une façon acceptable de concevoir le monde naturel, ainsi que la place que nous y occupons.

Si nous parvenions à mener à bien ces analyses, alors nous pourrions considérer que nous avons fourni un argument raisonnable pour admettre ce système de croyances et, du même coup, l'attitude morale ultime qu'il conforte.

Je ne prétends pas que la vérité d'un système de croyances peut être *démontrée*, que ce soit de façon inductive ou déductive. Comme nous le verrons, toutes les composantes de ce système ne peuvent pas être énoncées sous la forme de propositions empiriquement vérifiables. Son ordre interne n'est pas non plus gouverné par de pures relations logiques. Mais considéré dans sa totalité, je prétends que le système constitue une « image » ou une « carte » du monde dans son ensemble qui est cohérente, unifiée et rationnellement acceptable. En examinant chacune de ses composantes principales, et en voyant de quelle manière elles s'harmonisent, nous obtenons une conception scientifiquement bien informée et structurée de la nature, et de la place que les hommes y occupent.

Appelons (faute de mieux) « perspective biocentrique sur la nature » le système de croyances qui sous-tend l'attitude de respect de la nature. Dans la mesure où il n'est pas possible de la soumettre à une analyse complète qui la ramène à une série d'énoncés susceptibles d'être empiriquement confirmés, elle ne devrait être considérée comme un simple compendium de ce que les sciences biologiques nous apprennent sur les écosystèmes de notre planète. Elle pourrait être mieux décrite comme une vision philosophique du monde, par contraste avec une théorie scientifique ou un système explicatif.

Mais cela ne l'empêche nullement d'inscrire au rang de ses principes majeurs la leçon décisive qu'elle a reçue de la science de l'écologie : à savoir, le fait de l'interdépendance de tous les êtres vivants au sein d'un ordre organique unifié dont l'équilibre et la stabilité sont des conditions nécessaires à la réalisation du bien de ces parties que sont les communautés biotiques.

Avant d'examiner les composantes principales de la perspective biocentrique, il convient pour le moment de présenter la structure d'ensemble de ma théorie d'éthique environnementale telle qu'elle est apparue jusqu'ici. L'éthique du respect de la nature est constituée de trois éléments fondamentaux : un système de croyances, une attitude morale ultime, et un ensemble de règles de devoirs et de modèles de caractère. Ces éléments sont liés les uns aux autres de la manière suivante : le système de croyances fournit une certaine perspective sur la nature qui conforte et rend intelligible l'adoption par un agent autonome de l'attitude de respect de la nature comme l'attitude morale ultime. Elle la conforte et la rend intelligible en ce sens où, lorsqu'un agent autonome comprend les relations morales qu'il soutient avec le monde naturel dans les termes de la perspective biocentrique, il reconnaît par là même que l'attitude de respect est la seule attitude *convenable* et *adéquate* qu'il convient d'adopter dans son rapport à toutes les formes de vie sauvage présentes dans la biosphère.

Les êtres vivants sont dès lors considérés comme *les objets appropriés de l'attitude de respect* et par là même comme des entités possédant une valeur inhérente. L'agent autonome en vient alors à conférer une valeur intrinsèque à la promotion et à la protection de leur bien. Par voie de conséquence, il doit également s'engager moralement à respecter un ensemble de règles de devoirs, et à façonner sa propre personnalité (autant que faire se peut) en se référant à certains modèles de bon caractère.

Enfin, l'adoption de l'attitude de respect de la nature, comprise comme un véritable engagement moral, n'engage pas seulement celui qui l'accomplit mais encore, en droit, tous les agents moraux, parce que celui qui adopte une telle attitude considère que les règles de devoir et les modèles de caractère sont universellement contraignants. Règles et modèles sont considérés comme incarnant des formes de conduite et des structures de caractère par lesquelles s'exprime l'attitude de respect de la nature.

Cet ensemble tripartite qui ordonne de l'intérieur l'éthique du respect de la nature est le symétrique d'une théorie éthique réglant les rapports entre les hommes fondée sur le respect des personnes. Une telle théorie inclut, premièrement, une conception de soi-même et des autres en tant que personnes, c'est-à-dire en tant que centres de choix autonome.

Deuxièmement, elle prescrit une attitude de respect des personnes en tant que personnes. Quand cette attitude est adoptée en tant qu'attitude morale ultime, elle implique la disposition à traiter chaque personne comme ayant une valeur inhérente ou une « dignité humaine ». Chaque être humain, en vertu simplement de son humanité, mérite de faire l'objet d'une considération morale ; quant à la valeur intrinsèque, elle est conférée à l'autonomie et au bien-être de chacun. C'est ce que Kant a voulu dire en concevant les personnes comme des fins en soi.

Troisièmement, cette théorie inclut un système éthique énonçant l'ensemble des devoirs qui pèsent sur chacun dans le rapport aux autres. Ces devoirs s'expriment sous la forme de conduites par lesquelles une reconnaissance publique est accordée à la valeur inhérente de chacun en tant que personne.

Ce modèle structurel d'une théorie éthique réglant les rapports entre les hommes est conçu de sorte à laisser ouverte la question du choix qu'il convient de faire entre le conséquentialisme (utilitarisme) et le non-conséquentialisme (déontologie). Cette question concerne le genre particulier de système de règles définissant les devoirs des agents moraux à l'endroit des personnes. De la même manière, je laisse ouverte dans cet article la question de savoir quel genre particulier de système de règles définit nos devoirs à l'endroit du monde naturel.

La perspective biocentrique sur la nature

La perspective biocentrique sur la nature comporte quatre composantes principales.

1) Les êtres humains sont considérés comme des membres de la communauté de vie de la Terre, au même titre que tous les autres membres non humains.

2) Les écosystèmes naturels de la Terre dans leur totalité sont considérés comme formant un réseau complexe d'éléments inter-connectés, le bon fonctionnement biologique de chacun dépendant intimement du bon fonctionnement biologique des autres. (C'est cette composante qui recueille, ainsi qu'il a été dit précédemment, la leçon décisive de la science de l'écologie.)

3) Chaque organisme individuel est conçu comme un centre téléologique de vie, poursuivant son propre bien d'une manière qui lui est propre.

4) Que ce soit sous le rapport des modèles de mérite ou sous le rapport du concept de valeur inhérente, la thèse selon laquelle les êtres humains sont supérieurs aux autres espèces est sans fondement et, à la lumière des éléments (1), (2) et (3) mentionnés ci-dessus, doit être repoussée comme n'étant rien d'autre qu'un préjugé irrationnel en notre propre faveur.

La conjonction de ces quatre idées constitue la perspective biocentrique sur la nature. Dans la suite de cet article, je vais proposer une brève présentation des trois premières composantes, qui sera suivie d'une analyse plus détaillée de la quatrième. Je conclurai enfin en indiquant comment cette perspective fournit un moyen de justifier l'attitude de respect de la nature.

LES ÊTRES HUMAINS CONSIDÉRÉS EN TANT QUE MEMBRES DE LA COMMUNAUTÉ DE VIE DE LA TERRE

Nous partageons avec les autres espèces une relation commune avec la Terre. En acceptant la perspective biocentrique, nous consi-dérons le fait de constituer une espèce animale comme une caracté-ristique fondamentale de notre existence. Nous considérons qu'il s'agit là d'un aspect essentiel de « la condition humaine ». Nous ne contestons pas les différences qui existent entre nous et les autres espèces, mais nous gardons bien présent à l'esprit le fait que, dans la relation que nous soutenons avec les écosystèmes naturels de notre planète, nous ne sommes jamais qu'une population d'individus d'une même espèce parmi de nombreuses autres espèces.

De cette manière, nous reconnaissons que notre espèce s'origine dans le même processus d'évolution qui a donné naissance à toutes les autres espèces, et nous nous reconnaissons comme confrontés à des défis environnementaux analogues à ceux auxquels les autres espèces ont à faire face. Les lois de la génétique, de la sélection naturelle et de l'adaptation, s'appliquent de façon égale à nous tous en tant que créatures biologiques.

À cette lumière, nous nous considérons nous-mêmes comme ne faisant qu'un avec elles, et non pas comme étant séparés d'elles. De la même manière qu'elles, nous devons tenir compte de certaines conditions fondamentales de vie qui nous imposent des exigences en termes de survie et de bien-être. Chaque animal et chaque plante, tout comme nous, possèdent un bien qui leur est propre.

Il est vrai que le bien qui est propre aux hommes (à savoir, ce qui vaut vraiment dans notre vie, et pour commencer l'exercice de l'autonomie individuelle permettant à chacun de choisir son propre système particulier de valeurs) diffère du bien propre à une plante ou à un animal non humain, mais il faut noter que ni l'un ni l'autre n'ont une chance de se réaliser si aucun compte n'est tenu des nécessités biologiques comprises en termes de survie et de santé physique.

Lorsque nous nous considérons nous-mêmes dans la perspective évolutionniste, nous voyons que non seulement nous sommes des tard venus sur Terre, mais encore que notre émergence en tant que nouvelle espèce a constitué à l'origine un événement sans importance particulière par rapport à l'ensemble de ce qui est. La Terre regorgeait de vie bien avant notre apparition. Pour le dire de façon métaphorique, nous sommes de nouveaux arrivants, pénétrant dans une demeure qui a été le lieu d'habitation des autres pendant des centaines de millions d'années, une demeure que nous devons à présent partager avec les autres habitants.

La relative brièveté de la vie des êtres humains sur Terre pourrait être illustrée de façon saisissante en faisant l'effort de se représenter l'échelle de temps géologique en termes spatiaux. Supposons que nous prenions notre point de départ avec les algues, qui sont présentes sur Terre depuis environ 600 millions d'années. (On date actuellement l'apparition des premiers protozoaires à plusieurs *billions* d'années.) Si nous représentions la durée de présence des algues par la longueur d'un terrain de football (un peu plus de 90 mètres), alors la période pendant laquelle les requins dans les océans du monde et la période pendant laquelle les araignées ont tissé leur toile occuperaient les trois quarts de la longueur du terrain; les reptiles apparaîtraient approximativement vers le milieu du terrain; et les mammifères couvriraient le dernier quart; les hominidés (les mammifères de la famille des *Hominidae*) les 60 derniers centimètres; et l'espèce des *Homo sapiens* les 15 derniers centimètres.

Que ce nouvel arrivant soit capable de survivre aussi longtemps que les autres espèces, voilà ce que l'on attend de voir. Mais il y a assurément quelque chose de présomptueux dans la façon dont les êtres humains toisent les animaux « inférieurs », en particulier ceux dont l'espèce a disparu. Nous considérons les dinosaures, par exemple, comme des échecs biologiques, bien qu'ils aient existé sur notre planète pendant 65 millions d'années. Un auteur a énoncé cette idée avec une merveilleuse simplicité :

> Nous tenons parfois les dinosaures pour des échecs; nous aurons tout loisir de formuler pareil jugement lorsque l'espèce des hommes aura ne serait-ce qu'un dixième de leur durée d'existence [1].

La possibilité de l'extinction de l'espèce humaine – possibilité à laquelle le monde contemporain nous confronte durement – nous rend sensible à un autre aspect de notre existence sous lequel il n'est

---

1. S. R. L. Clark, *The Moral Status of Animals*, Oxford, Clarendon Press, 1977, p. 112.

pas possible de nous penser nous-mêmes comme étant des êtres privilégiés comparativement aux autres espèces : il s'agit du fait que le bien-être des hommes dépend du bon état de fonctionnement écologique et de la santé de nombreuses plantes et communautés animales, tandis que la réciproque n'est pas vraie, le bon état de fonctionnement et la santé de ces dernières ne dépendant pas le moins du monde du bien-être des êtres humains.

En effet, du point de vue de celles-ci, l'existence même des hommes n'est nullement nécessaire. Le dernier homme, la dernière femme et le dernier enfant pourraient disparaître de la surface de la Terre sans que cela ait la moindre conséquence préjudiciable sur le bien des plantes et des animaux sauvages. Tout au contraire, nombreux sont ceux qui, parmi eux, profiteraient grandement de cet état de fait. La destruction de leurs habitats résultant du « développement » des hommes cesserait. L'empoisonnement et la pollution de leur environnement prendraient fin. La terre, l'air et les eaux de notre planète ne seraient plus soumis à la dégradation qu'ils subissent actuellement du fait de la technologie à grande échelle et de la croissance incontrôlée de la population. Les communautés de vie présentes dans les écosystèmes naturels recouvreraient progressivement leur état de santé initial. Ainsi, les forêts tropicales pourraient à nouveau apporter pleinement leur contribution au maintien d'une atmosphère favorable à la vie sur la planète entière. Les huiles usagées, les détritus de matière plastique et même les déchets radioactifs pourraient enfin, après bien des siècles, cesser d'exercer leurs effets extrêmement dommageables. Les écosystèmes recouvreraient leur équilibre propre, ne subissant que les perturbations provoquées par des événements naturels tels que les éruptions volcaniques et les glaciations – bouleversements que la communauté de vie saura surmonter, comme elle l'a si souvent fait par le passé. En revanche, elle n'aura plus à faire face aux désastres écologiques causés par les hommes et dont il n'est pas sûr qu'elle parvienne un jour à les surmonter.

Si d'aventure l'extermination totale, radicale, absolue de notre espèce (de notre propre chef ?) venait à se produire, et que nous

n'entraînions pas avec nous dans la tombe tous les autres, non
seulement la communauté de vie présente sur Terre continuerait
d'exister, mais il est hautement probable que son bien-être en
serait amélioré. En bref, notre présence n'est nullement requise.
S'il fallait adopter le point de vue de la communauté de vie et se
faire le porte parole de ses intérêts, la fin de notre époque occupant
15 centimètres serait saluée par ce cri venant du cœur : « Bon
débarras ! ».

LE MONDE NATUREL CONSIDÉRÉ
COMME SYSTÈME ORGANIQUE

Accepter d'adopter la perspective biocentrique, et accepter
de se considérer soi-même et la place que nous occupons dans le
monde dans cette perspective, revient à voir l'ordre naturel global
de la biosphère comme un réseau complexe mais unifié d'organismes, d'objets et d'événements interconnectés. Les relations
écologiques entre n'importe quelle communauté d'êtres vivants
et leur environnement constituent un tout organique composé de
parties fonctionnellement interdépendantes. Chaque écosystème
est en soi un petit univers dans lequel les interactions des différentes
espèces qui y habitent définissent un réseau difficile à démêler de
relations de causes et d'effets. Appartiennent à ce réseau les structures dynamiques et en même temps relativement stables que sont
par exemple les chaînes trophiques, les relations proies/prédateurs,
et la succession des plantes dans une forêt, qui déterminent autant
de mécanismes de recyclage d'énergie se régulant d'eux-mêmes, et
dont le co-fonctionnement permet l'équilibre du tout.

Dans la mesure où le bien-être des animaux et des plantes
sauvages est concerné, cet équilibre ne doit pas être détruit. La
même chose vaut du bien-être des êtres humains. Lorsque l'on
considère le règne de la nature dans la perspective biocentrique,
l'on ne doit pas perdre de vue qu'à long terme l'intégrité de la
biosphère de notre planète dans son ensemble est essentielle à la

réalisation du bien de ces parties que sont les communautés de vie, à la fois humaines et non humaines.

Bien qu'on ne puisse guère exagérer l'importance de cette idée, on voit donc clairement qu'il n'est pas nécessaire pour moi de lui donner ici plus de développement. Toutefois, je souhaiterais souligner que cette perspective « holistique » sur les systèmes écologiques de la Terre ne constitue pas par elle-même une norme morale. Il s'agit là simplement d'un aspect factuel de la réalité biologique, qui demande à être compris comme définissant un ensemble de relations causales de nature empirique. Sa signification pour les êtres humains est la même que celle qu'elle revêt pour les êtres non humains, c'est-à-dire qu'elle n'a pas d'autre sens que de déterminer les conditions fondamentales de la réalisation du bien des êtres vivants.

Les implications morales que comporte cet aspect factuel de la réalité biologique quant au traitement que nous devons réserver à l'environnement naturel, dérivent toutes de ce que notre *connaissance* de ces connexions causales constitue un *moyen* essentiel pour atteindre les fins que nous nous sommes fixées par l'adoption même de l'attitude de respect de la nature.

À quoi il faut ajouter l'existence d'un certain nombre d'implications théoriques, qui dérivent, quant à elles, de ce que la connaissance des interconnexions au sein des écosystèmes (en même temps que la connaissance des trois autres points caractéristiques de la perspective biocentrique) contribue à présenter l'adoption de l'attitude de respect de la nature comme un choix à la fois rationnel et intelligible.

LES ORGANISMES INDIVIDUELS CONSIDÉRÉS COMME DES CENTRES TÉLÉOLOGIQUES DE VIE

À mesure que notre connaissance des êtres vivants augmente, à mesure que nous comprenons mieux leur cycle de vie, leurs interactions avec les autres organismes, et les multiples manières dont ils s'ajustent à leur environnement, nous prenons mieux conscience de ce que les fonctions biologiques de chaque être vivant lui échoient conformément aux lois de l'espèce.

Mais, qui plus est, les progrès de la connaissance et de la compréhension vont de pair avec le développement d'une conscience de plus en plus aiguë de l'unicité de chaque organisme individuel. Les savants qui ont mené à bien des études poussées de telles ou telles plantes ou de tels ou tels animaux particuliers, qu'il s'agisse d'études de terrain ou de laboratoire, ont fini par connaître les formes de vie soumises à investigation comme l'on connaît des individus identifiables. L'observation étroite poursuivie pendant des périodes de temps assez vastes a fini par les conduire à évaluer la « personnalité » unique de chacune des formes de vie indivi-duelles examinées. Il arrive qu'un savant se prenne d'un intérêt tout particulier pour telle ou telle plante ou tel ou tel animal, tout en restant rigoureusement objectif dans le travail de collecte et d'enregistrement des données empiriques.

Il se peut que ceux qui ne font pas profession de science se découvrent le même intérêt lorsque, en tant que naturalistes amateurs, ils se livrent à des observations précises sur de longues périodes de temps pendant lesquelles ils se sont familiarisés avec tel ou tel organisme individuel.

À mesure que l'on gagne en familiarité avec tel ou tel organisme et son comportement, on devient plus sensible à la façon particulière dont il poursuit son cycle de vie. On peut en venir à se laisser fasciner par lui, et même faire l'expérience d'une sorte d'implication personnelle dans ce qui peut lui arriver de bien ou de mal (c'est-à-dire avec l'apparition de conditions environ-nementales favorables ou défavorables à la réalisation de son bien). L'organisme soumis à examen en vient alors à apparaître aux yeux de celui qui l'examine comme étant un individu unique, irremplaçable. Le processus culmine dans l'accomplissement d'une compréhension authentique permettant de se placer au point de vue qui est celui de cet organisme, et dans la capacité à

« adopter » ce point de vue. *En le concevant comme centre téléo-logique de vie, on se donne les moyens de voir le monde de son point de vue.*

Le parcours qui conduit du savoir objectif à la reconnaissance de l'individualité, et de cette dernière à la pleine conscience du point de vue propre à tel ou tel organisme, est un processus au cours duquel la conscience s'élève à la compréhension de ce qu'est « être » un vivant individuel. Nous saisissons progressivement ce qu'il y a de particulier dans un organisme que l'on peut comprendre comme un centre téléologique de vie, et qui s'efforce de se préserver soi-même et de réaliser son propre bien d'une manière qui lui est propre.

Remarquons que l'on ne peut pas nous suspecter de succomber à un quelconque anthropomorphisme lorsque nous concevons les plantes et les animaux individuels de cette manière. La « projection » des caractéristiques humaines n'est nullement présupposée par la compréhension de ces formes de vie comme centres téléologiques.

Par exemple, il n'est pas nécessaire de les considérer comme doués de conscience : il en est quelques-uns qui peuvent être conscients du monde alentour, et d'autres qui peuvent ne pas l'être. Il n'est pas non plus nécessaire de contester que différents genres et niveaux de conscience se présentent parmi ceux qui sont doués de conscience, sous quelque forme que ce soit. Mais qu'elles soient conscientes ou pas, toutes les formes de vie sont au même titre des centres de vie téléologiques, au sens où chacune est un système unifié d'activités orientées vers un but, finalisées par la réalisation de sa propre préservation et de son propre bien-être.

Considéré d'un point de vue éthique, un centre téléologique de vie est une entité dont le « monde » peut être vu dans la perspective de *sa propre* vie. En regardant le monde dans cette perspective, nous conférons aux objets et aux événements qui se produisent dans sa vie le caractère de l'avantageux, du désavantageux, ou de l'indifférent, correspondant respectivement à tout ce qui augmente le pouvoir de l'entité concernée à préserver son existence et à réaliser son bien; à tout ce qui, à l'inverse, les affaiblit ou les détruit; et enfin à tout ce qui n'exerce aucun effet sur eux.

Ainsi il nous incombe, en tant qu'agents moraux, d'envisager les événements qui se produisent dans le monde du point de vue d'un centre téléologique de vie, en déterminant quels sont, parmi les événements du monde, ceux qui sont bons et ceux qui sont mauvais, ceux qui sont désirables et ceux qui sont indésirables. En portant de tels jugements, il est clair que ce qui détermine le critère d'évaluation, ce n'est pas ce qui bénéficie aux agents moraux eux-mêmes, mais ce qui promeut ou protège le bien de l'entité concernée. De tels jugements peuvent être rendus au sujet de tout ce qui peut se produire dans la vie d'une entité, et qui se révèle favorable ou défavorable à la réalisation du bien qui lui est propre. Ainsi qu'il a été dit plus haut, il n'est pas nécessaire, pour que de tels jugements soient significatifs et vrais, que l'entité elle-même prenne le moindre *intérêt* (conscient) à ce qui lui arrive.

Ce sont précisément des jugements de cette sorte que nous sommes disposés à rendre lorsque nous adoptons l'attitude de respect de la nature. Du fait de l'adoption de cette attitude, ces jugements acquièrent un certain poids et déterminent des raisons d'agir que nous prenons en considération lors de nos délibérations pratiques. Par là même, ces jugements revêtent une pertinence morale qui les rend aptes à guider notre conduite.

LA CONTESTATION DE L'IDÉE
DE LA SUPÉRIORITÉ HUMAINE

La quatrième composante de la perspective biocentrique sur la nature est la plus importante d'entre toutes en ce qu'elle permet de justifier l'attitude de respect de la nature. Son rôle central est dû à la relation spéciale qu'elle soutient avec les trois premières composantes de la perspective biocentrique. Cette relation sera élucidée après que l'idée de la supériorité humaine aura été examinée et analysée[1].

En quel sens les êtres humains sont-ils censés être supérieurs aux autres animaux ? Nous différons d'eux en ceci que nous possédons certaines propriétés qui leur font défaut. Mais pourquoi ces capacités devraient-elles être une marque de supériorité ? Selon quel point de vue passent-elles pour des signes de supériorité et en quel sens le concept de supériorité est-il entendu ? Après tout, de nombreuses espèces non humaines possèdent des capacités qui font défaut aux hommes. Citons la vitesse du chimpanzé, l'acuité visuelle de l'aigle, l'agilité du singe. Pourquoi de telles capacités ne pourraient-elles pas être tenues pour des signes de *leur* supériorité sur les êtres humains ?

La réponse qui vient immédiatement à l'esprit est que ces capacités ne sont pas aussi *précieuses* que les capacités qui sont censées assurer la supériorité des hommes. L'on dira alors que ces caractéristiques typiquement humaines que sont la pensée rationnelle, la créativité esthétique, l'autonomie et l'autodétermination, la liberté morale, ont une valeur bien supérieure, par comparaison avec les capacités qui sont partagées par les autres espèces. Et pourtant, nous continuons de demander : comment décide-t-on, en fonction de qui et de quoi, et sur quels fondements, que la valeur reconnue aux caractéristiques humaines est supérieure ?

Celles qui sont ci-dessus mentionnées sont des plus précieuses aux yeux des hommes. Elles sont essentielles à la préservation et à l'enrichissement de notre civilisation et de notre culture. C'est de

---

1. Les critiques que j'adresse au dogme de la supériorité humaine sont corroborées, de façon indépendante, par l'article remarquable de R. et V. Routley, dans lequel ces derniers mettent en évidence les nombreuses faiblesses des arguments avancés en faveur des théories anthropocentriques d'éthique environnementale : voir « Against the Inevitability of Human Chauvinism », dans K.E. Goodpaster et K.M. Sayre (ed.), *Ethics and Problems of the 21st Century*, Notre Dame, University of Notre Dame, 1979, p. 36-59.

toute évidence du point de vue des hommes que ces caractéristiques sont jugées être désirables et bonnes.

Il n'est pas difficile de reconnaître ici une pétition de principe. Les hommes proclament la supériorité des hommes d'un point de vue strictement humain, c'est-à-dire en adoptant un point de vue depuis lequel leur bien est tenu pour le critère de tout jugement. Il suffit de prendre en considération les capacités des animaux non humains (ou des plantes, comme on voudra) en adoptant le point de vue de ce qui est *pour eux* un bien, pour fournir l'exemple d'un jugement de supériorité de sens contraire. Ainsi, la vitesse du chimpanzé est un signe de sa supériorité par rapport aux hommes si on la considère du point de vue de ce qui constitue le bien de son espèce. S'il courait aussi lentement que les hommes, il serait incapable de survivre. Et ainsi de suite pour toutes les autres capacités des êtres non humains qui favorisent la réalisation de leur bien, mais dont les hommes sont dépourvus. Dans chaque cas, du point de vue d'un être non humain, l'idée de la supériorité des hommes serait repoussée.

Lorsque les prétentions à la supériorité sont interprétées de cette manière, elles trouvent leur fondement dans des jugements portant sur le *mérite*. Pour juger des mérites d'une personne ou d'un organisme, il convient de recourir à des modèles de classification. (Comme je le montrerai plus loin, c'est ce qui distingue les jugements portant sur le mérite des jugements portant sur la valeur inhérente.) Seule une investigation empirique peut déterminer si tel ou tel être a les « bonnes propriétés » (les mérites) en vertu de quoi il remplit les critères des modèles à l'aune desquels il est jugé.

Dans le cas des êtres humains, les mérites peuvent être soit de type moral soit de type non moral. Nous pouvons juger qu'une personne est meilleure que telle autre ou qu'elle lui est supérieure d'un point de vue moral en appliquant certains modèles à leur caractère et à leur conduite. De la même manière, nous pouvons faire appel à des critères non moraux en jugeant que telle ou telle personne est un excellent joueur de piano, un cordon-bleu, un joueur de tennis médiocre, etc.

Différents projets sociaux et différentes manières de concevoir la distribution des rôles dans une société sont implicitement présupposés dans l'élaboration des jugements portant sur le mérite, et ce sont ces projets et ces conceptions sociales diverses qui fournissent le cadre de référence pour le choix des modèles au moyen desquels les mérites non moraux des personnes sont évalués. Ces projets sociaux et ces conceptions des rôles à tenir dans une société prennent ultimement leur source dans ses différentes manières de vivre, et elles-mêmes peuvent être interprétées comme étant la forme culturelle que revêt la réalisation conjointe des valeurs humaines. Nous pouvons en conclure, qu'il s'agisse des modèles de classification de type moral ou de type non moral, que les jugements portant sur les mérites des uns et des autres dépendent, en dernière instance, des seules valeurs humaines. Ces dernières procèdent toutes d'un point de vue exclusivement humain.

La question qui surgit naturellement à cet endroit est la suivante : pourquoi les modèles qui sont fondés sur les valeurs humaines devraient-ils être tenus pour les seuls critères valides de mérite, et par conséquent les seuls signes fiables de supériorité ?

Cette question se pose avec une acuité particulière lorsqu'on estime que les êtres humains l'emportent en mérite sur les êtres non humains. Il est vrai qu'un être humain peut être meilleur mathématicien qu'un singe, mais il se peut aussi qu'un singe grimpe mieux à l'arbre que lui. Si nous autres hommes estimons davantage les mathématiques que le fait de grimper aux arbres, c'est parce que notre conception de la vie civilisée rend le développement des capacités intellectuelles requises pour faire des mathématiques plus désirable que la capacité à grimper aux arbres.

Mais n'est-il pas déraisonnable de juger les êtres non humains à l'aune des valeurs de la civilisation humaine, plutôt qu'à l'aune des valeurs liées à la façon dont un être, en tant qu'il est membre de *telle* ou *telle* espèce, réalise le bien qui lui est propre ? Si tous les êtres vivants ont un bien qui leur est propre, il est pour le moins raisonnable de juger des mérites des êtres non humains à la lumière de modèles qui tiennent compte de ce qui vaut *pour eux* comme étant un bien. Le fait de recourir exclusivement à des modèles fondés sur des valeurs humaines implique de tenir pour acquise la thèse de la supériorité des hommes, alors qu'elle demande précisément à être justifiée.

Un autre vice logique apparaît en liaison avec la conviction largement partagée selon laquelle les hommes sont des êtres *moralement* supérieurs parce qu'ils possèdent des capacités qui font défaut aux autres créatures, à savoir celles d'un agent moral (le libre-arbitre, l'imputabilité, la délibération, le jugement, la raison pratique).

Cette conviction repose sur une confusion conceptuelle. Dans la mesure où les modèles moraux sont concernés, seuls les êtres qui possèdent les capacités d'un agent moral peuvent en toute rigueur être jugés en termes de *moralité* (ils sont jugés être moralement bons), soit en termes d'*immoralité* (ils sont jugés être moralement déficients). Les modèles moraux ne sont tout simplement pas susceptibles d'être appliqués aux êtres auxquels ces capacités font défaut. Les animaux et les plantes ne peuvent donc pas être dits moralement inférieurs aux hommes sous le rapport du mérite. Dans la mesure où les seuls êtres qui peuvent mériter moralement *ou qui peuvent démériter sous ce rapport* sont des agents moraux, il est conceptuellement incohérent de juger que les hommes sont supérieurs aux êtres non humains en se fondant sur le fait que les hommes possèdent des capacités morales dont sont dépourvus les êtres non humains.

Jusqu'ici, j'ai interprété l'idée de la supériorité des êtres humains sur les autres êtres vivants comme étant liée à un jugement procédant à une classification de leurs mérites respectifs. Toutefois, il existe une autre manière de comprendre l'idée de supériorité humaine. Selon cette interprétation, les êtres humains sont supérieurs aux êtres non humains, non pas sous le rapport de leurs mérites, mais sous le rapport de leur valeur inhérente. Par conséquent, la thèse de la supériorité des êtres humains doit être comprise comme l'affirmation que tous les êtres humains, du seul fait de leur humanité, ont *une plus grande valeur inhérente* que les autres êtres vivants.

La valeur inhérente d'une entité ne dépend pas de ses mérites[1]. Comme il a été dit précédemment, le fait de considérer une chose comme possédant une valeur inhérente revient à conférer une valeur intrinsèque à la réalisation de son bien. Ceci est établi indépendamment des mérites – quels que puissent être ces derniers – que l'entité concernée peut avoir ou qui peuvent lui faire défaut, tel qu'il est loisible d'en juger à l'aune de certains modèles de classification. Dans l'ordre des relations entre les hommes, le principe selon lequel la valeur d'une personne ne varie pas avec ses mérites ou avec son absence de mérites nous est devenu familier. La même chose peut valoir des animaux et des plantes. Admettre que ces entités possèdent une valeur inhérente implique de ne pas tenir compte de leurs mérites et de leurs déficiences, qu'ils soient jugés d'un point de vue humain ou du point de vue de leur propre espèce.

L'idée qu'une entité puisse avoir plus de mérite qu'une autre, et lui être ainsi supérieure sous ce rapport, est parfaitement sensée. Le mérite est un concept classificatoire, et les jugements portant sur les mérites comparés sont fondés sur les différents degrés d'adéquation aux critères d'un modèle donné. Mais quel sens peut-il y avoir à parler de la supériorité d'une chose sous le rapport de la valeur inhérente ? Afin de saisir ce qui est énoncé dans une telle affirmation, il est utile avant tout d'être attentif à l'origine sociale de l'idée selon laquelle il existerait divers degrés de valeur inhérente.

Cette dernière, appliquée aux êtres humains, s'origine dans les sociétés caractérisées par des structures de classes rigides. Avant l'émergence des démocraties modernes caractérisées par leur credo égalitariste, l'appartenance héréditaire d'un individu à une classe était de nature à déterminer son statut social. Les personnes des

---

1. Je suis redevable à G. Vlastos de m'avoir aidé à distinguer de cette manière entre le mérite et la valeur inhérente, « Justice and Equality », dans R. Brandt (ed.), *Social Justice*, Englewood Cliffs, Prentice-Hall, 1962, p. 31-72.

classes supérieures étaient considérées de bas en haut, tandis que celles des classes inférieures étaient considérées de haut en bas. Dans une telle société, les relations de supériorité et d'infériorité hiérarchiques étaient clairement définies et aisément reconnaissables pour tout un chacun.

Deux aspects de ces sociétés structurées en classes sont tout particulièrement pertinents pour saisir l'idée que la valeur inhérente est susceptible de se voir reconnaître des degrés. Premièrement, les individus nés dans les classes supérieures étaient estimés plus dignes de respect que ceux nés dans les classes inférieures. Deuxièmement, la valeur supérieure des premiers n'avait strictement rien à voir avec leurs mérites, pas plus que la valeur inférieure des seconds ne reposait sur leur absence de mérites. La supériorité et l'infériorité de chacun dérivaient purement et simplement de la position sociale que chacun occupait dès la naissance. Le concept moderne de méritocratie ne trouvait tout simplement pas à s'appliquer. Nul ne pouvait s'élever au niveau d'une classe supérieure en vertu d'une quelconque performance morale ou non morale.

De la même manière, un aristocrate tenait son titre et tous les privilèges qui en sont indissociables du seul fait de sa naissance, c'est-à-dire au seul motif que sa naissance faisait de lui le fils aîné d'un gentilhomme portant ce titre. À la différence de l'ordre de la chevalerie tel qu'il est décerné de nos jours en Angleterre, nul ne pouvait devenir membre de la noblesse en raison de sa conduite méritoire.

Nous autres qui vivons dans un système de démocratie moderne, nous ne croyons plus en la valeur de telles distinctions sociales héréditaires. En fait, nous les condamnons moralement de tout cœur comme étant fondamentalement injustes, au point de tenir de tels systèmes de classes pour le paradigme même de l'injustice sociale.

L'idée selon laquelle, parmi les hommes, il n'est ni supérieur ni inférieur, est devenue un principe central d'une manière de vivre typiquement démocratique. Nous avons ainsi repoussé dans sa totalité le cadre conceptuel au sein duquel les personnes représentent autant de degrés de valeur inhérente. Cette idée est incompatible avec notre concept de l'égalité humaine fondée sur la doctrine selon laquelle tous les hommes, du seul fait de leur humanité, ont la même valeur inhérente. (La croyance en l'universalité des droits de l'homme est l'une des formes que cet égalitarisme revêt.)

Toutefois, la grande majorité de ceux qui vivent dans les démocraties modernes ne défendent plus cette thèse égalitariste lorsqu'ils en viennent à comparer les êtres humains aux autres êtres vivants. La plupart considèrent que notre propre espèce est supérieure aux autres, et cette supériorité est entendue comme étant une affaire de valeur inhérente, et non pas de mérite. Il se peut qu'il existe des êtres humains complètement vicieux et dépravés, dépourvus de tout mérite. Quoi qu'il en soit, parce que ce sont des êtres humains, ils passent généralement pour les membres d'une espèce d'entités supérieure à celle à laquelle appartient n'importe quelle plante ou n'importe quel animal. Du seul fait de leur naissance au sein de l'espèce des *Homo sapiens*, les voilà investis du droit de se comporter comme les seigneurs de ceux qui sont leurs inférieurs, c'est-à-dire ceux qui sont nés au sein d'autres espèces.

L'analogie avec les classes sociales héréditaires est très étroite. Une telle vision des choses est liée implicitement à une conception hiérarchique de la nature selon laquelle un organisme se voit assigner une position de supériorité ou d'infériorité au sein de la communauté de vie présente sur Terre du seul fait de son héritage génétique. Les ordres de vie « inférieurs » sont considérés de haut en bas, et l'on estime qu'il est parfaitement normal que les formes de vie qui appartiennent aux ordres inférieurs servent les intérêts des formes de vie qui appartiennent aux ordres supérieurs, à savoir les êtres humains.

La valeur intrinsèque que nous conférons au bien-être de nos frères humains tient à la reconnaissance que nous occupons les uns par rapport aux autres une position d'égalité. Aucune valeur intrinsèque de ce genre ne doit être conférée au bien des autres animaux, à moins que nous choisissions de le faire, en raison de la tendresse ou de l'affection que nous avons pour eux. Mais nous ne sommes pas tenus moralement de nous soucier de leur bien-être. De ce point de vue, il y a une différence absolue de statut moral entre nous et eux.

Telle est la structure de concepts et de croyances que reprennent à leur compte tous ceux qui défendent l'idée de la supériorité des hommes en valeur inhérente par rapport à toutes les autres espèces. Je vais m'efforcer de montrer à présent que cette structure de concepts et de croyances est complètement dénuée de fondements.

Si nous admettons la validité des trois premières composantes de la perspective biocentrique, et que nous examinons dans cette perspective les traditions philosophiques majeures dont les conceptions se conforment à la structure de pensée qui vient d'être élucidée, il apparaît que cette dernière n'est au fond rien d'autre que l'expression d'un préjugé irrationnel en notre propre faveur.

Les traditions philosophiques elles-mêmes contiennent un certain nombre de présupposés tout à fait discutables, ou tout simplement tranchent la question avant de l'avoir examinée. Je vais à présent passer brièvement au crible trois des traditions principales pour donner quelque consistance à ce que nous venons d'affirmer. Il s'agit de la tradition de l'humanisme classique grec, de la tradition du dualisme cartésien, et de la tradition judéo-chrétienne du concept de la grande chaîne des êtres.

L'idée de la supériorité inhérente des hommes par rapport aux autres espèces était contenue implicitement dans la définition grecque de l'homme en tant qu'animal rationnel. Notre nature animale était ravalée au rang des désirs « bestiaux » qui requièrent l'ordre et le contrôle de la raison pour les régler (de même que la raison est la vertu spécifique de ceux qui sont appelés à diriger la cité idéale). La rationalité était ainsi, dans cette tradition, la clé de notre supériorité sur les animaux. C'est elle qui nous permet de vivre en nous hissant à un niveau plus élevé, et elle encore qui nous investit d'une sorte de noblesse et de valeur qui manquent aux autres créatures.

Cette façon familière de comparer les êtres humains aux autres espèces est profondément enracinée dans la conception philosophique occidentale. Le point qu'il convient ici de soulever est qu'une telle conception ne fournit pas réellement un argument *en faveur* de la supériorité humaine, mais rend bien plutôt explicite le cadre intellectuel qui sert implicitement de référence aux défenseurs de l'idée d'une supériorité inhérente des hommes sur les êtres non humains.

Les Grecs, pour lesquels les hommes, en vertu de leurs capacités rationnelles, possèdent une sorte de valeur plus grande que celle de n'importe quel être non rationnel, n'ont pas su voir que la rationalité n'est au fond qu'une capacité parmi d'autres des êtres vivants. Si nous considérons la rationalité du point de vue des trois premières composantes de la perspective biocentrique, il apparaît que sa valeur réside en fait dans son importance pour la vie *humaine*. Les autres créatures accomplissent le bien qui est propre à leur espèce sans le recours à la rationalité, quoiqu'elles fassent souvent usage de capacités qui font défaut aux hommes.

Par conséquent, la perspective anthropocentrée de la pensée classique grecque ne nous fournit pas un fondement neutre (qui se situerait au-delà de tout questionnement) sur lequel édifier une échelle de degrés de valeur inhérente possédée par les différentes espèces d'êtres vivants.

La seconde tradition, centrée autour du dualisme cartésien de l'âme et du corps, échoue elle aussi à justifier l'idée de la supériorité humaine. Cette supériorité est supposée dériver du fait que nous possédons une âme, tandis que les animaux en sont dépourvus. Les animaux sont de simples automates et ne possèdent pas cet élément divin qui pourrait faire d'eux des êtres spirituels.

Je ne m'engagerai pas dans les critiques désormais bien connues de ce dualisme des substances. Je me contenterai d'ajouter à ces critiques la remarque suivante : même s'il était vrai que les hommes sont composés d'une âme immatérielle inétendue et d'un corps matériel étendu, ceci ne constituerait pas par soi-même une raison pour juger qu'ils possèdent une valeur plus grande que les entités qui ne sont rien d'autre qu'un corps.

Pourquoi la substance de l'âme serait-elle une chose qui ajouterait de la valeur à celui qui la possède ? À moins de supposer l'appoint d'un raisonnement théologique (ce que plus d'un, à commencer par moi, estimeraient épistémologiquement inadmissible), aucune liaison logique n'apparaît avec évidence. Une chose immatérielle qui pense peut être dite meilleure qu'une chose matérielle qui ne pense pas à la seule condition que la pensée ait elle-même de la valeur, que ce soit de façon intrinsèque ou instrumentale. Or la pensée n'a de valeur intrinsèque que pour les hommes, qui l'évaluent comme une fin en soi, et elle a également une valeur instrumentale pour ceux qui en tirent un bénéfice, c'est-à-dire pour eux.

Pour les animaux qui ne jouissent pas de l'exercice de la réflexion pour lui-même, et qui n'en ont pas non plus besoin pour mener le genre de vie pour lequel ils sont le mieux adaptés, la pensée n'a aucune valeur. Même en élargissant la définition de la « pensée » de telle sorte à y inclure toutes les formes de conscience, il y a toujours de nombreux êtres vivants qui peuvent s'en passer et néanmoins vivre ce qui est pour leur espèce une vie bonne. L'anthropocentrisme qui sous-tend l'affirmation de la supériorité humaine traverse de part en part le dualisme cartésien.

La troisième source majeure de l'idée de la supériorité humaine est le concept judéo-chrétien de la grande chaîne des êtres. Les êtres humains sont supérieurs aux animaux et aux plantes parce que leur Créateur leur a conféré une place plus élevée dans la chaîne des êtres. Au bout de la chaîne, celle-ci commence avec Dieu ; au maillon suivant se trouvent les anges, qui lui sont inférieurs mais qui sont supérieurs aux hommes ; puis les hommes, à mi-chemin entre les anges et les animaux (partageant la nature des uns et des autres) ; et enfin les animaux et les plantes non humains, et finalement les objets inanimés. Les êtres humains, étant faits « à l'image de Dieu » sont supérieurs de façon inhérente aux animaux et aux plantes en vertu de leur proximité (en leur essence intime) avec le Créateur.

Les difficultés métaphysiques et épistémologiques que pose cette conception d'une hiérarchie des entités sont, à mes yeux, insurmontables. Sans vouloir trop entrer dans les détails, je ferai simplement remarquer que si nous ne sommes pas disposés à admettre la validité de la métaphysique judéo-chrétienne tradition-nelle, nous n'avons aucune bonne raison de reprendre à notre compte l'affirmation de l'inhérente supériorité humaine.

À en juger par les considérations précédentes (et d'autres du même genre), il ne peut y avoir qu'une seule raison de défendre l'idée que l'homme, indépendamment de son mérite particulier, définit un genre d'entité supérieur à tout autre être vivant : à savoir, le simple fait de la constitution génétique de l'espèce des *Homo sapiens*.

Mais le recours à ce fait est assurément irrationnel et arbitraire, car pourquoi un certain type d'arrangement des gènes devrait-il être la marque d'une supériorité en valeur, à plus forte raison lorsque ce fait concernant un organisme est considéré isolément de tout autre aspect de la vie de cet organisme ? Nous pourrions tout aussi bien et avec autant de raison, nous référer à n'importe quelle autre consti-tution génétique comme fondement d'une supériorité en valeur. De toute évidence, nous sommes en face d'une affirmation complète-ment arbitraire qui ne peut être expliquée autrement que comme l'expression d'un préjugé irrationnel en notre propre faveur.

Qu'une telle affirmation procède bel et bien d'un préjugé profondément enraciné peut être confirmé pour peu que l'on prenne en considération la relation que nous soutenons avec les autres espèces à la lumière des trois premières composantes de la perspec-tive biocentrique.

Ces composantes, conjointement, nous donnent une certaine vue d'ensemble sur le monde naturel et sur la place que les hommes y occupent. Lorsque nous adoptons ce point de vue, nous en venons à comprendre les autres êtres vivants, leurs conditions environne-mentales, et leurs relations écologiques de sorte à éveiller en nous un sens profond de notre parenté avec ces formes de vie considérées comme nos compagnons au sein de la communauté de vie de la

Terre. Les êtres humains et les êtres non humains sont considérés les uns les autres comme parties intégrantes d'un tout unifié au sein duquel tous les êtres vivants sont fonctionnellement liés.

À terme, lorsque notre conscience se montre plus particulièrement attentive aux vies individuelles des plantes et des animaux, il lui apparaît que chacune partage avec la vie individuelle humaine la caractéristique d'être un centre téléologique de vie s'efforçant de réaliser son propre bien d'une manière qui lui est propre.

À mesure que ce système entier de croyances s'intègre au cadre conceptuel à travers lequel nous comprenons et percevons le monde, nous en venons à nous concevoir nous-mêmes comme soutenant une certaine relation morale avec les formes de vie non humaines. Notre rôle éthique dans la nature revêt une nouvelle signification. Nous commençons à considérer les autres espèces comme nous nous considérons nous-mêmes, en voyant en elles des êtres possédant un bien qu'ils s'efforcent de réaliser tout comme nous.

Corollairement, nous développons la disposition à voir le monde depuis le point de vue de leur bien tout autant que du point de vue du nôtre. Garder à l'esprit l'impossibilité de fonder l'affirmation de la supériorité inhérente des hommes sur les autres espèces nous empêchera d'observer une sorte de neutralité intellectuelle à son endroit, et nous conduira tout au contraire à la repousser comme totalement opposée à notre vision du monde. En l'absence de toutes bonnes raisons de soutenir pareille affirmation, celle-ci ne manquera pas d'apparaître comme étant la simple expression d'un préjugé irrationnel en notre propre faveur qui privilégie une espèce particulière par rapport à plusieurs millions d'autres.

Le rejet de l'idée de la supériorité humaine implique sa contrepartie positive : la doctrine de l'impartialité spécifique. Celui qui admet la validité de cette doctrine considère que tous les êtres vivants possèdent une valeur inhérente – la *même* valeur inhérente, puisqu'on n'a jamais démontré la supériorité d'une espèce sur l'autre. Or nous avons vu précédemment que, dans la mesure où l'on considère qu'un être vivant possède une valeur inhérente, il est par là même promu au rang d'objet approprié d'une attitude de respect, en tant que cette attitude est la seule adéquate ou la seule qui convienne de la part des agents moraux.

Parvenu à ce stade, il est loisible d'expliquer de quelle manière l'attitude de respect s'articule à la perspective biocentrique prise sur la nature. La liaison fondamentale s'effectue par le truchement de la négation de la supériorité des êtres humains. Dès lors que nous avons rejeté l'affirmation de la supériorité des hommes par rapport aux autres êtres vivants, que ce soit sous le rapport du mérite ou de la valeur inhérente, nous sommes disposés à adopter une attitude de respect. La négation de la supériorité humaine résulte elle-même de la perspective sur la nature que génèrent les trois premiers éléments de la perspective biocentrique.

Il est clair à présent que ces derniers devraient être jugés recevables par n'importe quel penseur, pleinement ouvert à la réalité de la vie des organismes non humains, un penseur rationnel et scientifiquement bien informé. Sans nier pour autant l'existence de caractéristiques humaines distinctives, un tel penseur pourrait prendre acte des aspects fondamentaux de l'existence des hommes qui font de ces derniers les membres de la communauté de vie présente sur Terre, et de l'exacte mesure dans laquelle les conditions biologiques nécessaires à la réalisation des valeurs humaines sont inextricablement liées au système entier de la nature. Le fait même de se représenter les êtres vivants individuels comme des centres téléologiques de vie témoigne de ce que ce penseur, scientifiquement bien informé, est parvenu à les comprendre comme étant le résultat d'observations de détail de plus en plus poussées.

Par conséquent, la perspective biocentrique se recommande elle-même comme un système acceptable de concepts et de croyances à tous les esprits sans préjugés, scientifiquement informés, et qui jouissent de la capacité raisonnablement développée de s'ouvrir à la réalité telle qu'elle est en tenant compte de la vie des organismes individuels. Ce qui, j'ose espérer, constitue une raison aussi bonne que celle que l'on est en droit d'attendre d'une éthique environnementale, pour reprendre à son compte l'attitude morale de respect de la nature.

LES DROITS MORAUX ET LE PROBLÈME
DES REVENDICATIONS RIVALES

Je n'ai soutenu à aucun moment dans ce qui précède que les animaux ou les plantes ont des droits moraux. Cette omission était délibérée. Je ne pense pas que la classe de référence du concept – les titulaires de droits moraux – devrait être élargie pour y inclure les êtres vivants non humains.

Toutefois, je ne puis, dans les limites de cet article, exposer les raisons pour lesquelles je défends cette position. Je pense avoir été capable d'atteindre plusieurs des mêmes objectifs que ceux que visent les partisans des droits des animaux et des plantes. D'ailleurs, dans le cadre de ma théorie, il n'y a aucune raison de refuser de reconnaître aux plantes et aux animaux, en y incluant les populations d'espèces et les communautés de vie, des droits *juridiques*. L'on pourrait envisager de leur accorder une protection juridique, ce qui signifierait qu'on leur reconnaîtrait un titre juridique à être protégé – moyen par lequel une société souscrivant à l'éthique du respect de la nature reconnaîtrait publiquement leur valeur inhérente.

Il resterait alors à examiner le problème des revendications rivales, problème qui se pose même lorsque l'on ne se représente pas les plantes et les animaux sauvages comme étant titulaires de droits moraux. Si nous admettons la validité de la perspective biocentrique, et si nous adoptons de façon corollaire l'attitude de respect de la nature comme attitude morale ultime, comment pouvons-nous résoudre les conflits qui proviennent du respect des personnes (auquel nous sommes tenus dans le domaine de l'éthique qui règle les rapports entre les personnes) et le respect de la nature (auquel nous sommes tenus dans le domaine de l'éthique environnementale)?

Il est impossible ici de traiter convenablement cette question. Mon intention principale dans cet article a été de jeter les bases qui permettent de travailler à trouver une solution à ce problème. J'ai tâché de montrer pourquoi le préjugé initial en faveur des intérêts de notre propre espèce ne peut pas constituer un bon point de départ. Après tout, il est à notre portée d'agents moraux d'imposer des limites à la population des hommes, et de contenir le développement technologique, dans le but délibéré de partager les dons de la Terre avec les autres espèces. Qu'un tel partage puisse constituer un idéal difficile à réaliser, même de façon approximative, n'affaiblit pas la prétention qu'il élève à être moralement pris en charge par tout un chacun.

HOLMES ROLSTON III

LA VALEUR DANS LA NATURE
ET LA NATURE DE LA VALEUR*

Acceptez que je me fasse votre guide de la nature, et mettons-nous en quête de valeurs. Nombreux sont ceux qui, avant nous, se sont égarés, aussi nous faut-il apprendre à voir le monde qui nous entoure. Une vie qui ne s'examine pas ne vaut pas la peine d'être vécue ; la vie dans un monde qui n'est pas examiné ne vaut pas non plus la peine qu'on y vive. Bien des valeurs sont présentes sans que nous les remarquions.

DES HOMMES DE VALEUR**

Prenons notre point départ en terrain connu : les hommes sont capables d'évaluer. Le *cogito* de Descartes est aussi bien un indubi-

---

* H. Rolston III, « Value in Nature and the Nature of Value », conférence prononcée devant la *Royal Society of Philosophy* à l'Université de Wales (Cardiff) au Royaume-Uni, les 18-21 juin 1993, publiée dans R. Attfield et A. Belsey (ed.), *Philosophy and Natural Environment*, Cambridge, Cambridge University Press, 1994, p. 13-30. La présente traduction est publiée avec l'aimable autorisation de l'auteur.

** L'auteur tire le plus grand parti possible d'une ambiguïté présente en anglais. « *Valuable* » peut avoir au moins deux significations : 1) de valeur, précieux ; 2) qui peut être évalué, qui est digne d'être évalué. À quoi l'auteur ajoute une troisième

table *valeo*. Je ne puis douter du fait que j'évalue. Les hommes sont capables d'évaluer la nature de façon instrumentale, d'évaluer leurs propres vécus à la fois de façon intrinsèque et de façon instrumentale. Il se peut que les choses et les événements objectifs naturels contribuent à la satisfaction des intérêts subjectifs – un arbre fournit du bois à brûler, un jour ensoleillé rend possible un pique-nique.

Dès les premiers pas de notre excursion dans la nature non humaine, quelques-uns de nos compagnons de route nous feront remarquer que nous devons commencer par cheminer avec ce sujet indubitable qui évalue; puis, chemin faisant, constatant l'omniprésence de ces sujets qui évaluent, ils en viennent à nier qu'il y ait une quelconque valeur en dehors de notre propre esprit. Wilhelm Windelband le dit avec fermeté : « La valeur (...) n'est jamais trouvée dans l'objet lui-même à la façon d'une propriété. Elle réside dans la relation à un esprit qui évalue (...) Mettez à part la volonté et le sentiment, et il n'y a rien qui soit encore une valeur »

---

signification en décomposant le mot à l'aide d'un tiret : 3) « *value-able* », en entendant par là une capacité ou une aptitude à évaluer, à valoir ou plutôt à valoriser, le dernier processus désignant moins une opération intellectuelle qu'un rapport vital entre une forme de vie et ce qui lui profite. Le glissement qui s'effectue de l'une à l'autre signification règle tout le mouvement de la réflexion qui se déploie dans cet article. Le titre de cette première section constitue donc la première difficulté de traduction que nous rencontrons : « *Valuable Humans* » peut s'entendre dans les trois sens que nous venons d'indiquer. Il nous a semblé qu'il était possible de traduire ce titre (et les autres expressions formées de la même manière) en mettant en jeu à notre tour les ressources de la langue française, dont le génitif « de » (qui peut être soit subjectif, soit objectif) est remarquablement ambigu. Ainsi il faudra ne pas perdre de vue que les « hommes de valeur » sont à la fois les sujets de la valeur (les sujets qui valorisent, parce qu'ils en sont capables), les objets de la valeur (ceux qui sont valorisés) qui ont comme tels une valeur (sous-entendu : une valeur qui les rend proprement précieux). Quant à la nuance de signification qui distingue en français le verbe « évaluer » et le verbe « valoriser » (traduisant l'un et l'autre le verbe anglais « *to value* »), voir la première note du traducteur qui accompagne la traduction du texte de J. Baird Callicott figurant dans ce volume. Notons enfin que l'auteur utilise à deux reprises (indiquées dans le corps du texte) le verbe « *to evaluate* », que nous avons traduit par « évaluer ».

(Windelband, 1921, p. 215). Bryan Norton en tire la conclusion suivante : « Les moralistes que l'on compte dans les rangs des éthiciens de l'environnement se sont égarés en cherchant à découvrir une valeur dans les êtres vivants qui soit *indépendante* de toute évaluation humaine. Ils ont oublié par là une chose tout à fait élémentaire concernant les conditions de toute évaluation. L'évaluation s'effectue toujours du point de vue d'un sujet conscient qui évalue. (…) Seuls les êtres humains sont des agents d'évaluation » (Norton, 1991, p. 251).

Le fait de prendre un intérêt à quelque chose est ce qui donne aux hommes la capacité à valoriser telle ou telle chose. En plus de la valorisation instrumentale de la nature, les hommes peuvent parfois valoriser la nature de façon intrinsèque. Lorsque nous valorisons un séquoia géant, notre valorisation trouve dans l'arbre son point d'arrêt, sans qu'aucune référence à quelque chose d'autre que le séquoia lui-même soit requise. Que se passe-t-il à ce moment-là ?

Les philosophes qui nous accompagnent dans notre excursion, après avoir jeté un œil sur l'arbre lui-même, voudront y voir plus clair dans l'usage qu'il convient de faire du langage. « Intrinsèque » signifie « ce qui ne comporte aucune référence instrumentale », mais par là rien n'est dit sur le problème de savoir si la valeur est intrinsèquement localisée dans l'arbre de façon indépendante et autonome, ou bien si la valeur est conférée à l'arbre au moment de notre arrivée. Nous ne pouvons pas considérer qu'il aille de soi qu'il n'y ait rien qui soit de l'ordre d'une valeur non humaine. La valeur intrinsèque est-elle découverte ou est-elle conférée ? Le spectateur est affecté par ce qu'il perçoit, mais ce qui est évalué est ce qui se tient devant lui.

Si l'aptitude à valoriser qui est celle des hommes est la source de la valeur particulière qu'ils attachent à ce qui les a affectés, alors la valeur est anthropogénique même si elle n'est pas anthropocentrique (Callicott, 1984 ; 1986).

Les touristes qui visitent le parc de Yosemite Valley ne valorisent pas les séquoias en tant qu'ils peuvent fournir du bois d'œuvre, mais en tant qu'ils sont des « classiques » de la nature, en raison de leur âge, de leur force, de leur taille, de leur beauté, de leur capacité à perdurer et de leur majesté. Cette manière de voir est ce qui confère à l'arbre sa valeur, qui ne peut advenir à la présence indépendamment de la valorisation effectuée par des hommes. La valeur exige donc la subjectivité pour coaguler dans le monde.

Mais la valeur qui en résulte – tel est le sens de la thèse défendue – est conférée objectivement à l'arbre. Une telle valeur n'est pas purement et simplement relative aux intérêts du sujet qui valorise, ni même relative aux intérêts des êtres humains, bien qu'elle soit engendrée par un être humain. Elle n'est pas centrée autour du bien-être humain. Dire que « n peut être valorisé » signifie bien qu'un homme H prend un intérêt à un objet naturel n, mais il n'est pas nécessaire que cela signifie que « n satisfait le désir de H », dans la mesure où H peut prendre intérêt aux arbres pour ce qu'ils sont en eux-mêmes, et pas seulement pour satisfaire les désirs de H. Cela étant dit, il n'existe aucune valeur avant que la conscience n'entre en scène.

En visitant le Grand Canyon, nous valorisons de façon intrinsèque les strates de roche disposées les unes sur les autres en bandes multicolores. En visitant l'État du Kentucky, nous valorisons le parc national de Mammoth Cave, avec toutes ses stalactites. Le seul fait de prendre intérêt à quelque chose constitue *ipso facto* une valeur. Un objet qui sans cela serait sans valeur peut ainsi en venir à avoir une valeur intrinsèque.

Toutefois, à l'instar de quelques-uns de nos compagnons de route, nous nous demandons ce qu'il pouvait bien y avoir avant, et ce qui est censé demeurer après. La réponse la plus évidente est que toutes les propriétés qui étaient celles des arbres, des canyons et des grottes continueront d'être les leurs. Même Descartes a reconnu qu'il était incapable de douter de l'existence de la nature extérieure, et il n'est aucun philosophe qui, venant à douter de l'existence du monde, consentira à se donner la peine d'y faire une excursion.

Comment alors rendons-nous compte du sentiment que nous éprouvons lorsque, touchés par la profondeur temporelle qui caractérise le Grand Canyon, nous prenons conscience que les hommes ont rarement foulé ce sol? Il se peut que, pour répondre à cette question, nous voulions donner un tour dispositionnel à la valeur. Dire que *n* peut être valorisé signifie que *n* est capable d'être valorisé à condition que, et à partir du moment où se présentent des êtres humains *H* qui valorisent, mais cela signifie également que *n* possède ces propriétés que des êtres humains se présentent ou pas.

Mis en présence de fossiles de trilobite, nous tirons la conclusion que les fossiles de trilobite pouvaient potentiellement être valorisés de façon intrinsèque. Selon cette manière de voir, les arbres, les canyons, les fossiles de trilobite qui sont valorisés et qui s'offrent à l'être ne sont pas les propriétaires actuels autonomes de leur propre valeur; l'arrivée des hommes correspond à une sorte d'allumage de la valeur. La valeur intrinsèque – au sens d'une valeur actualisée – n'émerge de façon relationnelle qu'avec l'apparition du sujet-générateur.

En dépit du langage de l'attribution de la valeur, le terme de valeur intrinsèque ne peut être pris au sérieux qu'à la condition qu'il ne désigne pas quelque chose que l'objet gagnerait, quelque chose qui se situerait à *l'intérieur de* («intra») de l'arbre actuel ou du fossile de trilobite passé, car le sujet humain ne confère pas véritablement quoi que ce soit à un objet naturel (en le dotant de quelque chose).

Par ce moyen, nous ne disposons que d'une «signification tronquée» (Callicott, 1986, p. 143) du concept de ce qui est *intrinsèque*. Les *attributs* dont il est question sont présents objectivement avant que les hommes arrivent, mais l'*attribution* de la valeur, elle, est subjective. L'objet affecte de manière causale le sujet, qui est stimulé du fait de l'excitation sensorielle, qu'il traduit en termes de valeur, après quoi l'objet – l'arbre – apparaît comme possédant une valeur, d'une façon analogue à la démarche au terme de laquelle il apparaît comme ayant une couleur verte. Mais rien, à proprement parler, n'est ajouté de façon *intrinsèque*; il n'est rien qui soit dans l'objet qui n'ait été présent en lui auparavant. Nonobstant le langage qui nous fait dire que les hommes sont la *source* des valeurs qu'ils *localisent* dans les objets naturels, aucune valeur ne s'y trouve vraiment localisée.

Le terme *intrinsèque*, même lorsque sa signification est tronquée, a quelque chose d'égarant. Ce qui est signifié est sans doute mieux spécifié par le terme *extrinsèque*, le préfixe *ex* indiquant l'allumage externe anthropogénique de la valeur, qui n'est pas *in*, *intrinsèque*, interne à l'organisme qui n'est pas doué de sensibilité, même si cette valeur, une fois qu'elle a été engendrée, semble être conférée à l'organisme. Dans la rencontre entre *H* et *n*, la valeur est conférée par *H* à *n*, et cette valeur est véritablement une valeur extrinsèque pour *n*, dans la mesure où elle provient de *H* en direction de *n*, et de la même manière cette valeur est pour *H* une valeur extrinsèque dans la mesure où elle est conférée par *H* à *n*. Ni *H* ni *n*, chacun de leur côté, ne possèdent une telle valeur.

Nous autres hommes sommes les porteurs de la lumière qui révèle la valeur, bien qu'il nous faille entretenir le feu en l'alimentant à la source de la nature. La valeur actuelle est un événement qui se produit dans notre conscience, mais les données naturelles, dans l'ombre portée du sujet qui valorise, possèdent potentiellement une valeur intrinsèque. L'homme est la mesure de toutes choses, a dit Protagoras. Les hommes sont ceux qui prennent les mesures, ils sont ceux qui valorisent toutes choses, même lorsque nous prenons la mesure de ce qu'elles sont en elles-mêmes.

DES ANIMAUX DE VALEUR

Une chauve-souris femelle, un mammifère tout comme nous, peut, en se dirigeant au moyen de son sonar dans la pénombre la plus totale, trouver son chemin dans la grotte de Bracken Cave (Texas), prendre dans ses ailes une moyenne de 500 à 1000 insectes à l'heure, et retourner auprès de sa progéniture pour la nourrir. Voilà qui témoigne du fait que la chauve-souris est capable de valoriser quelque chose : en l'occurrence, les insectes et sa progéniture.

En ce cas, il semble absurde de dire qu'il n'y a aucun sujet qui valorise jusqu'à l'arrivée des hommes. Les animaux ne font pas du tout des hommes la mesure de toutes choses. Rien ne témoigne mieux de l'existence de valeurs non humaines, et de l'existence d'êtres non humains qui valorisent, que la vie sauvage spontanée, la vie qui naît librement de soi-même. Les animaux rôdent et chassent, se trouvent un abri, se choisissent un territoire et des congénères, se soucient de leur progéniture, se soustraient activement aux dangers, sont affamés, assoiffés, souffrent de la chaleur, de la fatigue, se montrent agités ou bien somnolents. Ils souffrent du tort qui peut leur être fait et lèchent leurs blessures. Nous sommes tout à fait convaincus, en pareil cas, que la valeur n'est pas anthropogénique – pour ne rien dire de la valeur anthropocentrique.

Ces animaux sauvages défendent leur propre vie parce qu'ils ont un bien qui leur est propre. Il y a quelqu'un, là, derrière la fourrure ou les plumes. Notre regard nous est retourné par un animal qui ne se perd pas lui-même de vue. C'est ici que se tient la valeur, juste devant nos yeux, juste derrière ces yeux. Les animaux peuvent être valorisés, ils sont capables de valoriser un certain nombre de choses dans leur monde.

Mais il se peut que nous voulions encore défendre l'idée que la valeur n'existe que là où un sujet prend intérêt à un objet. David Prall écrit en ce sens : « Le fait pour un objet d'être aimé ou de ne pas l'être constitue sa valeur (…). Une sorte de sujet est toujours requis pour qu'existe une valeur quelconque » (Prall, 1921, p. 227). Dans de telles conditions, les animaux (du moins les animaux supérieurs) peuvent également valoriser, parce qu'ils sont des sujets qui effectuent des expériences et peuvent prendre intérêt à des objets.

Les animaux valorisent-ils quoi que ce soit de façon intrinsèque ? Nous pourrions penser qu'ils n'ont pas la capacité, précédemment revendiquée pour le compte des hommes, de conférer une valeur intrinsèque à n'importe quel objet. Ils cherchent surtout à satisfaire leurs propres besoins fondamentaux (nourriture et abri), et apportent des soins à leur progéniture. Mais pourquoi ne pas dire, en ce cas, qu'un animal valorise sa propre vie pour ce qu'elle est en elle-même, de façon intrinsèque, sans avoir à faire dépendre cette valeur de quoi que ce soit d'autre ?

Si nous refusions d'admettre cette idée, nous aurions alors affaire à un monde animal empli de valeurs instrumentales et dénué de valeurs intrinsèques, tous et chacun étant naturellement portés à valoriser les ressources dont ils ont besoin, sans que rien ni personne ne se valorise jamais soi-même.

Cette hypothèse est invraisemblable. Les animaux assurent le maintien et la valorisation de l'identité qui leur est propre, tout en se mesurant au monde extérieur. La valorisation est intrinsèque à la vie animale.

Des organismes de valeur

Il est difficile de sortir en plein air sans que de toute part des plantes viennent à croiser notre regard. Il est également difficile pour les philosophes de « voir » philosophiquement les plantes. Rares sont parmi eux les botanistes. De la même manière, on a tôt fait de négliger les insectes. Plus rares encore sont parmi les philosophes les entomologistes.

Une plante n'est pas un sujet, mais elle n'est pas non plus un objet inanimé, à l'instar d'un rocher. Les plantes, toutes vivantes qu'elles soient, sont des entités que la pensée du botaniste (et non pas celle du zoologue) a unifiées, ce qui signifie qu'elles ne sont pas des organismes unitaires hautement intégrés doués d'un centre de contrôle neural, mais bien plutôt des organismes modulaires, doués d'un méristème qui peut, de façon répétitive, indéfiniment produire des nouveaux modules végétatifs, produire des nœuds et des entrenœuds supplémentaires sur la tige, et produire de nouvelles feuilles pour autant que l'espace et les ressources sont disponibles, sans oublier la production incessante des modules reproductifs, des fruits et des graines.

Les plantes se font elles-mêmes et d'elles-mêmes remédient au tort qui peut leur être fait ; elles assurent la circulation de l'eau, des nutriments et effectuent le travail de photosynthèse de cellule en cellule ; elles stockent du sucre ; elles fabriquent du tanin et d'autres toxines, et elles règlent leur niveau pour se défendre contre les animaux qui se nourrissent de pâture ; elles fabriquent du nectar et émettent des phéromones pour influencer le comportement des insectes pollinisateurs et les réactions des autres plantes ; elles excrètent des produits toxiques contre d'éventuels envahisseurs ; elles produisent des épines, des pièges à insectes. Elles peuvent rejeter génétiquement les greffes incompatibles.

Une plante, comme tout autre organisme, qu'il soit doué de sensibilité ou pas, est un système spontané qui se préserve lui-même, s'auto-reproduisant et subvenant à ses propres besoins, exécutant son programme, capable de se faire une place dans le monde, et qui peut être dit compétitif en raison des capacités qui sont les siennes à prendre la mesure de ses propres succès. Ce qui s'opère à l'intérieur de ce système dépasse l'ordre de la causalité physique, même si l'ensemble de ces opérations se situe en deçà de la sensibilité proprement dite ; une *information* supervise l'enchaînement des causes et des effets, en l'absence de quoi l'organisme se ramènerait à un tas de sable. L'information est utilisée afin de préserver l'identité de la plante.

Toute cette cargaison est transportée par l'ADN, qui est essentiellement une molécule *linguistique*. Le code génétique est véritablement un code *propositionnel* – pour employer un terme provocateur –, si l'on veut bien se souvenir que le latin *propositum* est une assertion, un travail à effectuer, un thème, un plan, une proposition, ou encore une thèse cognitive. Les molécules en question ont pour tâche de diriger le mouvement en le conduisant d'un état de potentialité génotypique à un état d'expression phénotypique. Une situation favorable étant donnée, ces molécules chercheront à se donner une expression organique. Un organisme, par opposition à un rocher inerte, se rapporte à la nature comme étant à la fois l'un de ses utilisateurs et l'un de ses producteurs, en ce qu'il extrait de la nature, puis rejette en elle, la part d'énergie et de matériaux dont il a besoin pour vivre, qu'il restitue sous forme d'excrétions. Il « tire parti » de son environnement.

Nous en venons à prendre en considération ce qui relève de la valeur lorsque nous reconnaissons que le code génétique est un *code normatif*; il distingue entre *ce qui est* et *ce qui doit être*. L'organisme est un système axiologique, bien qu'il ne soit pas un système moral. C'est ainsi qu'un arbre grandit, se reproduit, soigne ses blessures et résiste à la mort. L'état physique que défend l'organisme est un état qui est valorisé. Une vie se défend pour ce qu'elle est en elle-même, sans qu'il soit nécessaire de faire entrer en ligne de compte aucune autre référence que cette vie même. Chaque organisme a un *bien-d'un-genre-qui-lui-est-propre*; il défend son propre genre comme définissant un *bien*. En ce sens, le génome est un ensemble de molécules conservatrices.

Cela signifie-t-il pour autant que la plante peut être valorisée (est capable de valoriser) elle-même? Si l'on répond non à cette question, il nous faudra demander, en laissant la question ouverte : admettons que la plante ait un bien qui lui soit propre, mais y a-t-il quoi que ce soit qui ait pour elle de la valeur[1]?

Il est bien possible que les plantes, qui possèdent un bien qui leur est propre, soient incapables de valoriser parce qu'elles ne sont pas capables de sentir quoi que ce soit. Rien n'importe à une plante. De cela il résulte, déclare Peter Singer, qu'«il n'y a rien qui demande à être pris en considération» (Singer, 1976, p. 154). Il existe quelque chose qui, relativement à la plante, constitue un bien, mais il n'existe rien qui soit une valeur relativement à la plante. Il n'y a pas de sujet qui valorise, et rien n'est valorisé par lui. Les plantes font des choses qui sont susceptibles de nous intéresser, mais les plantes ne sont pas elles-mêmes intéressées par ce qu'elles font. Elles ne sont pas mises en présence d'une gamme d'options

---

1. R. Attfield remarque que « même si les arbres ont des besoins et un bien qui leur est propre, il se peut qu'ils n'aient aucune valeur qui leur soit propre » (Attfield, 1981, p. 35).

entre lesquelles elles effectuent un choix. Elles n'ont rien d'autre qu'un ensemble de biens qui sont des biens purement et simplement fonctionnels.

Toutefois, bien que les choses n'importent pas *aux* plantes, il est des choses qui *leur* importent. Au sujet d'une plante qui fane, nous posons la question de savoir ce qui se passe *avec* cette plante. S'il apparaît qu'elle manque de lumière du soleil et d'engrais, et si nous nous donnons la peine d'y remédier, nous disons alors que l'arbre tire bénéfice de la lumière du soleil et de l'engrais; or le mot de *bénéfice* est – en quelque autre contexte que nous le rencontrions – un mot qui dénote une valeur. Pouvons-nous vraiment demander, en laissant la question ouverte : c'est un fait que l'arbre tire bénéfice du soleil et des engrais, mais ces derniers ont-ils une valeur pour lui? Il y a là quelque chose d'incohérent. «L'arbre a subi un préjudice lorsque l'élan a arraché l'écorce avec ses andouillers, et le tannin qu'il a secrété a permis de tuer les bactéries qui ont cherché à l'envahir. Mais cette opération revêt-elle une quelconque valeur pour l'arbre?» Les botanistes répondent que l'arbre est irritable au sens biologique du mot.

Ou encore, si vous résistez à l'idée que les arbres peuvent être irrités, vous ne manquerez pas d'admettre que les abeilles peuvent l'être, même si par ailleurs vous n'avez pas d'idée précise sur ce qu'il convient de penser sur le compte des abeilles considérées comme sujets qui valorisent. Il est objectivement difficile de dissocier l'idée de valeur de l'idée d'une sélection naturelle. Les biologistes parlent régulièrement de la « valeur de survie » des activités déployées par les plantes : la production d'épines a une valeur de survie, par exemple. Les abeilles piquent et frétillent en décrivant des danses typiques. Bien que ces caractéristiques de la survie des abeilles soient favorisées par la sélection naturelle, elles sont pour leur organisme des propriétés qui sont de l'ordre de l'inné (= de l'ordre de ce qui est intrinsèque), de l'ordre de ce qui est inscrit dans les gènes, et de ce qui trouve une expression dans la structure organique et dans le comportement.

Mais, objectera-t-on, la prudence philosophique recommande de mettre ce genre de « valeur » entre guillemets. En fait, il ne s'agit pas du tout de valeur, parce que fait défaut ici une expérience vécue qui effectue un choix entre tel ou tel membre de l'alternative, ou qui fait valoir une préférence. En vérité, cette soi-disant valeur n'en est pas une, et ne présente aucun intérêt aux yeux des philosophes, parce qu'il ne s'agit pas d'une valeur qui s'intéresse à soi-même. Et pourtant, il est bien des choses que nous autres hommes valorisons qui ne résultent pas de notre part d'un choix (la photosynthèse et la protéine), et dont nous n'avons pas même connaissance (par exemple, la vitamine B1 ou les molécules de cytochromes c). Que devons-nous dire de toutes ces « valeurs » fonctionnelles ? Deviennent-elles des valeurs réelles au moment de leur découverte, et n'ont-elles alors qu'une valeur instrumentale ?

Pourquoi l'organisme ne pourrait-il pas valoriser ce dont il tire des ressources ? Non pas de façon consciente, certes, mais nous ne prétendons pas que les seules valeurs qui existent sont celles qui sont posées en toute conscience, et que les seuls êtres qui valorisent sont ceux qui le font en toute conscience. Ce point est précisément celui qui fait l'objet de la présente discussion, ce n'est pas là une thèse que nous défendons. Un être qui valorise est une entité qui est capable de défendre une valeur. Les organismes dénués de sensibilité sont des *propriétaires* de valeur, incapables comme tels de *faire en esprit le tour de la propriété* qu'ils valorisent. Une sorte de valeur est d'ores et déjà présente dans les organismes dénués de sensibilité, en tant que systèmes de valorisation normative, antérieurement à l'émergence de dimensions nouvelles de valeur qui se font jour avec les organismes doués de sensibilité.

Il reste à se poser la question suivante, en la laissant ouverte : admettons que l'abeille utilise le nectar des fleurs, le miel a-t-il pour autant une quelconque valeur pour elle ? Mon esprit manque de la subtilité nécessaire pour utiliser les mots avec une telle précision. Que l'abeille puisse défendre sa propre vie pour ce qu'elle est en elle-même, c'est là tout autant un état de fait que l'utilisation de son dard ou la fabrication du miel nécessaire pour y parvenir.

En vérité, ce sont là aussi bien, et avec le même degré de certitude, des observations de la valeur dans la nature que des observations de faits biologiques.

Nous nous égarons en pensant que toutes les valeurs de l'arbre, qu'elles soient instrumentales ou intrinsèques, doivent être conférées subjectivement, à la façon d'une qualité tertiaire analogue, dans son mode d'attribution, à cette qualité seconde qu'est la couleur verte, par exemple. Une théorie plus simple, qui serait moins centrée sur l'homme et qui serait plus volontiers biocentrique, pourrait soutenir qu'il est des valeurs, qu'elles soient instrumentales ou intrinsèques, qui existent objectivement, et qui sont découvertes et non pas engendrées par le sujet qui valorise.

Il se peut que les arbres ne revêtent aucune couleur en l'absence du sujet qui perçoit, mais les arbres, quant à eux, existent *per se*; et ce, à la condition que les arbres défendent activement leur propre vie. À ce compte, il n'y a rien d'analogue avec la couleur. C'est un fait que les arbres apparaissent revêtus de couleur verte, et il se peut que nous refusions de baptiser les ondes électromagnétiques dont nous percevons les vibrations du nom de « couleur verte ». Mais les arbres effectuent avec constance un travail de photosynthèse, que les hommes les regardent ou pas. Même ceux qui pensent que toute la valeur intrinsèque de l'arbre exige d'être conférée par les hommes continuent de penser que, selon les conditions, les choses peuvent aller plus ou moins bien pour l'arbre, ce qui revient à dire que l'arbre en lui-même détermine certaines choses comme lui étant favorables ou défavorables. Norton et Windelband, ne parvenant pas à quitter des yeux leur propre omniprésence dans le champ de l'expérience en tant sujet d'évaluation, ont perdu de vue des notions élémentaires de biologie.

Certains nous reprocheront de commettre ici le sophisme naturaliste. Ayant mis au jour ce qui, d'un point de vue biologique, réside dans la nature, nous avons conclu qu'il y a là quelque chose qui est susceptible d'être valorisé, quelque chose qui est tel, pourrions-nous ajouter, que nous devrions le protéger. Mais ne semble-t-il pas alors que les faits dont il est question ici, lorsque nous décrivons ce qui bénéficie à l'arbre, sont des faits de valeur? Une telle valeur est aussi bien un état de fait. Et si nous refusions de reconnaître qu'il existe objectivement de telles valeurs, aurions-nous réellement évité de commettre un sophisme?

À bien y regarder, le risque auquel nous nous exposons est en fait l'inverse de celui que fait courir le sophisme naturaliste, car c'est proprement commettre le sophisme subjectiviste que de penser que toute valeur repose sur l'expérience subjective; pire encore, nous commettons le sophisme anthropocentrique en pensant que toute valeur repose sur les choix et les préférences des hommes.

DES ESPÈCES DE VALEUR

Il se peut que nous croisions la route, durant notre excursion, d'espèces en danger. Si cela venait à se produire, nous ne manquerions pas de les valoriser. Mais nous arrive-t-il de voir et de valoriser des espèces? Ce que nous voyons, n'est-ce pas bien plutôt ce cygne trompette, cet ours grizzly que nous avons eu la chance de voir?

Ce problème est en partie un problème scientifique et en partie un problème philosophique. J'ai eu tout loisir, pendant quatre décennies, de voir et d'évaluer des cygnes et des ours dans le parc national de Yellowstone. Mais je n'ai pas eu affaire, durant toutes ces années, aux mêmes individus, mais plutôt à un ours remplacé par un ours remplacé par un ours, ou à un cygne remplacé par un cygne remplacé par un cygne.

Sans doute les hommes sont-ils capables de valoriser les espèces, à la fois en raison de l'usage instrumental qu'ils en ont, et en raison de la valeur intrinsèque qu'ils leur confèrent. Mais une espèce peut-elle valoriser par elle-même, peut-elle être capable de valoriser quoi que ce soit, au niveau qui est le sien?

Une espèce n'a pas de moi. Il n'y a là rien d'analogue à des terminaisons nerveuses ou à la circulation des flux qui caractérisent un organisme. Mais il nous faut nous demander si la conservation d'une identité somatique singulière constitue le seul processus qui peut être valorisé. L'espèce définit un autre niveau d'identité biologique qui s'affirme à nouveau elle-même génétiquement à travers le temps. L'identité n'a pas à être attachée exclusivement à un organisme doué d'un centre de contrôle ou de type modulaire ; elle peut se maintenir sous la forme d'un modèle continu à travers le temps.

La vie qui anime l'organisme individuel est quelque chose qui traverse l'individu, aussi bien que quelque chose qu'il possède de façon intrinsèque. Le code génétique, où le *telos* est enregistré, est de toute évidence aussi bien la propriété de l'espèce que celle de l'individu qui est traversé par un tel mouvement téléologique. La valeur est une sorte de dynamisme qui anime toute forme de vie spécifique. L'espèce *est* elle-même un événement plus grand que l'individu avec ses propres intérêts et sa propre sensibilité. Certains événements peuvent être favorables au bien-être des espèces, considérées dans leur ensemble, même s'ils peuvent être défavorables en tant qu'ils concernent plus particulièrement les individus.

Quand un loup met en morceaux un élan, l'élan individuel est en situation de détresse, mais l'espèce des *Cervus canadensis* ne l'est pas. L'espèce profite même de la situation, en ce que les loups auront par la suite plus de mal à attraper des élans. Si les prédateurs venaient à être déplacés, et que la capacité territoriale venait à être dépassée, les conservateurs des parcs naturels pourraient envisager, dans l'intérêt de l'espèce, de supprimer quelques-uns de ses membres.

Même les individus qui échappent à la mort violente finissent par mourir de vieillesse, et leur mort, qui est toujours désavantageuse aux individus, constitue une nécessité pour l'espèce. Une durée de vie limitée ouvre la voie au remplacement d'une vie par une autre, condition de tout développement, permettant à la population d'être plus compétitive et de s'adapter à un environnement en mutation. L'excédent de la progéniture, dont la plus grande partie meurt prématurément, constitue un événement défavorable pour les individus, mais est favorable à l'espèce. En l'absence de cette reproduction « ratée » qui incorpore la mutation et permet la variation, en l'absence de la sélection de ceux qui sont les plus adaptés, et la mort de ceux qui le sont moins, qui est fatale à la plupart des individus, l'espèce s'éteindrait bien vite au sein d'un environnement en mutation. L'individu est un réceptacle de la forme, et les réceptacles sont brisés tandis que la forme survit, mais la forme ne peut survivre autrement qu'en passant d'un réceptacle à l'autre.

La reproduction est généralement pensée comme étant un besoin des individus, mais dans la mesure où n'importe quel individu particulier peut pleinement s'épanouir sur le plan somatique sans jamais se reproduire, et que l'on peut considérer que l'activité de reproduction représente pour lui au contraire une sorte de contrainte par laquelle il s'expose à un risque, et au cours de laquelle il dépense beaucoup d'énergie, il est possible, en vertu d'une tout autre logique, d'interpréter la reproduction comme la façon dont une espèce se maintient en place au moyen du remplacement incessant des individus les uns par les autres. En ce sens, le fait de donner vie à des oursons n'est pas une façon pour l'ours grizzly femelle de prendre soin de sa propre santé. Bien plutôt, ses oursons sont des rejetons de l'espèce des *Ursus arctos*, menacée par le non-être, se recréant soi-même au moyen d'une performance de tous les instants.

Ce n'est pas parce que leur fonction serait celle d'assurer la vie de l'individu que des glandes mammaires ou des testicules sont en la possession des femelles ou des mâles; ces organes défendent une ligne de vie plus grande que celle de tel ou tel organisme individuel. Le lieu de la valeur qui est défendue à travers les générations se situe donc dans la forme de vie, puisque les individus sont génétiquement contraints à se sacrifier eux-mêmes dans l'intérêt de la perpétuité de l'espèce.

Un individualiste impénitent objectera que les phénomènes qui se produisent sur le plan de l'espèce (la vitalité d'une population, le danger auquel est exposée une espèce, la reproduction d'une forme de vie, l'adaptation à un environnement en mutation), ne sont que des épiphénomènes, des conséquences dérivées des relations que soutiennent les uns avec les autres des groupes d'individus.

Mais notre propre approche compréhensive, qui tient l'espèce elle-même pour un genre d'individu, qui la pense comme une lignée historique qui se maintient à travers le temps, est d'apparence tout aussi raisonnable. Le plus souvent, pour des raisons bien compréhensibles, les biologistes ont concentré leur attention sur les organismes individuels, et certaines tendances récentes les ont conduits à interpréter les processus biologiques dans la perspective génétique. Mais l'examen ayant égard à l'espèce ne manquera pas de souligner que bien des événements peuvent également être interprétés à ce niveau. Entendue de façon rigoureuse, l'histoire de la vie à l'échelle des gènes, que révèle l'étude qui en est faite au microscope, réfléchit l'histoire de la vie à l'échelle écosystémique – l'individu se situant à mi-chemin de l'une et de l'autre, l'histoire se produisant ici à une échelle de type intermédiaire. Le génome est une sorte de carte qui code l'espèce ; l'individu est une instanciation qui vient l'incarner.

Une bonne partie de ce que nous avons dit précédemment au sujet des organismes individuels considérés comme des systèmes non moraux de type normatif, peut être réaffirmée des espèces, *mutatis mutandis*. La course solitaire d'un organisme tendu vers un objectif est un fragment d'un tableau qui l'englobe, représentant la course téléologique qu'une espèce effectue elle aussi au sein de l'environnement, au cours de laquelle les individus sont utilisés comme autant de ressources utiles pour permettre à l'espèce de tenir la distance sur de longues périodes de temps. La lignée de l'espèce est le *cœur battant* de tout système vivant – le tout dont les organismes individuels sont les parties essentielles. L'espèce défend une forme particulière de vie, frayant un chemin le long duquel elle chemine dans le monde, résistant à la mort (à l'extinction), maintenant sa propre identité normative à travers le temps au moyen de la régénération.

Il est tout aussi logique de dire que l'individu n'est rien d'autre que la manière dont l'espèce se reproduit elle-même, que de dire que l'embryon ou l'œuf n'est rien d'autre que la façon dont l'individu se reproduit lui-même. La valeur réside dans la forme dynamique ; l'individu en hérite, en est l'instanciation, et le transmet à son tour. Si tel est le cas, qu'est-ce qui interdit à la valeur d'exister à ce niveau ? L'unité de survie appropriée détermine la localisation appropriée de la valorisation.

L'espèce elle-même est une sorte de sujet qui valorise. Les espèces en tant que lignées historiques ont une identité biologique qu'elles défendent, bien qu'elles soient dénuées de toute expérience subjective. Les espèces sont tout à fait réelles ; que la séquence ours-ours-ours ait réellement lieu est tout aussi certain que tout ce que nous croyons concernant le monde empirique. Les espèces sont vivantes et sont pleines de vie, elles sont des processus, elles sont des totalités, elles ont une sorte d'unité et d'intégrité. La lignée de l'espèce, elle aussi, est capable de valoriser, capable de conserver une identité biologique. À bien y regarder, la lignée de l'espèce est plus réelle, plus capable de valoriser que ne l'est l'individu, bien que la succession des individus soit nécessaire à la continuation de la lignée.

Nous avons dit précédemment que la sélection naturelle favorise toutes les caractéristiques de l'organisme qui, dans la perspective de sa survie, ont pour lui une certaine valeur. Mais si nous demandons à présent quelle est l'essence de cette valeur, il est clair qu'elle n'est pas déterminée par la survie somatique de l'organisme individuel, mais plutôt par l'aptitude de ce dernier à se reproduire. Chaque organisme individuel constitue un lieu approprié de valorisation du fait de l'aptitude à valoriser qui lui est innée ou intrinsèque, mais cette aptitude doit être comprise en son essence comme l'aptitude de chaque individu à se reproduire en une nouvelle génération – nouvelle génération qui elle-même sera en position de produire la génération suivante. Tout biocentrisme qui focalise son attention sur les individus est tenu de rendre compte du peu de souci que la sélection naturelle a des individus ; le test qu'elle leur fait subir n'est nul autre que la mise à l'épreuve de leur capacité à assurer le passage du témoin au sein de la lignée historique.

LES ÉCOSYSTÈMES DE VALEUR

En poursuivant notre excursion, nous serons amenés à voir différents écosystèmes : une forêt peuplée de chênes et d'hickory, une prairie de hautes herbes. Du moins apercevons-nous des arbres et des herbes. Mais voyons-nous des écosystèmes ? Peut-être devrions-nous dire que nous sommes immergés dans des écosystèmes, car un écosystème est moins un objet présent à notre attention qu'une communauté englobante, un lieu dans l'espace, un processus dans le temps, un ensemble de relations vitales. Gageons que les philosophes éprouveront quelque difficulté à voir et à valoriser les écosystèmes. Et pourtant, en réalité, l'écosystème est l'unité fondamentale de développement et de survie.

Les hommes peuvent valoriser ce qu'ils souhaitent dans la nature, y compris les écosystèmes. « Une chose est juste », concluait Aldo Leopold, « lorsqu'elle tend à préserver l'intégrité, la stabilité et la beauté de la communauté biotique. Elle est injuste lorsqu'elle tend à l'inverse » (Leopold, 1966, p. 240). Leopold appelait de ses vœux une « éthique de la terre ». Aussi les hommes peuvent-ils valoriser les communautés écosystémiques de façon intrinsèque – pour ce qu'elles sont en elles-mêmes –, aussi bien que de façon instrumentale. Mais les écosystèmes peuvent-ils vraiment être valorisés pour eux-mêmes ?

Nous rencontrons ici une difficulté, plus profonde encore que la précédente, qui est en partie un problème scientifique et en partie un problème philosophique. Il se peut que les écosystèmes n'existent pas – ou qu'ils existent de façon trop lâche pour qu'ils puissent être des sujets de valorisation. Les écosystèmes ne sont rien d'autre qu'une agrégation de leurs membres qui sont seuls réels, à l'instar d'une forêt qui n'est (en un certain sens) rien de plus que la collection des arbres qui la peuplent. Un homme, dans les circonstances ordinaires de la vie, éprouvera quelque scrupule à valoriser ce qui n'existe pas. Nous pouvons valoriser une collection – par exemple, une collection de timbres –, mais la valeur qui lui est conférée résulte de la valeur additionnée de chaque timbre pris individuellement. Or un écosystème, si pareille chose existe, est quelque chose de tout à fait différent. Il n'y a rien de vivant dans la collection de timbres ; la collection est incapable de s'auto-engendrer et de se maintenir elle-même dans le temps. Ni le timbre ni la collection ne valent par eux-mêmes. Mais peut-être que les écosystèmes, si pareille chose existe, sont à la fois susceptibles d'être valorisés par les hommes et aptes à valoriser par eux-mêmes en tant que systèmes.

L'écologie est requise pour découvrir le sens du concept de « communauté biotique » compris comme mode d'organisation. Par la suite, il nous sera loisible de réfléchir en philosophe pour tenter de mettre au jour les valeurs qui s'y trouvent. Les écosystèmes ne sont, pour le fond, que des processus stochastiques. Le rivage d'une mer, la toundra sont des collections lâches de parties reliées les unes aux autres de façon externe. Dans l'ensemble de ses parties, l'environnement n'est pas fondamentalement – et même pas du tout – de type organique (la pluie, les eaux souterraines, les rochers, les particules abiotiques du sol, l'air). Certains sont des débris morts ou en voie de pourrissement (les arbres abattus, les déjections animales, l'humus). Ces choses n'ont pas de besoins organisés ; la collection qu'elles forment est un méli-mélo. Le jeu de relations qui s'établit fortuitement entre les organismes résulte tout simplement de la distribution et de l'abondance des organismes, de la façon dont ils se sont dispersés, du taux de natalité et du taux de mortalité, des densités de population, du taux d'humidité de l'air ambiant, du parasitisme et de la prédation, des relations de pouvoir et de contre-pouvoir entre les différentes populations. Il n'y a rien là qui soit de l'ordre d'un processus suffisamment centralisé pour que l'on puisse parler de communauté.

Un écosystème n'a pas de cerveau, de génome, de peau, pas de capacité à s'identifier soi-même à travers le temps, pas de *telos*, pas de programme unifié. Il ne se défend pas lui-même contre le tort qui peut lui être fait et contre la mort. Il n'est pas irritable. Les parties (les renards, les laîches) sont plus complexes que les totalités (les forêts, les prairies). Aussi peut-il sembler qu'un écosystème définisse un niveau trop bas d'organisation pour être un objet direct de préoccupation. Les écosystèmes ne se soucient de rien et ne peuvent pas le faire; ils n'ont aucun intérêt dont nous aurions à nous soucier ou dont ils auraient à se soucier.

Mais c'est se méprendre sur ce que sont les écosystèmes, c'est commettre une erreur d'attribution. Traiter les *communautés* comme si elles devaient être des *individualités* organiques, c'est chercher à retrouver à un certain niveau ce qui ne convient qu'à un autre. Ce que l'on devrait chercher, c'est bien plutôt une matrice d'interconnexions entre les différents centres, qui soit un point source de stimulation créatrice, une réserve toujours ouverte de potentialités. Chaque chose est liée à de nombreuses autres, selon des modalités diverses d'association (de type symbiotique, ou, le plus souvent, d'un type plus souple et plus partiel); il est également des parties entre lesquelles aucune interaction significative ne doit être signalée. Il y a des circuits de dérivation et des voies de croisement, des sous-systèmes cybernétiques et des boucles rétroactives. Ce qu'il convient de mettre en lumière à ce niveau, ce sont les pressions qui résultent de la sélection naturelle et d'où procèdent les efforts d'adaptation, et non pas l'irritabilité ou la capacité à remédier au tort qui a été subi; ce qu'il convient de mettre en évidence, ce sont les forces qui président à la division en espèces et qui soutiennent la vie dans la durée, et non pas les forces qui résistent à la mort. Il faut apprendre à penser de manière plus systémique, et de manière moins organismique.

Un écosystème engendre un ordre spontané qui enveloppe et produit la richesse, la beauté, l'intégrité et la stabilité dynamique des parties qui le composent. Bien que l'organisation de ces interdépendances soit lâche en comparaison des fortes connexions qui s'établissent à l'intérieur d'un organisme, tous ces métabolismes sont liés les uns aux autres de façon tout aussi vitale que sont liés l'un à l'autre le foie et le cœur. L'équilibre qui règne au sein d'un écosystème ne se réduit pas purement et simplement à un jeu de poussées et de tractions s'exerçant entre différentes forces. Il est le résultat d'un équilibre de valeurs.

Notre propos n'est pas, au moyen d'une extrapolation quelque peu aveugle, d'utiliser le critère de valeur approprié à un certain niveau en l'appliquant à un autre niveau (de l'organisme à la communauté biotique, ou d'une personne humaine à l'animal, ou de l'animal à la plante). Nous entendons bien plutôt discerner le critère qui est approprié et qui peut être appliqué au niveau écosystémique. Les forces sélectives présentes au sein des écosystèmes sont celles qui produisent immédiatement, tout en les transcendant, la vie des animaux et des plantes dans leur individualité. Les écosystèmes charriés par l'évolution au travers des temps géologiques ont multiplié le nombre des espèces existantes sur terre, en les faisant passer de zéro à un peu plus de cinq millions. R. H. Whittaker écrit que, à l'échelle d'un continent, et pour la plupart des groupes, « l'augmentation de la diversité des espèces (…) est le résultat d'un processus d'évolution qui ne cesse de s'augmenter soi-même, sans qu'il soit possible d'assigner à un tel processus une quelconque limite ». Nous avons affaire, dit-il, à une tendance qui vise à « remplir le monde d'espèces » (Whittaker, 1972, p. 214).

La poussée de l'évolution a engendré, au sommet des chaînes trophiques ordonnées les unes aux autres au sein d'une vaste pyramide écologique, une certaine qualité de vie dont ont commencé à jouir quelques vies individuelles. Les organismes monocellulaires ont évolué en organismes pluricellulaires hautement intégrés. La photosynthèse a évolué et en est venue à rendre possible la locomotion – la nage, la marche, la course, le vol. Les mécanismes de stimulus/réponse au stimulus ont évolué en des actes complexes d'instruction. Les animaux à sang chaud ont pris la suite des animaux à sang froid. La complexité neurale, le comportement conditionné et l'apprentissage ont fait leur apparition. La sensibilité a émergé – la vue, l'odorat, l'ouïe, le goût, le plaisir, la douleur. Le cerveau évolua, en liaison avec les mains. La conscience et la conscience de soi surgirent. Les personnes apparurent, douées d'une unité intensément concentrée. Ces produits de l'évolution sont dignes d'être valorisés et capables de l'être par les hommes ;

pourquoi ne dirions-nous pas également de tout ce processus qu'il est réellement capable de valoriser, capable de produire des valeurs ?

Les écosystèmes sont des systèmes sélectifs aussi sûrement que le sont les organismes. Les systèmes effectuent des sélections à longue portée pour le compte de l'individualité, de la diversité, des capacités d'adaptation, de la quantité et de la qualité de vie. Les organismes ne défendent que leur propre intégrité individuelle ou générique, mais le système ourdit une histoire autrement plus ambitieuse. Les organismes défendent leur propre survie dans le temps ; les écosystèmes poussent dans l'existence de nouveaux arrivants. Les espèces augmentent leur genre, mais les écosystèmes multiplient les genres, et assurent l'intégration des genres. Le système est une sorte de champ doué de caractéristiques qui sont tout aussi essentielles à la vie que n'importe quelle propriété que renferment les organismes particuliers. Un écosystème est la source profonde d'où jaillissent l'individu comme les espèces.

Dans le débat qui a cours actuellement parmi les biologistes concernant la question de savoir à quels niveaux la sélection prend place – celui des organismes individuels, celui des populations, celui des espèces, celui des gènes – la tendance qui s'est manifestée récemment, et qui vise à situer de plus en plus bas le niveau où s'exercent les pressions sélectives, à savoir au niveau génétique, semble oublier qu'un gène prend toujours place au sein d'un organisme, qui lui-même prend place au sein d'un écosystème. Les configurations moléculaires de l'ADN sont ce qu'elles sont parce qu'elles enregistrent l'histoire d'une forme de vie particulière qui s'est jouée sur la scène historique et macroscopique d'un écosystème. Ce qui est engendré est le produit de mutations moléculaires, mais ce qui survit est le produit d'une sélection qui sanctionne les capacités d'adaptation au sein de tel ou tel écosystème. Il n'est pas possible de conférer le moindre sens à la vie biomoléculaire si on l'isole de la vie écosystémique – qui définit un niveau de vie tout aussi essentiel que l'autre.

Il arrive que les philosophes, encouragés qu'ils sont en cela par les biologistes, tiennent les écosystèmes pour de simples agrégations épiphénoménales. Il y a là un malentendu. Tout niveau est réel s'il est la source d'une causalité dont les effets significatifs peuvent être enregistrés à un niveau inférieur. De ce point de vue, l'atome est réel parce que ce modèle façonne le comportement des électrons ; la cellule existe parce que ce modèle façonne le comportement des acides aminés ; l'organisme existe parce que ce modèle coordonne l'activité du cœur et des poumons ; la communauté existe parce que la niche écologique façonne la morphologie et le comportement des renards qu'elle abrite. Pour advenir à l'existence réelle, rien d'autre n'est requis qu'une organisation qui est telle qu'elle façonne l'existence et le comportement des membres ou des parties.

Dans une perspective axiologique, les termes de valeur « instrumentale » et de valeur « intrinsèque » sont mal adaptés pour qualifier les niveaux de vie les plus compréhensifs. Les écosystèmes possèdent une « valeur systémique ». Mais si l'on veut savoir ce qui en eux est capable de créer de la valeur, pourquoi ne dirions-nous pas que c'est la productivité de ces écosystèmes, portant à l'existence ces phénomènes, que la conscience des hommes, à l'occasion de leur arrivée sur scène, est capable d'évaluer ? Ce qui est incroyable, ce n'est pas l'existence des écosystèmes ; ce qui est vraiment incroyable, c'est l'idée selon laquelle, nous autres hommes, qui arrivons tardivement sur la scène de l'évolution dont nous sommes les produits, sommes néanmoins censés mettre au monde toutes les valeurs, dès lors que et pour autant que nous prêtons attention à nos sources. Une telle affirmation est faussée par un biais qui est par trop subjectif. Elle consiste à évaluer un produit tardif du système – la vie psychologique – et à lui subordonner tout le reste. Elle prend le fruit pour l'arbre, le dernier chapitre pour l'œuvre entière.

Toutes les valeurs ne se ramènent pas soit à la valeur intrinsèque des hommes, soit à celle des êtres non humains – le reste de ce qui existe se contentant de concourir à promouvoir leur valeur. Les valeurs sont intrinsèques, instrumentales et systémiques, et les trois sont entrelacées, aucune ne pouvant se voir reconnaître une importance prioritaire par rapport aux deux autres, bien que la valeur systémique soit fondamentale. Chaque lieu de la valeur intrinsèque est converti en lieu d'une valeur instrumentale par les lois du système, et vice versa. Il n'est pas de valeurs intrinsèques, pas plus qu'il n'est de valeurs instrumentales, en dehors de la créativité systémique englobante. Il serait absurde d'évaluer les œufs en or et de dédaigner la poule qui les a pondus. Ce serait une erreur que d'évaluer la poule seulement de façon instrumentale. Une poule qui pond des œufs en or possède une valeur systémique. Combien davantage l'est alors un écosystème qui engendre des myriades d'espèces, et même, comme nous allons le voir, une Terre qui produit des billions d'espèces, en y incluant la nôtre.

UNE TERRE DE VALEUR

J'ai promis de poursuivre mon excursion dans le monde entier ; aussi est-il temps de jeter un regard sur la planète. En contemplant le lever de la Terre, Edgar Mitchell avoue avoir été conduit à un état d'extase : « Tout à coup, se profilant derrière le cercle de la lune, en un mouvement très lent d'une immense majesté, un joyau bleu et jaune étincelant a commencé à grandir à l'horizon, une lumière, une sphère délicate de couleur bleu ciel parcourue de veines blanches légèrement tourbillonnantes, s'élevait graduellement comme une perle minuscule en se dégageant d'un immense océan de mystère opaque. Il m'a fallu quelque temps pour prendre pleinement conscience qu'il s'agissait là de la Terre... de notre chez-nous » (Kelley, 1988, au sujet des photographies 42-45). Le spectacle de la Terre a également stupéfié Michael Collins : « Lorsque j'ai voyagé sur la Lune, ce qui m'a laissé le souvenir le plus inoubliable, ce n'est pas ma proximité avec cette planète couverte de bosses, mais bien plutôt ce que j'ai vu lorsque j'ai tourné mes yeux en direction de la planète fragile où j'habite – un fanal brillant de mille feux qui attire à lui le voyageur, une merveille de couleur bleue et blanche, un poste avancé minuscule suspendu dans l'infinité noire. La Terre doit être protégée et entretenue à la façon d'un trésor, à la façon de quelque chose de précieux qui *doit* durer » (Gallant, 1980, p. 6).

Un philosophe pourrait objecter que les perles ne peuvent être valorisées qu'au moment de l'arrivée des hommes. Un biologiste ne manquera pas de répliquer, toutefois, que cette mystérieuse Terre-perle était un lieu d'habitation bien avant que nous autres hommes y fassions une apparition. La Terre est la seule biosphère, la seule planète à posséder une écologie. Il se peut que la Terre ne soit pas la seule planète où les choses, quelles qu'elles soient, peuvent être valorisées – et où elles soient capables de l'être de façon intrinsèque et instrumentale par des hommes – mais elle est le seul lieu capable de produire de la vitalité avant que les hommes ne fassent leur apparition. Le regard que l'on peut jeter sur la Terre depuis l'espace en est le symbole.

Le propos des sections précédentes a été d'évaluer (*to evaluate*) les personnes, les animaux, les plantes, les espèces, les écosystèmes ; mais la tâche de valorisation environnementale n'est pas achevée tant que nous ne nous serons pas hissés au niveau planétaire. La Terre est véritablement l'unité fondamentale de survie. Mais la valorisation de la Terre dans son ensemble est assurément inhabituelle, et elle requiert de ce fait une analyse philosophique préalable. Il peut sembler que nous passions à la limite. La Terre, après tout, n'est jamais que la terre. La croyance selon laquelle la boue pourrait avoir une valeur intrinsèque est parfois tenue pour une réfutation par l'absurde en philosophie environnementale. La boue n'est pas le genre de chose qui ait par soi-même la moindre valeur. Formulée de cette manière, l'idée est juste et nous accordons le point. Un morceau de terre isolé ne défend aucune valeur intrinsèque, et il est difficile de dire qu'il a par lui-même une quelconque valeur. Mais avec cela on n'en a pas fini parce qu'une motte de terre est toujours comme telle intégrée à un écosystème ; la terre est une partie, la Terre est la totalité. La boue est produite et prend place dans le processus d'une nature systémique. Nous devrions nous efforcer d'avoir une image de l'ensemble, et ainsi nous pourrions passer de la considération d'un amas de boue au système de la Terre au sein duquel il a été créé.

Mais, insistera-t-on, la Terre n'est rien d'autre qu'une grosse planète, tout comme la Lune, la seule différence étant que les rochers y sont cernés pas les eaux et exposés à la lumière du soleil selon des conditions qui sont telles qu'elles rendent possible le développement de la vie. Aussi ne serait-ce pas plutôt à la vie, bien plus qu'à la Terre, que nous attachons véritablement de la valeur, la Terre n'ayant qu'une valeur instrumentale par rapport à la vie? Nous n'avons aucun devoir à l'égard des rochers, de l'air, de l'océan, de la boue, ou de la Terre; nous n'avons de devoir qu'à l'endroit des personnes, ou à l'égard des êtres vivants. Il ne faut pas confondre le fait d'avoir des devoirs à l'endroit d'un lieu d'habitation avec le fait d'avoir des devoirs à l'endroit de ceux qui y habitent. Ce qui est digne d'admiration, ce n'est pas tant la boue que ce qu'elle contient, ce n'est pas tant la terre que ce qui est sur Terre. Mais une telle perspective n'offre pas une vue systémique de la réalité des choses. Nous avons besoin d'une approche systémique de la valeur de la Terre que nous avons à présent en ligne de mire – une approche qui sache valoriser la Terre antérieurement au regard que nous jetons sur elle, et qui ne fasse pas dépendre sa valeur du regard du spectateur. La découverte de cette valeur engendrera un sens global des obligations.

L'évolution des rochers qui les conduit à se transformer en boue, et les transformations ultérieures de celle-ci dans la faune et la flore, constitue l'une des grandes surprises que réserve l'histoire naturelle, l'un des très rares événements de l'univers astronomique. La Terre est cette argile dont toutes les choses sont faites, nous autres hommes compris, et nous découvrons à cette occasion tout ce dont cette terre mêlée d'eau est capable lorsqu'elle dispose, pour s'organiser, de conditions favorables. Voilà en vérité une argile bien extraordinaire. L'histoire de la Terre n'est rien d'autre, au fond, que l'histoire d'une série de « miracles », de merveilles, d'événements fortuits, déployant tout son potentiel; et lorsque le produit le plus complexe de la Terre, l'*Homo sapiens*, a acquis assez d'intelligence pour prendre en considération ce pays des merveilles à échelle cosmique, il reste bouche bée d'admiration lorsqu'il songe à la combinaison d'accidents et de nécessités d'où lui-même ainsi que ses compagnons d'humanité sont issus. Pour quelques-uns d'entre eux, ce mystère opaque sera du type du numineux et ils y verront la marque de la transcendance ; pour d'autres, le mystère restera impénétrable. Peut-être n'est-il pas nécessaire que nous ayons réponse à toutes les questions que nous nous posons en cosmologie. Nul doute en revanche que le lieu de notre habitation est précieux, une perle dans un océan de mystère opaque.

Les composantes chimiques nécessaires à la vie – le carbone, l'oxygène, l'hydrogène, le nitrogène – sont assez répandues dans l'univers. Elles sont fabriquées dans les étoiles. Mais la vie, qui partout s'est montrée rare, est répandue sur Terre, et l'explication de ce phénomène réside dans les éléments ordinaires d'un arrangement extraordinaire, à savoir dans les circonstances éminemment spécifiques où ces composantes chimiques fort communes ont pu composer les unes avec les autres sur Terre – autrement dit, l'explication réside dans l'existence d'un système auto-organisé. À l'échelle réduite de la vie quotidienne, la terre, la boue, semblent être passives, inertes – un objet de préoccupation morale bien inapproprié. Mais qu'en est-il une fois considéré à une échelle globale ?

L'échelle ne change rien, objectera-t-on, puisque, en l'occurrence, les seuls changements sont d'ordre quantitatif. Il ne fait pas de doute que la Terre soit précieuse en tant qu'elle rend possible la vie, mais elle n'est pas précieuse en elle-même. Une planète n'a pas de moi. Elle ne comporte même pas comme l'une de ses propriétés la vitalité objective caractéristique d'un organisme, ou la transmission génétique qui sous-tend une lignée spécifique. La Terre n'est pas non plus un écosystème, rigoureusement parlant ; elle est une collection lâche de myriades d'écosystèmes. Aussi n'est-ce qu'à la faveur d'un certain abus de langage, en une guise poétique ou romantique, que nous pouvons parler d'attacher de la valeur à la Terre. La Terre est une simple chose, une chose énorme, une chose toute spéciale assurément pour ceux qui y vivent, mais malgré cela elle reste une chose, qui n'est pas à ce titre appropriée pour faire l'objet d'une valorisation intrinsèque ou systémique. D'un point de vue anthropocentrique, si nous y tenons, nous pourrions aller jusqu'à dire qu'elle est sans valeur, si ce n'est à titre de ressource humaine.

Mais nous échouerons à valoriser la Terre en toute objectivité aussi longtemps que nous ne saurons pas apprécier sa formidable histoire naturelle. Cette planète est à tous égards magnifique, elle est l'entité qui, entre toutes, est la plus digne d'être valorisée parce qu'elle est l'entité capable de produire toutes les valeurs terrestres. Considérée à cette échelle, la valeur de la vie qui surgit sur Terre comme processus créateur apparaît comme étant la description la plus adéquate et la catégorie la plus compréhensive pour répondre à la question de ce qui doit être principalement valorisé.

Peut-être penserez-vous que les espèces ne sont pas réelles. Peut-être persisterez-vous à penser que les écosystèmes ne sont pas réels, mais seulement des agrégations – mais que diriez-vous de la Terre ? Diriez-vous que la Terre, elle aussi, n'étant qu'une entité de plus haut niveau, n'est pas réelle ? Qu'elle n'est qu'une agrégation et non pas une totalité systémique ? Qu'il n'y a rien qui corresponde réellement à la biosphère ? Et pourtant, il n'est pas douteux que la Terre possède des limites qui sont plutôt claires, n'est-ce pas ? Diriez-vous que c'est une planète où rien ne compte ? Rien de ce qui se passe n'importe à la Terre, peut-être, mais tout ce qui se passe sur Terre compte, et d'abord pour la Terre elle-même.

N'arrive-t-il pas aux hommes de valoriser les systèmes qui rendent possible la vie sur Terre parce qu'ils sont dignes d'être valorisés, et non pas l'inverse ? Cette valeur n'est-elle que le résultat des intérêts propres à ces tard venus que sont les hommes ? Bien plutôt, la Terre n'est-elle pas historiquement un lieu remar-quable et de valeur, capable de produire de la valeur avant l'arrivée des hommes, et qui est aujourd'hui encore un lieu de valeur antérieurement aux usages que les hommes peuvent en avoir ? C'est l'expression d'un état d'esprit étrangement sectaire que de dire que la petite part que nous prenons dans ce drame suffit à lui conférer toute sa valeur. La production de valeur durant les millénaires de l'histoire naturelle n'est pas quelque chose de subjectif qui se déroulerait à l'intérieur de l'esprit des hommes. En ce sens, la reconnaissance d'une valeur de la Terre n'est pas une conséquence absurde de l'acte de valorisation de la boue, qui suffirait à en montrer la fausseté. Il ne s'agit pas de localiser dans le monde la chose la plus précieuse d'entre toutes; il s'agit de déterminer la valeur ultime du monde lui-même. La créativité qui règne à l'intérieur du système naturel dont nous héritons, et les valeurs qu'elle engendre, sont le fondement sur lequel s'arc-boute notre être, et pas seulement le sol sur lequel prend appui notre corps. La Terre pourrait être l'ultime objet de nos devoirs – après Dieu, si Dieu existe.

UNE NATURE DE VALEUR

William James, au début de notre siècle, brossa un portrait sans concession d'un monde absolument dénué de valeur, qui se transforme à la faveur de l'arrivée des hommes :

> Tâchez de vous représenter ce que serait le monde, si vous pouviez le concevoir tel qu'il est en soi, indépendamment des sentiments qu'il vous inspire, sympathie ou antipathie, appréhension ou espérance. Il est impossible d'imaginer rien d'aussi mort et d'aussi purement négatif. Aucune portion de l'univers n'aurait plus d'importance qu'une autre; ce ne serait plus qu'une collection d'êtres sans caractère, expression ni valeur; qu'une série d'événements sans intérêt, sans perspective. Le prix que nous attachons aux choses, le sens que nous leur attribuons, nous le tirons de nous-mêmes; et cela seul pour chacun de nous fait la valeur du monde (James, 1925, p. 150)[*].

---

[*] W. James, *L'expérience religieuse. Essai de psychologie descriptive*, trad. fr. F. Abauzit, Paris, F. Alcan, 1908, p. 125.

J. BAIRD CALLICOTT

LA VALEUR INTRINSÈQUE DANS LA NATURE : UNE ANALYSE MÉTAÉTHIQUE[*]

DEUX PREUVES DE L'EXISTENCE DE LA VALEUR INTRINSÈQUE

La preuve phénoménologique

Edwin P. Pister, un biologiste de la Fédération Chasse, Pêche et Sport de Californie aujourd'hui à la retraite, a passé une bonne partie de sa vie à tenter de sauver de l'extinction différentes espèces de poissons vivant dans de petits îlots aquatiques au milieu du désert. Il a pris fait et cause, accompagné de quelques autres sociétaires menant le même combat, pour le *Cyprinodon diabolis* – menacé par des agents de l'agrobusiness qui pompaient l'eau du sol à des fins d'irrigation – jusqu'à porter cette affaire devant la Cour Suprême des États-Unis ; et il a gagné son procès (Pister, 1985).

Interrogé sur ce point non pas seulement par des profanes, mais aussi par des membres incrédules de sa propre Fédération (dont la vocation est, comme la plupart des autres Fédérations du même

[*] J. Baird Callicott, «Intrinsic Value in Nature : A Metaethical Analysis», *Electronic Journal of Analytic Philosophy*, 3 (1995), repris dans J. Baird Callicott, *Beyond the Land Ethic. More Essays in Environmental Philosophy*, New York, SUNY Press, 1999, p. 239-261. La présente traduction a été établie avec la collaboration de Mme C. Larrère, et a été relue et corrigée par l'auteur, que nous tenons à remercier chaleureusement.

genre, de fournir les pêcheurs en poisson), la même question lui était régulièrement posée : à quoi est-il bon, après tout ? Cette interrogation présuppose qu'une espèce n'a aucun droit à l'existence, à moins que ses membres n'aient une certaine utilité, une valeur *instrumentale*. Longtemps, Pister s'est efforcé de fournir une réponse en reprenant à son compte la manière dont la question était posée. De toute évidence, des poissons minuscules vivant dans des flaques d'eau pas plus grandes que des réservoirs sont bien incapables d'approvisionner les Fédérations de pêche, et pas davantage les poissonneries. Le *Cyprinodon diabolis* étant toutefois capable de résider en des eaux dont le taux de salinité est plusieurs fois supérieur à celui de l'eau de mer, les secrets de son remarquable système rénal, s'ils venaient à être connus, pourraient peut-être servir pour le traitement des personnes qui souffrent de maladies rénales (Pister, 1985).

Mais pareille utilité *spéculative*, à savoir la *possibilité* que les poissons vivant dans le désert puissent avoir une valeur instrumentale, ne constituait pas la raison pour laquelle Pister se dévouait avec ténacité à la cause de leur protection. Il estimait avoir la responsabilité *morale* de les sauver de l'extinction. Qu'ils aient une valeur instrumentale ou pas, Pister avait la conviction qu'ils avaient une valeur *intrinsèque*. Mais ce concept « philosophique » était difficile à expliquer à ses collègues et aux adhérents de la Fédération. Ainsi que l'un de ceux-là le lui avoua : « Quand tu commences à parler de morale et d'éthique, je suis perdu » (Pister, 1987, p. 228). De guerre lasse, Pister finit par trouver un moyen de donner un sens clair au concept de valeur intrinsèque. À la question *À quoi est-il bon ?* il répliquait, *Et vous, à quoi êtes-vous bon ?*

Cette réponse invitait celui qui l'interrogeait à prendre conscience du fait qu'il est enclin à considérer que sa valeur globale excède sa valeur instrumentale. Bien des gens souhaitent avoir une valeur instrumentale – souhaitent être utiles à leur famille, à leurs amis et à la société. Mais lors même que nous ne serions bons à rien, nous continuons de croire, en dépit de cela, que nous avons encore quelque droit à l'existence, à la liberté, à la recherche du bonheur.

(Si seules les personnes douées d'une valeur instrumentale pouvaient bénéficier d'un bon droit à l'existence, le monde pourrait ne pas souffrir de surpopulation et de surconsommation ; nous n'aurions assurément nul besoin d'hôpitaux onéreux, de maisons de santé, de prisons, et autres choses du même genre.) La dignité humaine et le respect qu'elle commande – le droit éthique de l'humanité – sont ultimement fondés dans le fait que nous revendiquions la possession d'une valeur intrinsèque.

Convenons d'appeler cette preuve du nom de preuve phénoménologique de l'existence de la valeur intrinsèque. La question qui demande *comment pouvons-nous savoir que la valeur intrinsèque existe ?* est analogue à la question qui demande *comment pouvons-nous savoir que la conscience existe ?* Nous faisons l'expérience de l'un et de l'autre – de la valeur intrinsèque et de la conscience – par introspection et de manière irréfutable. La question que posait Pister *et vous, à quoi êtes-vous bon ?* a seulement pour mérite d'attirer l'attention de chacun sur sa propre valeur intrinsèque.

La preuve téléologique

Richard Sylvan et Val Plumwood proposent une autre preuve – en l'occurrence, téléologique – de l'existence de la valeur intrinsèque (Routley et Routley, 1980). Les outils, tels que les pelles, les clés à molette, les tournevis, existent. Et les outils sont des cas paradigmatiques de choses qui ont une valeur instrumentale, à tel point que si les outils n'avaient pas de valeur instrumentale, ils n'existeraient tout simplement pas. Autrement dit, les pelles n'auraient pas du tout été inventées si ce n'est comme des instruments permettant de creuser, et pas davantage les clés à molette et les tournevis si ce n'est comme des instruments permettant de visser un boulon et de serrer une vis. Et dans la mesure où ces choses sont des artefacts et ne sont pas des produits de la nature, il est clair que si elles n'avaient pas été inventées, elles n'existeraient pas du tout.

Selon Sylvan et Plumwood, l'existence de la valeur instrumentale implique l'existence de la valeur intrinsèque :

> Certaines valeurs sont instrumentales, *i.e.* sont un moyen ou un instrument pour la réalisation de quelque chose qui a une valeur, et certaines ne le sont pas, et sont donc non instrumentales ou intrinsèques. Il existe donc certaines valeurs qui doivent être intrinsèques, et certains objets qui *doivent* avoir une valeur en eux-mêmes et non pas en tant que moyens pour la réalisation de fins qui leur sont étrangères (Routley et Routley, 1980, c'est moi qui souligne J.B.C.).

L'argument a ici la forme d'un enthymème, et il fait songer à celui qu'Aristote avance au début de l'*Ethique à Nicomaque* concernant quelque chose – qu'Aristote pense être le bonheur humain – dont il est dit qu'elle constitue une fin en soi. Dans ses grandes lignes, l'argumentation d'Aristote est la suivante : l'existence de moyens implique l'existence de fins ; bien qu'un moyen puisse exister en raison d'un autre moyen – mettons, une forge pour fabriquer des pelles –, la chaîne des moyens doit bien s'arrêter quelque part, à une fin qui, elle, n'est pas le moyen d'une autre fin – une fin en soi – sans quoi la chaîne des moyens serait infinie et perdrait tout ancrage. Et dans la mesure où les moyens sont évalués de façon instrumentale et que les fins en soi sont valorisées de façon intrinsèque, si les fins en soi existent – et il faut qu'elles existent pour que les moyens existent ; or les moyens existent –, alors la valeur intrinsèque existe [*].

---

[*] La difficulté de traduction que nous rencontrons ici mérite d'être signalée, parce qu'elle conditionne en partie la compréhension du propos de l'auteur. L'anglais dispose de trois verbes pour désigner un processus d'évaluation : « to assess », « to evaluate » et « to value ». Le premier (jamais utilisé par l'auteur dans cet article, pas même sous la forme substantivée plus fréquente en anglais et de signification plus large) désigne un compte rendu objectif, impersonnel, l'appréciation d'une situation ou d'une chose en fonction de paramètres mesurables, quantitatifs, économiques, etc. Le verbe « to evaluate » (que l'auteur n'utilise pas non plus dans cet article) et le verbe « to value » peuvent être traduits soit par le verbe « évaluer », soit par le verbe « valoriser » : dans les deux cas, un sujet est clairement impliqué (comme le dira l'auteur, il

LA VALEUR INTRINSÈQUE DE LA NATURE : VÉRITÉ MORALE ET EFFICACITÉ PRAGMATIQUE

En plus des êtres humains, la nature (ou des parties quelconques de la nature) a-t-elle une valeur intrinsèque ? Telle est la question *théorique* centrale en éthique *environnementale*. Comment découvrir la valeur intrinsèque : telle est la question par laquelle se définit l'éthique environnementale. Car s'il est impossible d'attribuer une valeur intrinsèque à la nature, alors l'éthique environnementale n'a plus aucun caractère distinctif. En effet, si la valeur intrinsèque fait défaut à la nature, alors l'éthique environnementale n'est rien d'autre qu'une application particulière de l'éthique qui règle les relations entre les hommes (Routley, 1973 ; Rolston, 1975 ; et Regan, 1981). Pour dire la même chose autrement, si la valeur intrinsèque fait défaut à la nature, alors toute éthique environnementale *non anthropocentrique* est disqualifiée.

L'hypothèse de convergence

Bryan Norton (1992) se demande à juste titre pourquoi nous devrions vouloir une éthique environnementale non anthropocentrique qui soit réellement *distincte*. Il y a certes le charme intellectuel et le désir de relever un défi intellectuel consistant à créer quelque chose de tout à fait nouveau. Et ceci, à quoi s'ajoute la passion de se faire les champions (ou les défenseurs) de la nature, constitue une raison suffisante pour que le philosophe que je suis se mette en quête d'une théorie adéquate de la valeur intrinsèque dans

---

n'y a pas d'évaluation sans évaluateur), mais le processus de valorisation comporte une dimension affective ou une sorte d'investissement subjectif – comme dans les expressions « *one of my most valued possessions* » (« un des objets auxquels je tiens le plus »), ou « *to value some one's friendship* » (« faire cas de l'amitié de quelqu'un ») – qui est absent du processus d'évaluation. Consulté sur le meilleur choix de traduction à effectuer, l'auteur a recommandé de privilégier le verbe « valoriser » partout où « *value* » est entendu comme un verbe transitif (« *to value* ») et de recourir au verbe « évaluer » dans les autres cas.

la nature. Mais une raison si personnelle, une raison si complaisante à l'endroit d'elle-même, peut difficilement être une raison judicieuse. Que peut bien *faire* une éthique environnementale non anthropocentrique pour défendre la nature contre les outrages humains, dont serait incapable une éthique environnementale anthropocentrique ?

Norton (1991) répond : rien – pour peu que nous définissions les intérêts humains avec suffisamment d'ampleur et de largesse. La nature nous sert à autre chose qu'à être un réservoir de matières premières ou une poubelle pour nos déchets. Elle nous fournit des services écologiques qui n'ont pas de prix, que, pour la plupart, nous avons du mal à comprendre. Quant à la nature que nous n'avons pas souillée, elle est une source de satisfaction esthétique et d'inspiration religieuse. Dès lors que l'on prend en considération les intérêts des générations futures (comme ceux des personnes actuelles) à jouir des services écologiques et des ressources spirituelles que leur offre la nature, alors – poursuit Norton – le respect que nous devons aux êtres humains (voire aux intérêts des êtres humains) suffit amplement à justifier la protection de la nature. Par conséquent, les éthiques environnementales anthropocentrique et non anthropocentrique « convergent » ; c'est-à-dire que toutes deux prescrivent le même genre de pratiques individuelles et le même genre de politiques publiques en matière de protection de la nature (Norton, 1991).

Mais le font-elles véritablement ? La préoccupation environnementale la plus urgente de ce vingtième siècle finissant est l'érosion de la biodiversité. Edward O. Wilson estime que le taux actuel d'extinction des espèces d'origine anthropique est de 1000 à 10000 fois supérieur au taux normal de référence (Wilson, 1988). De nombreuses crises d'extinction massive et violente des espèces se sont produites par le passé dans la biographie de la planète Terre (Raup et Sepkoski, 1984). Mais aucune de ces crises n'a été le fait d'un organisme devenu fou furieux – et certainement pas d'un organisme capable d'effectuer des choix moraux (Raup, 1988 ; 1991). L'actuelle vague d'extinction des espèces entre-t-elle en contradiction avec les intérêts humains, aussi larges et variés que l'on puisse les concevoir?

Pour sa part, David Ehrenfeld (1988) en doute. Il est vraisemblable que certaines espèces en danger – tels le tigre du Bengale et l'éléphant d'Afrique – qui font partie de ce que les biologistes ont baptisé du nom de «faune supérieure charismatique», seraient tristement regrettées par les générations futures d'Homo sapiens si la génération actuelle les laissait disparaître. Et c'est la raison pour laquelle il y a de bonnes chances pour que la plupart de ces espèces survivent à l'holocauste. Mais, ainsi que le fait justement remarquer Ehrenfeld (1988), la rudesse de l'assaut donné par les hommes contre la nature est subie par des espèces qui ne sont pas charismatiques. En effet, la plupart d'entre elles sont des insectes – créatures qui sont bien plus souvent redoutées ou détestées qu'admirées par les hommes. De la même manière, il n'est guère vraisemblable que la plupart des espèces en danger d'extinction imminente se révèlent utiles comme matières premières pouvant fournir des produits de quelque intérêt – tels que des médicaments, du carburant, des fibres, de la nourriture consommable par les hommes ou par les animaux domestiques. Ehrenfeld (1988, p. 215) fait encore remarquer la chose suivante :

> Les espèces dont les membres encore existants sont de moins en moins nombreux, de plus en plus rares, de plus en plus parcimonieusement distribués – bref, celles-là mêmes qui sont les plus exposées à disparaître – sont de toute évidence celles qui sont le moins susceptibles d'avoir (…) une quelconque influence écologique; aucun effort d'imagination ne parviendra à nous faire croire qu'elles jouent le rôle d'un engrenage essentiel dans la machinerie écologique.

Le cas mentionné précédemment du *Cyprinodon diabolis* en est un bon exemple. S'il vient à disparaître, la biosphère en sera appauvrie, mais la quantité de services fournie par la nature n'aura pas été diminuée d'un iota.

L'extension des intérêts humains que propose Norton va cependant bien au-delà de la considération des biens, des services et de la faune supérieure charismatique (ainsi que de la flore « charismatique », tels le Séquoia géant, le Pin d'Orégon) qui flatte naturellement la sensibilité esthétique du plus grand nombre. Il se peut que ceux qui ont ce qu'Aldo Leopold (1953, p. 149) appelait « un sens raffiné des choses de la nature » puissent « apprécier le caractère merveilleux, exaltant, le défi [que présente pour l'esprit humain] l'existence de tant d'espèces émergeant de la combinaison d'une petite douzaine d'éléments de la table périodique », comme le dit Ehrenfeld (1988, p. 215). Nous pourrions appeler cela l'utilité « scientifique » ou « épistémologique » des autres espèces. Allant au-delà, Norton met au jour une « valeur morale » des espèces non charismatiques. Mais c'est une sorte bien étrange de valeur morale, analogue à celle qu'Emmanuel Kant trouvait notoirement à s'abstenir d'agir avec cruauté à l'endroit des animaux. Selon Norton (1988, p. 201),

> Thoreau (…) croyait que son observation minutieuse des autres espèces l'aidait à vivre une vie meilleure. Je le crois aussi. Il y a donc au moins deux personnes, et peut-être bien d'autres encore, qui croient que les espèces ont une valeur en tant que ressource *morale* offerte aux hommes, considérée comme une chance qui leur est donnée de mettre en forme, de réformer, et d'améliorer leur propre système de valeurs.

Admettons la vérité de l'« hypothèse de convergence » avancée par Norton. Admettons que toutes les espèces, prises une à une, et la biodiversité, prise globalement, puissent être prises en charge par une éthique environnementale anthropocentrique. S'ensuit-il de cela, ainsi que le prétend Norton, que l'attribution d'une valeur intrinsèque à la nature soit, dans le cadre d'une éthique environnementale proprement dite, une exigence à la fois redondante et pernicieuse ? Un anthropocentrisme suffisamment élargi et assoupli peut bien assurer le même office moral que celui que remplit l'attribution d'une valeur intrinsèque à la nature. C'est en cela que cette dernière exigence est redondante. Par ailleurs, les tentatives qui visent à attribuer une valeur intrinsèque à la nature ne font que créer des tensions entre les environnementalistes – situation qui profite aux forces adverses anti-environnementalistes en vertu du principe militaire qui enjoint de diviser pour régner. C'est en cela que cette exigence est pernicieuse. Par conséquent, l'approche la plus conventionnelle, la plus conservatrice, à savoir celle qui consiste à limiter la valeur intrinsèque aux êtres humains, est aussi bien l'approche la plus *pragmatique*. Après tout, si l'on admet que la raison d'être de toute éthique environnementale est d'apporter un soutien théorique efficace à la pratique environnementale privée ainsi qu'aux décisions de politique publique en matière d'environnement, les philosophes de l'environnement devraient renoncer au projet théorique visant à mettre au jour une valeur intrinsèque dans la nature.

Mais il me semble que Norton a négligé deux points : le premier est d'ordre pragmatique, et le second est de l'ordre de ce que l'on pourrait appeler la vérité morale.

La vérité morale

Considérons le dernier point. On peut vouloir donner les bonnes raisons pour faire ce qui doit être fait, et pour le faire comme cela doit l'être, indépendamment de toute considération pragmatique. Le martyre de la guerre civile américaine aurait pu être évité si Abraham Lincoln et ses collaborateurs abolitionnistes s'étaient contentés, pour justifier la fin, d'avancer des arguments d'ordre économique plutôt que des arguments authentiquement éthiques. Lincoln aurait pu convaincre les propriétaires sudistes de plantations de prendre la décision de leur plein gré, et même joyeusement, d'émanciper leurs esclaves, au nom de leurs propres intérêts bien compris, en songeant, par exemple, au fait que des travailleurs saisonniers peuvent être débauchés pendant la morte-saison, tandis que les esclaves doivent être nourris, logés et blanchis durant toute l'année ; ou encore en songeant aux coûts élevés qu'implique la mise en place des dispositifs nécessaires pour «sécuriser» la possession d'esclaves – les coûts de leur confinement, les coûts de leur surveillance pendant les heures de travail, les coûts induits par la poursuite des éventuels fuyards, et ceux requis pour garantir leur propre protection, ainsi que celle de leur famille et, plus largement, la protection des plantations contre les attaques d'esclaves entrés en mutinerie –, et ainsi de suite. Et si ces arguments ne suffisaient pas, Lincoln aurait pu avancer l'idée que le fait de libérer les esclaves aurait donné une chance à tous les propriétaires esclavagistes de mettre en forme, de reformer et d'améliorer leur propre système de valeurs. L'abolition de l'esclavage constituerait une *ressource* morale. (Je vous laisse juge du caractère répugnant d'une telle argumentation.)

Je m'empresse de dire qu'il n'y a rien à objecter au fait d'avancer des raisons instrumentales, comprises comme autant de raisons subordonnées aux véritables raisons, pour accomplir ce qui doit être fait. Nous croyons que les êtres humains ont une valeur intrinsèque, et c'est pourquoi nous pensons que réduire à l'esclavage des êtres humains est mal. Par ailleurs, l'esclavage est un système économiquement rétrograde. De la même manière, nous commençons à croire que les autres espèces peuvent également être évaluées de façon intrinsèque, et c'est pourquoi le fait de les laisser disparaître est mal. Par ailleurs, nous risquons de nous porter préjudice de multiples façons, à nous-mêmes ainsi qu'aux êtres humains des générations futures, si nous ne protégeons avec vigilance les autres espèces.

La charge de la preuve

En outre, conférer à la nature une valeur intrinsèque ne manquerait pas de faire une immense différence d'un point de vue pratique. Si nous le faisions, la charge de la preuve serait retirée des mains des partisans de la conservation et passerait entre celles de ceux qui, visant d'autres valeurs, détruisent la nature, qu'ils agissent en cela intentionnellement ou pas, que cela soit en toute connaissance de cause ou par inadvertance.

Warwick Fox (1993) a développé ce point – l'argument pragmatique – de façon claire et complète. Il note tout d'abord que le fait de posséder une valeur intrinsèque ne rend pas pour autant son possesseur « inviolable ». Conformément à ce qui a été dit dans la section précédente, les êtres humains prétendent avoir une valeur intrinsèque. Mais la reconnaissance du bien-fondé de cette prétention n'implique pas que la vie, la liberté, l'opportunité offerte à tout être humain en toutes circonstances de chercher le bonheur, ne puissent ni ne doivent être éclipsées par une autre valeur, supé-rieure, opposée de sens et incompatible. C'est à juste titre, par exemple, que les criminels sont privés de leur liberté; et parfois même de leur vie. Bien qu'il y ait une minorité stable de pacifistes, une majorité de personnes tout à fait comme il faut pense qu'il est moralement licite d'exposer la vie de jeunes hommes et de jeunes femmes innocentes pour défendre leur pays contre une agression. À une courte majorité, les Américains sont allés jusqu'à admettre que, durant la récente Guerre du Golfe, nous avons à juste titre exposé – et même réellement sacrifié – des centaines de vie innocentes de citoyens iraquiens, ainsi que celles des soldats iraquiens et des soldats de nombreux pays industriels de la coalition, dans le seul but de maintenir bas le prix de l'énergie, et de s'opposer aux rêves de grandeur d'un tyran.

Quoi qu'il en soit, lorsqu'un être humain, qui a une valeur intrinsèque, est délibérément privé de sa liberté ou de sa vie, ou qu'on lui fait délibérément du mal, nous croyons que, en confor-mité avec ce qu'exige l'éthique qui règle le comportement entre les hommes, des *raisons suffisantes* pour justifier pareil agissement doivent être avancées. C'est dans cet esprit que des procès sont intentés, que des preuves sont présentées et évaluées, que des verdicts solennels sont rendus, avant qu'une personne puisse être incarcérée ou exécutée; et c'est dans cet esprit également que des débats publics sont tenus des jours durant, avant que des soldats

soient envoyés au combat. Mais, comme le fait remarquer Fox
(1993, p. 101), dans la mesure où

> le monde non humain est considéré comme n'ayant qu'une valeur
> instrumentale, les gens sont autorisés à utiliser ou à interférer de
> diverses façons avec n'importe quel aspect de ce monde, quelles que
> puissent être leurs raisons (*i.e.* aucune raison justifiant le fait d'inter-
> férer n'est requise). Dès lors, si quelqu'un trouve quelque chose
> à redire à cela, il est clair que, étant donné le cadre de référence,
> la charge de l'argumentation repose sur celui qui trouve matière à
> objecter et auquel il appartient de dire pour quelle raison il est plus
> utile pour les êtres humains de laisser tranquille tel ou tel aspect du
> monde non humain. Toutefois, si le monde non humain est considéré
> comme ayant une valeur intrinsèque, alors la charge de la preuve
> retombe sur celui veut interférer avec le monde naturel et il lui
> appartient de dire pour quelle raison l'autorisation d'agir comme il le
> souhaite devrait lui être reconnue.

Par exemple, dans la mesure où la valeur intrinsèque des forêts
de haute futaie n'a pas encore fait l'objet d'une reconnaissance
générale, les entreprises d'exploitation des forêts peuvent en toute
liberté les abattre sans avoir à fournir au préalable la moindre
justification. Si les environnementalistes veulent mettre un terme à
l'abattement des forêts de haute futaie du domaine public (pour ne
rien dire des propriétés privées) qui se font de moins en moins
nombreuses, il leur faut porter l'affaire en justice pour obtenir une
injonction judiciaire. En revanche, si la valeur intrinsèque de la
nature était pleinement reconnue et faisait l'objet d'une régulation
juridique, alors les entreprises d'exploitation des forêts seraient
dans l'obligation, à chaque fois qu'elles auront le projet d'abattre
une forêt de haute futaie, de porter l'affaire en justice pour obtenir
la permission de le faire – en ayant ainsi la charge d'avancer une
justification suffisante. Comme le dit pertinemment Fox (1993,
p. 101), ce serait là

> une révolution dans la façon dont nous traitons le monde non
> humain, comparable à la différence qu'il y a pour les êtres humains
> entre un système juridique qui repose sur la présomption de culpa-

bilité aussi longtemps que l'innocence de l'inculpé n'a pas été établie, et un système juridique qui repose sur la présomption d'innocence aussi longtemps que la culpabilité de l'inculpé n'a pas été établie. Le problème de savoir de quel côté se situe la charge de la preuve est de la plus haute importance pour les parties concernées !

UNE THÉORIE MODERNE DE LA VALEUR INTRINSÈQUE DE LA NATURE

Parvenus à ce stade, nous pouvons tenir pour assurées les thèses suivantes : à savoir, que la valeur intrinsèque existe ; que posséder une valeur intrinsèque pleinement reconnue fait une grosse différence d'un point de vue pratique dans la détermination du statut moral d'une personne ou d'une chose ; et que, par voie de conséquence, le projet qui consiste à fonder l'attribution d'une valeur intrinsèque à la nature (ou à l'une de ses parties) est un projet qui vaut la peine d'être entrepris – qu'il est même le projet fondamental, le projet constitutif de toute éthique environnementale. Mais plus précisément, *qu*'est-ce que la valeur intrinsèque ?

L'expression de *valeur [value] intrinsèque* et l'autre expression, moins usitée, de *valeur [worth] inhérente* signifient, d'un point de vue lexical, à peu près la même chose *. La dixième édition du *Merriam Webster's Collegiate Dictionnary* définit le mot *intrinsèque* comme suit : « qui appartient à la nature essentielle ou à la constitution d'une chose ». Et il définit le mot *inhérent* de la manière suivante : « qui est impliqué dans la constitution ou le

---

* À partir de cette section, la difficulté que rencontre la traduction tient à ceci que la langue anglaise dispose de deux mots là où la langue française ne dispose que d'un seul. Même si les deux mots en question ont en anglais, comme le dit l'auteur, essentiellement la même signification, il reste qu'ils se distinguent l'un de l'autre au moins à la lecture. Conformément à un dispositif suggéré par l'auteur, nous traduirons le mot *worth* et le mot *value* de la même manière, en indiquant si nécessaire entre crochets le mot correspondant en anglais.

caractère essentiel de quelque chose (…) : intrinsèque ». Quant au mot anglais *valeur* [*value*], il vient du latin *valere*, « être fort, avoir de la valeur » ; le mot *valeur* [*worth*] vient du vieil anglais *weorth*, signifiant « estimable, de valeur ». D'un point de vue lexical, il revient donc au même de dire que la valeur [*value or worth*] de quelque chose lui est intrinsèque (ou inhérente) et de dire que sa valeur [*value or worth*] appartient à la nature essentielle ou à la constitution de cette chose.

Il convient à présent de bien voir que les preuves phénoménologiques et téléologiques ci-dessus énumérées, démontrant l'existence de la valeur intrinsèque, ne démontrent pas que la valeur intrinsèque, *telle qu'elle vient d'être définie* – c'est-à-dire telle qu'elle vient d'être définie de façon lexicale – existe réellement. Sans doute persistons-nous à nous reconnaître une valeur lorsque, en réponse à la question *Et vous, à quoi êtes-vous bon ?*, on en vient à considérer sa propre valeur, et à retrancher de notre valeur totale la valeur instrumentale que nous revêtons pour notre famille, nos amis, nos employeurs, la société. Mais il se peut que ce résidu de valeur ne soit pas nécessairement une partie de notre nature ou constitution essentielle, à la façon dont peut l'être, par exemple, le fait d'avoir un système nerveux central. Sans doute l'existence de moyens ayant une valeur instrumentale, tels que les outils, implique-t-elle l'existence de fins ayant une valeur non instrumentale, telles que l'existence de ceux qui se servent des outils. Mais il n'est nullement nécessaire que la valeur de ces êtres qui se servent des outils, et qui définissent des fins en soi, appartienne à leur constitution ou fasse partie de leurs caractéristiques essentielles, à la façon dont l'est, par exemple, le fait d'avoir des mains.

Certaines propriétés d'une chose peuvent lui être intrinsèques au sens lexical du mot. Par exemple, l'inertie de l'hélium est une propriété intrinsèque (au sens lexical du mot) de cet élément, tout comme l'est la masse d'une boule de billard. La marche bipède, les pouces opposables et l'usage du langage sont des caractéristiques intrinsèques (au sens lexical) des êtres humains. Mais *du point de vue de la philosophie moderne*, la valeur ne peut pas être tenue pour une propriété ou une caractéristique appartenant à un être humain ou à quoi que ce soit d'autre. Pourquoi ? Parce que la distinction cartésienne radicale entre les sujets et les objets est au fondement même de la modernité ; et la valeur de quelque chose, d'un point de vue moderne, est déterminée par l'acte intentionnel d'un sujet cartésien qui se rapporte à un objet – que cet « objet » soit le sujet lui-même ou un autre sujet, ou encore un objet cartésien au sens strict (un objet physique).

Je m'explique. Certains des états du sujet cartésien sont intentionnels ; c'est-à-dire qu'ils se rapportent nécessairement à quelque chose d'autre qu'eux-mêmes (la plupart du temps, mais pas toujours, à des objets cartésiens au sens strict, c'est-à-dire, à des objets physiques). Et certains états ne sont pas intentionnels. Par exemple, un sujet cartésien peut éprouver un état émotionnel – un état de mélancolie, mettons – sans se rapporter à quoi que ce soit d'autre que lui-même. Partant, les émotions ne sont pas nécessairement intentionnelles. Mais les autres états subjectifs sont nécessairement intentionnels. Par exemple, le désir est nécessairement désir de *quelque chose*, quoiqu'il n'ait pas nécessairement pour objet un objet cartésien au sens strict. Un sujet cartésien mélancolique pourrait désirer se retrouver dans d'autres conditions subjectives non intentionnelles, telles qu'un état d'euphorie par exemple. Ou encore, un sujet cartésien A pourrait désirer qu'un sujet cartésien B soit dans un certain état émotionnel, comme l'état émotionnel consistant à aimer A. Mais la plupart des intentions de nos désirs quotidiens, du moins dans notre existence de matérialistes modernes, ont pour objet des objets cartésiens au sens strict – telle nourriture, telle boisson, tel vêtement, telle maison, telle voiture, tels ustensiles, tels bijoux. Du point de vue de la philosophie moderne, la valeur est *conférée à* ou *assignée à* un « objet » en vertu de l'acte intentionnel d'un sujet. Dans la vision du monde moderne, la *valeur* [*value*] s'entend d'abord comme un verbe et, ensuite seulement, comme un nom. Entre autres choses qu'ils savent faire, les sujets pensent, perçoivent, désirent *et valorisent*. Les intentions – les cibles – d'un sujet qui valorise peuvent être valorisées, tout comme les intentions d'un sujet qui désire peuvent être désirées. S'il n'y avait pas de sujets désirants, il n'y aurait rien qui soit désirable. S'il n'y avait pas de sujets qui valorisent, il n'y aurait rien qui puisse être valorisé.

Mais cela n'empêche pas la distinction éthique fondamentale entre la valeur instrumentale et la valeur intrinsèque de pouvoir être maintenue dans le cadre des exigences métaphysiques constitutives de la vision du monde moderne. Quelque chose (qu'il s'agisse de soi-même, ou d'un autre sujet cartésien, ou d'un objet cartésien au sens strict) peut être dit « avoir » une valeur instrumentale si elle est valorisée de façon instrumentale. Que signifie le fait de valoriser les choses de façon instrumentale ? Cela signifie qu'on les valorise comme moyens pour la réalisation d'une certaine fin – les pelles pour creuser, la clé à molette pour visser un boulon, les esclaves pour le travail qu'ils fournissent, les prostituées pour le commerce sexuel auquel elles se prêtent, les bestiaux pour l'approvisionnement en lait et en viande, les bigorneaux de Madagascar pour fabriquer la vincristine anticancéreuse, le parc national du Yellowstone pour la contemplation de paysages monumentaux et de merveilles naturelles, soi-même en tant que nous sommes des membres utiles de la société et de bons parents. Quelque chose (qu'il s'agisse de soi-même, d'un autre sujet cartésien ou d'un objet cartésien) « a » une valeur intrinsèque si elle est valorisée de façon intrinsèque. Que signifie le fait de valoriser des choses de façon intrinsèque ? Cela signifie qu'on les valorise pour elles-mêmes, en tant que fins en soi.

Partant, que signifie, d'un point de vue moderne, l'idée selon laquelle la *nature* a une valeur intrinsèque ? Cela signifie que la nature a une valeur intrinsèque lorsqu'elle est valorisée (« valoriser », verbe transitif) pour elle-même, en tant que fin en soi.

Or, les sujets qui valorisent ne valorisent pas les choses de façon arbitraire. Il est d'usage de fournir aux autres sujets qui valorisent

les raisons de valoriser les choses de façon instrumentale. Supposons, par exemple, que le sujet A qui valorise se prépare à casser à
coups de marteau un pichet craquelé et qui fuit, et à mélanger les
tessons de céramique avec de la terre glaise pour amender le sol de
son jardin. Le sujet qui valorise B, passant par là, pourrait faire
remarquer au sujet A que ce pichet de céramique craquelée peut
encore servir de vase dans lequel disposer des fleurs sauvages
séchées ou encore, s'il est vraiment beau, peut servir comme œuvre
d'art. Dans notre discours moral, nous donnons fréquemment aux
autres sujets qui valorisent des raisons pour valoriser les choses de
façon intrinsèque. Abraham Lincoln et autres abolitionnistes n'ont
pas manqué de fournir aux autres sujets qui valorisent des raisons
de valoriser les esclaves afro-américains de façon intrinsèque. Tom
Regan et autres défenseurs des droits des animaux fournissent aux
autres sujets qui valorisent des raisons de valoriser les animaux de
façon intrinsèque. La plus grande partie du travail *normatif* de
l'éthique environnementale contemporaine est de fournir aux
autres sujets qui valorisent des raisons de valoriser la nature de
façon intrinsèque.

Une partie du travail *métaéthique* de l'éthique environnementale contemporaine – travail que s'efforce précisément d'effectuer
cet essai – est d'analyser le concept de valeur intrinsèque dans la
nature. Et il semblerait que ce travail soit à présent achevé – à deux
remarques près. En premier lieu, il faut noter qu'il y a des philosophes qui, tout en travaillant à l'intérieur du cadre des exigences
métaphysiques de la philosophie moderne, défendent l'idée que la
valeur intrinsèque (au sens lexical) existe dans la nature, et qu'elle
n'est pas purement et simplement conférée ou assignée par un sujet
qui évalue, mais qu'elle existe objectivement. En second lieu, la
distinction cartésienne radicale entre les sujets et les objets, qui est
au fondement même de la modernité, a été subvertie, suggérant par
là la possibilité d'élaborer une théorie postmoderne de la valeur
intrinsèque dans la nature.

KANT ET LA THÉORIE DE LA VALEUR
INTRINSÈQUE OBJECTIVE

Emmanuel Kant, philosophe moderne s'il en est, a tenté de distinguer entre les valeurs objectives et les valeurs subjectives, sans rien ignorer de la frontière cartésienne tracée entre les choses subjectives et les choses objectives. Une analyse serrée de la manœuvre suivie par Kant pourrait jeter quelque lumière sur les allégations faites par les philosophes modernes contemporains selon lesquelles il est possible de trouver dans la nature une valeur intrinsèque.

Dans *Les fondements de la métaphysique des mœurs*, Kant écrit ceci :

> Si l'on suppose qu'il y ait quelque chose dont l'existence en soi-même possède une *valeur absolue*, quelque chose qui, comme *fin en soi*, pourrait fournir un fondement à des lois déterminées (…). Je dis : l'être humain, et en général tout être raisonnable, existe comme une fin en soi, et non pas simplement comme un moyen pour l'usage que pourrait en faire, à son gré, telle ou telle volonté (…). Il ne s'agit donc pas là de fins simplement subjectives, dont l'existence, comme effet de notre action, a une valeur pour nous ; mais ce sont des fins objectives, c'est-à-dire des choses dont l'existence est en soi-même une fin (Ak 04 : 428, c'est moi qui souligne J. B. C.) *.

Présenté de façon schématique, le propos de Kant semble être le suivant :

> Fin en soi → fin objective → valeur absolue.

---

* Afin de permettre au lecteur de retrouver dans les éditions françaises les passages cités de Kant, nous nous sommes permis de modifier le système de référence de l'auteur (qui, lui, renvoie, à des éditions courantes anglo-américaines). Nous renvoyons donc aux *Œuvres complètes* de Kant dans l'édition dite de l'Académie, *Kants Gesammelte Schriften*, hrsg. von der Preussischen Akademie der Wissenschaften zu Berlin, Berlin, 1902, 29 vol., de la manière suivante : Ak (= Akademie-Ausgabe) 02 (= t. 02) : 3 (= p. 3). La traduction adoptée (légèrement modifiée) est celle de V. Delbos, *Fondements de la métaphysique des mœurs*, Paris, Vrin, 1987.

Mais pourquoi de tels êtres – êtres dont l'existence en elle-même est pour eux une fin en soi – sont-ils des fins *objectives*? Il se peut que de tels êtres se valorisent eux-mêmes (verbe transitif) comme des fins en soi – ce qui signifie qu'il se peut qu'ils se valorisent eux-mêmes de façon intrinsèque – mais cela suffit-il à rendre leur valeur intrinsèque *objective*? Kant semble se rendre compte qu'il n'a rien expliqué, et c'est pourquoi il continue ainsi :

> L'homme *se représente* nécessairement sa propre existence ; dans cette mesure il s'agit donc d'un principe *subjectif* d'actions humaines. Mais tout autre être raisonnable se représente également de cette façon son existence, cela précisément en conséquence du même principe rationnel qui vaut aussi pour moi ; il s'agit donc en même temps d'un principe objectif à partir duquel doivent pouvoir être déduites, comme d'un principe pratique suprême, toutes les lois de la volonté (Ak 04 : 429, c'est moi qui souligne J. B. C.).

Kant ne prétend pas ici que la « valeur absolue » (la valeur intrinsèque) des êtres raisonnables est immédiatement objective – qu'elle est une propriété (non naturelle) enveloppée dans leur nature ou constitution essentielle. Pas davantage ne commet-il le sophisme naturaliste en affirmant de façon arbitraire (et tout à son avantage) que la rationalité est une propriété qui confère de la valeur. Chacun se valorise lui-même (verbe transitif) de façon intrinsèque. « Dans cette mesure », comme le dit fort prudemment Kant, la valeur intrinsèque de chacun « est un principe subjectif d'actions humaines ».

Toutefois, Kant s'empresse d'ajouter que cette valeur devient d'une certaine manière « objective » dès que l'on prend conscience que les autres se valorisent eux-mêmes de la même façon que nous nous valorisons nous-mêmes. Une telle prise de conscience peut-elle suffire à expliquer que la valeur intrinsèque d'un être rationnel puisse se transformer, comme par magie, du statut de propriété que l'on se confère à soi-même au statut de propriété objective ? Si oui, comment ?

Deux interprétations de cette transmigration d'une valeur intrinsèque conférée subjectivement en une valeur intrinsèque conférée objectivement, me viennent à l'esprit.

La première prend appui sur le fait que la rationalité est la même – au sens fort d'identique – chez tous les êtres rationnels. Lorsqu'elle se réfléchit elle-même comme une fin en soi, elle se réfléchit elle-même nécessairement en tout autre être rationnel. Peut-être est-ce là ce que Kant veut dire lorsqu'il écrit que « tout autre être raisonnable se représente également de cette façon son existence, cela précisément en conséquence du même principe rationnel qui vaut aussi pour moi ». Autrement dit, il se peut que la rationalité soit pour Kant une sorte de forme platonicienne, ou bien encore l'équivalent de ce que l'on nomme l'âtman brahman dans la tradition de pensée de l'Advaita Vedanta indienne. Peut-être n'y a-t-il en réalité qu'une seule forme de rationalité présente en tout être raisonnable, ou bien un seul Être Rationnel présent en tout Homo sapiens.

Mais cela rend-il sa *valeur* objective ? Supposons que la Rationalité se manifeste elle-même en tout être rationnel, et qu'elle se valorise elle-même du sein de chaque être rationnel. Il reste que sa valeur lui est conférée par l'acte intentionnel (maintenant supposé universel) d'un sujet qui se valorise lui-même.

Mais Kant pourrait aussi vouloir dire autre chose, à savoir que lorsque l'on prend conscience que les autres se valorisent eux-mêmes à la façon dont nous nous valorisons nous-mêmes, nous transcendons par là même les limites de notre propre subjectivité. Nos œillères tombent. Les écailles nous tombent des yeux. Une sorte de communauté – la communauté morale, le « royaume des fins » – émerge à notre vue. Cette transcendance de la subjectivité, de façon opératoire, et non pas de façon réelle, objective la valeur des autres. C'est-à-dire, prendre conscience de ceci que les autres êtres rationnels se valorisent eux-mêmes à la façon dont nous nous valorisons nous-mêmes – entendez : de façon intrinsèque – fournit *l'équivalent fonctionnel* d'une propriété objective disponible à l'observation désintéressée. Un être raisonnable devrait être « une

fin pour chacun et pour tous parce qu'il est une fin pour lui-même »
(Ak 04 : 429).

Par conséquent, sauf erreur de ma part, lorsque nous examinons
de près la thèse de Kant selon laquelle la « valeur absolue » (la
valeur intrinsèque) des êtres raisonnables est objective, ce que nous
trouvons en tout et pour tout, c'est l'*affirmation* que tel est bien le
cas, accompagnée de quelques intéressantes remarques indicatives,
faisant fonction de justification. Mais si nous suivons ces indications, elles ne conduisent pas à une authentique valeur intrinsèque
objective, mais seulement à un sujet universel qui se valorise
lui-même ou à son équivalent fonctionnel.

Peut-être les héritiers intellectuels de Kant en éthique
environnementale ont-ils su faire mieux que le maître lui-même.

LES PARTISANS DU BIOCENTRISME ET LA THÉORIE DE LA VALEUR INTRINSÈQUE OBJECTIVE DANS LA NATURE

La transition de l'anthropocentrisme kantien (ou, plus exactement, du ratiocentrisme) au biocentrisme d'inspiration kantienne
commence avec cette question : pourquoi devrions-nous – nous
autres, êtres rationnels – ne valoriser que nous-mêmes et les autres
êtres rationnels de façon intrinsèque ?

Parce que, semble supposer Kant, seuls les êtres raisonnables
sont capables de se valoriser eux-mêmes. Les êtres rationnels sont
assurément les seuls capables de transcender les limites de leur
subjectivité, de prendre conscience que les autres se valorisent eux-
mêmes de la même façon que nous nous valorisons nous-mêmes
– entendez : de façon intrinsèque. De même, les êtres rationnels
sont les seuls êtres autonomes, les seuls à être capables de dériver
des lois morales du principe pratique suprême, les seuls à s'imposer
à eux-mêmes ces lois, et les seuls à choisir librement d'y obéir.
Autrement dit, seuls les êtres rationnels sont des législateurs au sein
du royaume des fins.

Il semble donc que, à en croire Kant, la possession de valeur
«objective» requiert qu'un être soit capable 1) de se valoriser
lui-même comme une fin en soi et 2) de prendre conscience que
d'autres êtres se valorisent eux-mêmes de la même façon.

Mais le second critère de qualification peut-il être moralement
justifié? *Quid* d'un être qui se valoriserait lui-même de façon intrinsèque, et qui ne serait pas capable de prendre conscience que les
autres se valorisent de la même façon qu'il se valorise lui-même?
Pourquoi un tel être ne devrait-il pas constituer un fin pour
quiconque est capable de transcender les limites de sa subjectivité,
dans la mesure où cet être est une fin pour lui-même? Kant exige,
en effet, de la part d'un être qu'il soit capable de rendre le respect
qu'on lui témoigne pour pouvoir lui reconnaître un titre à en recevoir. Ce qui revient à déterminer la réciprocité comme critère de
considérabilité morale : seuls les agents moraux peuvent être des
patients moraux.

Par là, l'anthropocentrisme (le ratiocentrisme) de Kant prête le
flanc à l'Argument dit des cas marginaux (Tom Regan, 1979). Si
nous supposons que la rationalité est elle-même une capacité obser-
vable de certains êtres – et non pas une Illumination équivalente à
l'*imago dei*, que possèdent tous les êtres humains indépendamment
des capacités qui sont les leurs – alors il nous faut admettre que tous
les êtres humains ne sont pas des êtres rationnels. Et si tel est le cas,
alors – conformément aux distinctions tranchées que propose
Kant – ils sont des «choses» et non pas des «personnes» et, par
conséquent, ils «n'ont qu'une valeur relative en tant que moyens»
(Ak 04 : 428). Il semble donc que l'éthique kantienne puisse
approuver les douloureuses expérimentations médicales prenant
pour cobayes des enfants humains qui ne sont pas encore des êtres
rationnels, ou la chasse à des fins de divertissement sportif des êtres
humains atteints d'idiotie et dénués de raison, ou encore le fait de se
servir des vieillards qui ont dépassé le stade de raison pour fabriquer de la viande pour chien – pour ne citer que quelques exemples
de dépravation et d'immoralité. Il y a bien un moyen de soustraire la
théorie éthique kantienne à d'aussi fâcheuses conséquences, qui est

tout simplement de supprimer le critère de réciprocité comme critère de considérabilité morale, et de valoriser de façon intrinsèque tous les êtres qui, semble-t-il, se valorisent eux-mêmes de façon intrinsèque.

Albert Schweitzer

À ma connaissance, Albert Schweitzer est le premier philosophe moderne à avoir frayé cette voie. Selon Kant (1787), les « noumènes » inconnaissables se tiennent derrière tous les phénomènes que nous appréhendons spatialement et temporellement, au travers de nos « formes intuitives » constitutives et diversement organisées par nos « catégories d'entendement » constitutives. Peut-être Kant s'est-il représenté la raison universelle comme un noumène de ce genre, comme une chose identique, qui est partout la même en tout être raisonnable. Arthur Schopenhauer ([1859] 1961), le philosophe post-kantien duquel Schweitzer a tiré sa propre métaphysique, a identifié un noumène unique à la racine de *tous* les phénomènes – le vouloir-vivre – que nous ne pouvons ni percevoir ni connaître, mais dont nous prenons parfois vivement conscience (comme lorsque nos vies sont menacées). Schweitzer ([1923] 1994, p. 67) écrit ceci :

> Le vouloir-vivre qui m'habite a pris connaissance du vouloir-vivre qui habite les autres. Le vouloir-vivre est traversé par une tendance à s'unifier à lui-même, par un désir de devenir universel (…). Est-ce là le résultat du fait que je me suis rendu capable de prendre pour objet de réflexion la totalité de l'existence [*] ?

S'inscrivant nettement dans la tradition kantienne et post-kantienne, Schweitzer semble plaider en faveur de l'objectivité du

---

[*] Les passages cités d'A. Schweitzer sont extraits de son autobiographie, *Aus meinem Leben und Denken*, Leipzig, Felix Meiner, 1931, traduite en anglais dès 1933. Quelques passages ont été traduits en français dans l'anthologie publiée par Ch. R. Joy, Paris, Payot, 1952.

vouloir-vivre en arguant à la fois de son universalité et de la transcendance réflexive de la subjectivité :

> Comme mon vouloir-vivre contient en lui d'une part l'aspiration à la continuation de la vie et à cette exaltation mystérieuse de la vie qui s'appelle jouir, et d'autre part la peur de l'anéantissement et de cette mystérieuse diminution du vouloir-vivre qui s'appelle souffrir, ainsi en est-il aussi du vouloir-vivre autour de moi, qu'il puisse s'exprimer ou qu'il reste muet. (…) L'homme dont la réflexion a été éveillée ressent l'obligation de respecter tout vouloir-vivre à l'égale du sien. Il ressent l'autre vouloir-vivre dans le sien. Préserver la vie, la favoriser, porter à sa plus haute valeur la vie capable d'un développement, voilà ce qui à son jugement est bon. Anéantir la vie, la léser, la gêner dans le développement dont elle est capable, voilà ce qui est mauvais. Ceci est le principe absolu de la morale, résultant nécessairement de la pensée (Schweitzer [1923] 1994, p. 66)*.

Paul W. Taylor

Sans vouloir diminuer la grandeur de son éthique biocentrique, il faut avouer que Schweitzer était un philosophe amateur, moins sensible aux exigences métaphysiques de la modernité que ne pourrait l'être un philosophe de métier. Paul W. Taylor a la réputation de ne pas s'être laissé troubler par la difficulté qui a tant embarrassé Kant au moment de passer d'une valeur subjectivement conférée à une valeur objective, et d'avoir su fournir une théorie kantienne de la « valeur inhérente » objective dans la nature (pour reprendre la formulation que privilégie Taylor), sans les complications d'une transition obscure d'une valeur subjectivement conférée à une valeur intrinsèque (ou valeur inhérente). Mais il n'en est pas ainsi. En vérité, Taylor, en philosophe moderne accompli, a été troublé par cette difficulté.

---

* Ce passage est traduit (avec des variantes importantes par rapport au texte anglais que cite l'auteur) dans l'anthologie précédemment citée, p. 39-40.

Dans son premier article portant sur l'éthique environne-mentale, il énonce clairement que toute « valeur » est « assignée » (conférée) par des « sujets qui évaluent » (des sujets cartésiens) « qui doivent effectuer l'évaluation » :

> Nous devons garder présent à l'esprit que la valeur inhérente *n*'est *pas* une sorte mystérieuse de propriété objective appartenant aux êtres vivants, qui pourrait être découverte par observation empirique ou par investigation scientifique. (…) Pas davantage n'y a-t-il de connexion logiquement nécessaire entre le concept d'un être possé-dant un bien qui lui est propre et le concept de valeur inhérente. (…) Si nous voulons montrer qu'une telle entité « possède » une valeur inhérente, il nous faut avancer de bonnes raisons pour lui *assigner* ce genre de valeur (pour lui *conférer* ce genre de valeur, pour la *conce-voir* comme étant susceptible d'être évaluée de cette manière). Bien que ce soit les hommes (les personnes, les *sujets qui évaluent*) qui doivent effectuer l'évaluation, du point de vue d'une éthique du respect de la nature, la valeur qui est ainsi assignée n'est pas une valeur humaine. Autrement dit, ce n'est pas une valeur dérivée de considérations concernant le bien-être humain ou les droits des êtres humains. Il s'agit d'une valeur qui est *assignée* aux plantes et aux animaux non humains eux-mêmes, indépendamment de leur rela-tion avec ce que les hommes estiment pouvoir conduire à ce qui est bien pour eux (Taylor, 1981, p. 204 ; c'est moi qui souligne J. B. C.).

Cependant, dans son livre sur l'éthique environnementale, Taylor semble avoir changé d'avis, et la valeur inhérente *est* alors traitée comme « une sorte mystérieuse de propriété objective appar-tenant aux êtres vivants ». Elle est mystérieuse parce que Taylor distingue 1) « le concept de valeur [*worth*] inhérente » du « concept de ce qui est bien pour un être », et 2) le concept de « valeur [*value*] inhérente » et le concept de « valeur intrinsèque », qui sont toutes deux « assignées » (conférées) par des sujets qui évaluent. Contour-nant le Scylla du sophisme naturaliste par le moyen de la première distinction, tout en prenant garde de ne pas tomber entre les griffes du Charybde de la subjectivité au moyen de la seconde distinction, il fait voile en direction de mers inconnues.

En premier lieu, voilà Taylor (1986, p. 71-72) qui s'efforce d'échapper au sophisme naturaliste :

> Le concept de valeur inhérente ne doit pas être confondu avec le concept de ce qui est bien pour un être. Pour mettre en lumière la différence entre les deux, songez au gouffre logique qui s'ouvre entre le fait qu'un être possède un bien qui lui est propre (énoncé qui établit ce qui est) et la thèse selon laquelle il devrait ou ne devrait pas être traité de telle ou telle manière (énoncé qui établit ce qui doit être). On peut bien reconnaître qu'un animal ou une plante possède un bien qui lui est propre tout en niant, de façon pleinement cohérente, que les agents moraux aient le devoir de promouvoir ou de protéger ce bien, ou même le devoir d'empêcher qu'on lui fasse tort.

Selon Taylor, la valeur inhérente permet de surmonter la dichotomie entre ce qui est et ce qui doit être, dichotomie formulée pour la première fois et clairement exposée par David Hume (1739), mais qui dépend de la scission cartésienne entre les sujets les objets. Son raisonnement, qui paraît être ici d'inspiration typiquement kantienne, est le suivant : à la condition que nous réussissions à objectiver la « valeur inhérente », alors les énoncés concernant la *valeur* des êtres qui possèdent une telle valeur seront des énoncés qui établissent ce qui est. Le fait et la valeur seront soudés l'un à l'autre, en sorte que nous puissions passer d'énoncés qui établissent ce qui est à d'autres qui établissent ce qui doit être, en une opération logiquement irréprochable. Exprimé de façon schématique :

bien propre → valeur intrinsèque → devoirs à son endroit.

En second lieu, Taylor s'efforçant de définir deux types de valeur subjectivement conférés, écrit ceci :

> a) *Valeur intrinsèque*. Lorsque les hommes ou d'autres êtres doués de conscience attribuent une valeur positive à un événement ou à une condition de vie qui constitue immédiatement, en soi et pour soi, une expérience plaisante, et lorsqu'ils évaluent cette expérience (considérée comme constituant un bien) en raison du plaisir qu'ils y trouvent, la valeur qu'ils lui attribuent est de nature intrinsèque (…).

b) *Valeur [value] inhérente.* Il s'agit de la valeur que nous attribuons à un objet ou à un lieu (qui accueille une œuvre d'art ou qui est lui-même une œuvre d'art, tel un bâtiment classé monument historique, ou un champ de bataille, une «merveille de la nature», ou bien encore un site archéologique) dont nous estimons qu'il devrait être protégé, non pas en raison de son utilité ou de sa valeur commerciale, mais tout simplement parce qu'il possède une certaine beauté, ou une importance historique, ou une signification culturelle (…). Prenant place aux côtés d'une œuvre d'art, des merveilles naturelles, des monuments historiques, et autres objets inanimés (…), il se peut que les animaux et les plantes sauvages aient une valeur inhérente pour certaines personnes. Il faut toutefois faire remarquer en ce point que, quel que soit le fondement sur lequel puisse reposer la valeur inhérente qui est attribuée, que ce fondement soit d'ordre esthétique, historique, culturel, ou qu'il soit affaire de sentiment personnel, tels l'étonnement ou l'admiration, *la valeur inhérente d'une chose, quelle qu'elle soit, est relative au fait qu'elle est évaluée par quelqu'un et en dépend par là même* (Taylor, 1986, p. 73-74 ; c'est moi qui souligne J. B. C.).

La distinction (on ne peut plus subtile) entre la valeur intrinsèque et la valeur [*value*] inhérente que propose Taylor consiste à réserver la première à la façon dont nous évaluons nos expériences subjectives (par exemple, le *plaisir* qu'une œuvre d'art procure à celui qui la contemple), et à réserver la seconde à la façon dont nous évaluons les *entités* objectives (par exemple, l'œuvre d'art elle-même). Jusqu'ici, tout va pour le mieux. Taylor ne nous a pas encore confrontés à un mystère de la Modernité.

Peut-on en dire autant de la « valeur [*worth*] inhérente » en tant qu'elle est distincte de la « valeur [*value*] inhérente » ? Taylor (1986, p. 75) dit de la « valeur [*worth*] inhérente » qu'elle « est censée n'être attribuée qu'aux entités qui possèdent un bien qui leur est propre ».

Attendez un peu. Que signifie ici « être attribué » ? Cela signifie-t-il que, pas moins que ne le sont les trois espèces de *valeur* [*value*] (instrumentale, intrinsèque et inhérente), ce genre de valeur [*worth*] est conféré, assigné – bref : qu'il est *attribué* (verbe transitif) aux êtres qui possèdent un bien qui leur est propre – si bien que, en l'absence de tout sujet qui l' « attribue », il n'y aurait pas non plus de valeur [*worth*] inhérente? Ou encore, cela signifie-t-il simplement que nous devrions réserver *l'expression* de « valeur [*worth*] inhérente » à la qualification d'une certaine sorte de propriété objective appartenant à des êtres qui ont un bien qui leur est propre?

Il semble que cette dernière interprétation doive être retenue, car Taylor dit clairement que la *valeur* [*worth*] inhérente d'un être ne dépend pas d'un sujet qui l'évalue de façon instrumentale ou de façon inhérente, ou d'un sujet qui évalue l'expérience qu'il en fait de façon intrinsèque. À terme, pour reprendre la formule que Taylor proposait dans son premier article, la thèse défendue dans le livre *Le respect pour la nature* nous met bel et bien en présence d'une « sorte mystérieuse de propriété objective appartenant aux êtres vivants », pour laquelle il ne donne aucune sorte de justification. À l'instar de Kant, il a conscience du problème. Et à l'instar de Kant, il affirme simplement que les êtres qui ont un bien qui leur est propre ont une valeur [*worth*] inhérente, qualité qui existe en quelque façon objectivement, c'est-à-dire indépendamment de tout sujet qui évalue. Et à l'instar de Kant, il consigne cet énoncé en une prose quelque peu équivoque – et qui, pour cette raison même, fait illusion – dans un effort pour jeter un voile sur sa nudité.

Holmes Rolston III

Peut-être que ce qui a mis Taylor dans l'incapacité de trouver un moyen de justifier l'objectivité de la valeur [*worth*] inhérente dans la nature, au point de le contraindre à affirmer de manière simplement dogmatique que la valeur des êtres possédant un bien qui leur est propre est indépendante d'un sujet qui évalue, tient à l'idée que les êtres humains sont les seuls sujets qui évaluent. Il faut rappeler ici que dans l'article intitulé « L'éthique du respect de la nature », Taylor écrit que ce sont les « hommes (les personnes, les sujets qui évaluent) » qui « doivent effectuer l'évaluation ». Dans ce texte, les personnes humaines et les sujets qui évaluent sont donc confondus.

Dans son livre, alors qu'il définit la « valeur intrinsèque » il écrit : « Quand les hommes *ou les autres êtres doués de conscience* confèrent une valeur positive (…) » – en reconnaissant par là qu'il se peut qu'il existe des sujets qui évaluent qui ne soient pas des hommes. Mais quand il en vient à définir la « valeur [*value*] inhérente », il se laisse aller à des expressions qui indiquent que, une fois encore, seuls les êtres humains sont véritablement tenus pour des sujets qui évaluent : la valeur inhérente est la valeur que « *nous* conférons à un objet ou à un lieu » en raison de ce que « *nous* croyons » ; « il se peut les animaux et les plantes sauvages aient une valeur pour *certaines personnes* » ; la valeur inhérente « est relative à et dépend de l'évaluation dont elle fait l'objet par *un sujet* [et non pas par quelque chose] qui évalue ».

Mais si nous parvenions à nous convaincre de la vérité de l'idée selon laquelle tous les êtres vivants se valorisent eux-mêmes, alors, en vertu du procédé adopté par Kant dont il a été question précédemment, leur valeur pourrait au moins être tenue pour fonctionnellement équivalente à la valeur intrinsèque objective (en laissant de côté, cette fois-ci, la façon dont Taylor entend l'expression de « *valeur intrinsèque* », et en revenant à la façon dont elle est couramment entendue en éthique environnementale). C'est le stratagème adopté par Rolston.

Après Darwin, ce n'est pas un acte de foi bien spectaculaire que de croire que d'autres êtres *conscients* – les êtres atteints d'idiotie tout comme les êtres humains rationnels, tous les autres primates, tous les autres mammifères, et peut-être tous les autres vertébrés – puissent se valoriser eux-mêmes de façon intrinsèque. À cette sorte d'indistinction, que semble bien entériner la théorie de Taylor, entre les sujets qui évaluent et les êtres humains, Rolston (1994, p. 160) répond avec une certaine ironie :

> Nul doute que les lémuriens désapprouveraient pareille théorie, dans la mesure où (…) ils valorisent leur propre vie de façon intrinsèque pour ce qu'ils sont en eux-mêmes (…). Les lémuriens ne peuvent pas se valoriser eux-mêmes consciemment (…) mais ils peuvent démontrer par leur façon de se comporter ce qu'ils valorisent.

Dont acte. Mais comment tous les êtres qui sont purement et simplement en vie pourraient-ils se valoriser eux-mêmes ? Réussir à nous persuader de la vérité de cette idée – tel est le tour de force de Rolston.

Pour s'adapter, survivre, ou se reproduire, les plantes et autres organismes dépourvus de toute conscience déploient des stratégies qui ont de la valeur pour eux-mêmes. Pareille valeur est, à n'en pas douter, une valeur instrumentale. Parmi ces stratégies, quelques-unes ont aussi une valeur instrumentale pour les êtres humains – par exemple, l'enveloppe comestible des graines d'angiospermes – ; de même, il est bien connu que le nectar de certaines fleurs a une valeur instrumentale pour les chauves-souris, pour quelques oiseaux et insectes. Mais toutes ces stratégies – d'adaptation, de survie, de reproduction sont, d'abord et avant tout, valorisées par les plantes mêmes qui les mettent en œuvre. Or en vertu de la preuve téléologique de l'existence de la valeur intrinsèque, l'existence de la valeur instrumentale implique l'existence de la valeur intrinsèque.

Quant aux plantes, à bien y regarder, elles ne sont pas aussi passives qu'il y paraît. La plupart d'entre elles luttent contre les autres, en une rivalité dont la lumière du soleil est l'enjeu. Les racines de beaucoup d'entre elles excrètent des produits toxiques pour décourager les compétiteurs. Certaines sont même activement carnivores. Toutes se reproduisent elles-mêmes. Chacune a un bien qui lui est propre.

> Une vie se défend elle-même pour ce qu'elle est en elle-même, sans qu'il soit besoin de faire entrer en ligne de compte aucune autre référence que cette vie même (…). Ceci signifie *ipso facto* que la valeur, aussi bien au sens biologique qu'au sens philosophique du mot, est une valeur intrinsèque parce qu'elle est à inhérente à…, parce qu'elle a son lieu dans l'organisme lui-même (Rolston, 1994, p. 173).

Regardons maintenant de plus près ce que Rolston est réellement parvenu à accomplir. Une plante qui s'efforce d'exister, qui a de la valeur pour elle-même, est une fin en soi. Elle a un bien qui lui est propre, en fonction duquel la diversité de ses stratégies de survie et de reproduction a de la valeur pour elle. Pourtant elle n'est pas consciente. En conséquence, il n'est pas possible d'affirmer que si, à l'instant, toute conscience était annihilée, toute valeur disparaîtrait du même coup. Il semble donc que la valeur n'est pas nécessairement subjective en ce sens où elle dépendrait, pour exister, de l'acte intentionnel d'un sujet cartésien – c'est-à-dire d'un sujet conscient. Mais à ce compte, la valeur intrinsèque telle que la conçoit Rolston est-elle pleinement objective ?

Pas vraiment. Admettons par hypothèse que toutes les formes de vie – qu'elles soient inconscientes ou conscientes – soient brutalement annihilées et que seuls existent des atomes et des molécules, qui ne soient organisés qu'en entités non vivantes, comme les étoiles ou les rochers. Dans de telles conditions, ainsi que le reconnaît Rolston, l'argument qu'il a avancé pour démontrer l'existence objective de la valeur intrinsèque – qui repose, à l'instar de celui que proposait Kant, sur une certaine capacité à se valoriser soi-même – ne tient pas. Même pour Rolston, la valeur est d'abord et avant tout un verbe ; ce qui est important, c'est de comprendre qu'il n'est nullement nécessaire que le sujet syntaxique qui effectue la valorisation soit un sujet psychologique. C'est bien pourquoi Rolston s'emploie à justifier de façon convaincante l'idée selon laquelle la valeur intrinsèque dans la nature ne dépend pas nécessairement d'un sujet conscient – et ne dépend assurément pas d'un sujet humain. Mais, ce faisant, il n'a pas montré que la valeur intrinsèque peut exister indépendamment d'une espèce quelconque de sujet qui se valorise lui-même.

Il n'empêche que la réussite de l'entreprise philosophique de Rolston a quelque chose de tout à fait extraordinaire. Car tout en faisant l'économie d'une contestation explicite des hypothèses fondatrices de la métaphysique moderne léguées à la pensée occidentale par Descartes, Rolston a affranchi la valeur intrinsèque de toute dépendance, non seulement à l'égard d'un sujet humain conscient de soi, mais encore à l'égard de tout sujet animal conscient.

La théorie non subjectiviste (ce qui ne signifie pas pour autant qu'elle soit pleinement objective) de la valeur intrinsèque dans la nature que propose Rolston n'est toutefois pas plus adéquate, aux fins de réalisation d'une éthique environnementale, que toutes les autres versions existantes de biocentrisme. Car, en l'absence de toute argumentation supplémentaire, nous en restons à une éthique environnementale qui n'accorde de statut moral qu'aux seuls organismes individuels. Or l'éthique environnementale a peu de choses à voir avec le bien-être de punaises, d'arbrisseaux ou de vers de terre *individuels*, et a en revanche tout à voir avec de vastes ensembles (tels que les espèces et les écosystèmes) et avec les aspects abiotiques de la nature (tels que l'atmosphère et l'océan).

Rolston (1994, p. 177) a conscience de cette limitation du biocentrisme, et ce n'est pas son moindre mérite que d'en faire l'aveu en toute franchise :

> La valeur instrumentale se sert d'une chose comme d'un moyen en vue d'une fin ; la *valeur intrinsèque* vaut en elle-même. Une fauvette se sert d'insectes de façon instrumentale en tant que ressource nutritive ; la fauvette défend sa propre vie comme une fin en soi et se reproduit aussi souvent qu'elle en a l'occasion. Une vie se défend pour ce qu'elle est en elle-même, de façon intrinsèque, sans qu'il soit besoin de faire entrer en ligne de compte aucune autre référence que cette vie même. Mais aucun de ces termes traditionnels n'est satisfaisant au niveau de l'écosystème (…). Il n'y a plus place à ce niveau pour une valeur instrumentale, comme si le système lui-même pouvait être valorisé de façon instrumentale au titre de fontaine de vie. La question ne se pose pas davantage dans les termes d'une valeur intrinsèque, comme si le système défendait une forme unifiée quelconque de vie pour lui-même.

C'est pour cette raison que j'ai personnellement choisi de ne pas essayer de m'inscrire à la suite de Kant et de ceux de ses héritiers qui ont opté en faveur d'une éthique biocentrique, et donc de ne pas reprendre à mon compte le projet qui consiste à faire surgir, comme par magie, la valeur intrinsèque de la capacité des sujets à se valoriser eux-mêmes et à se rendre compte que d'autres se valorisent comme ils le font eux-mêmes. J'ai préféré proposer que nous fondions l'éthique environnementale sur la capacité qui est la nôtre, en tant qu'hommes, à valoriser les entités naturelles non humaines pour ce qu'elles sont – indépendamment à la fois des services qu'elles peuvent nous rendre, et de la question de savoir si, oui ou non, elles sont capables de se valoriser elles-mêmes. Et ceci, nous pouvons le faire aussi longtemps que nous avons de bonnes raisons d'attribuer à quelque chose une valeur intrinsèque, quoi qu'il en soit de la nature exacte de l'objet de notre acte intentionnel. Nous pouvons valoriser des espèces (telle celle des *Cyprinodon diabolis*), des écosystèmes (tel le *Cedar Bog Lake* au Minnesota), des océans, l'atmosphère, la biosphère – tous et chacun pour ce qu'ils sont en eux-mêmes ainsi que pour leur utilité.

Je m'empresse d'ajouter, pour finir, que Rolston (1988 ; 1994) a soin de compléter son biocentrisme par d'autres types de valeurs taillées à la mesure des vastes ensembles : « la valeur systémique » et la « valeur projective » jouent ce rôle. Mais une analyse de ces types de valeur nous mènerait au-delà des limites de cette discussion.

ÉLÉMENTS POUR UNE THÉORIE POSTMODERNE DE LA VALEUR INTRINSÈQUE DANS LA NATURE

Selon Rolston (1994, p. 193-194),

> la position que défendent les subjectivistes résolus ne peut pas être réfutée au moyen d'arguments, bien qu'on puisse les pousser du côté de l'analyse. Ils s'en tiennent tellement à l'expérience intérieure qu'il est difficile de montrer qu'ils se cachent derrière une définition. Ils s'en tiennent à la façon dont nous sommes toujours motivés par les valeurs. Partant de là, ils fabriquent de toutes pièces une définition permettant de caractériser cette expérience. Et c'est ainsi qu'ils décident d'utiliser le mot de *valeur*.

Je pense que cette présentation est erronée. Ceux qui défendent l'idée selon laquelle la valeur est subjectivement conférée ne fabriquent pas de toutes pièces une définition, pas davantage qu'ils n'optent à titre personnel en faveur de telle ou telle terminologie ; ils reprennent à leur compte, bien plutôt, un principe qui est au fondement de la modernité. Rolston est convaincu que sa théorie réussit à établir l'existence objective de la valeur intrinsèque – ce à quoi, de fait, il parvient, si l'on s'en tient à sa façon de comprendre la solution de rechange subjectiviste. Les subjectivistes, selon Rolston, croient que pour que la valeur existe, il faut en avoir *fait l'expérience*, comme c'est le cas pour une sensation, un chatouillement par exemple : en l'absence de tout *sujet qui en fait l'expérience* (en l'absence de tout sujet *conscient*), il ne peut y avoir ni sentiment ni valeur.

Mais comme mon analyse le montre, la valeur, d'un point de vue moderne, n'est pas en premier lieu une *expérience* subjective, mais elle est le fait de *l'acte intentionnel* d'un sujet. En l'absence de tout sujet *intentionnel*, il ne peut y avoir de valeur. Or il se peut que certains actes intentionnels, même ceux des sujets hautement évolués capables de prendre conscience d'eux-mêmes, ne soient pas expérimentés comme tels. Un coureur de jupons, par exemple, peut ne pas prendre conscience de l'amour qu'il porte à sa femme avant que celle-ci ne le quitte. Ce qui rend si convaincante la façon dont la théorie biocentrique de Rolston établit l'existence de la valeur intrinsèque tient précisément à ce que l'on peut se figurer les organismes non conscients comme des êtres capables de se valoriser eux-mêmes, sans que la possibilité leur soit donnée pour autant de faire l'expérience de l'acte par lequel ils se valorisent eux-mêmes.

Une théorie postmoderne établissant l'existence de la valeur intrinsèque dans la nature est difficile à élaborer, parce que nous vivons à une époque où la transition de la modernité vers quelque chose d'autre est encore, dans une large mesure, en cours. Ce que peut être cette autre chose vers laquelle nous nous acheminons, nul ne le sait vraiment ; c'est pourquoi nous avons baptisé cet interrègne du nom de « postmodernité », sans plus de précision. Ce qui est sûr, c'est que, qu'on l'envisage depuis la perspective de la nouvelle physique ou depuis celle de la théorie littéraire, le décentrement, la déconstruction du sujet cartésien sont au cœur de la postmodernité.

Le principe d'incertitude de Heisenberg en physique quantique subvertit le rigoureux clivage cartésien entre les sujets et les objets. D'un côté, le sujet de la connaissance est, pour ainsi dire, « physicalisé », réifié – dans la mesure où l'information ne peut être enregistrée qu'à la condition que se produise un échange d'énergie entre l'objet et le sujet de la connaissance, et l'énergie ressortit à la face objective du partage cartésien. D'un autre côté, l'objet connu est subjectivisé – dans la mesure où l'acte d'observation, qui suppose nécessairement une intervention physique au sein du domaine micro-atomique, produit une perturbation, un changement dans le système observé.

C'est sur ces bases que j'ai proposé par ailleurs une théorie de la valeur intrinsèque dans la nature qui confère à la valeur le statut d'une propriété potentielle susceptible, au même titre que toute autre propriété naturelle, d'être actualisée par un sujet qui observe/ un sujet qui valorise entrant en rapport avec elle (Callicott, 1985). Conformément à cette façon de voir, la valeur intrinsèque ne peut pas être dite pleinement objective, pas plus que ne le sont les qualités que l'on appelait jadis « premières », telles que la position et la vitesse. Bryan Norton a objecté à cette approche postmoderne de l'existence de la valeur intrinsèque dans la nature d'être encore prisonnière de la distinction cartésienne entre les sujets et les objets (Norton, 1992).

Rolston ne se présente jamais lui-même sous les traits d'un postmoderne. Et sa théorie non subjectiviste de la valeur intrinsèque dans la nature est compatible, comme nous l'avons montré, avec les principes qui sont au fondement de la vision du monde moderne, dans la mesure où elle repose sur l'acte intentionnel (inconscient) d'un organisme qui se valorise lui-même. Remarquez quand même qu'en exposant sa position, Rolston a déconstruit le sujet cartésien. Il a établi un continuum, une sorte de pente glissante, conduisant de sujets humains se valorisant eux-mêmes pleinement, aux lémuriens considérés comme des sujets valorisants quasi-conscients d'eux-mêmes, puis aux fauvettes, sujets valorisants doués de conscience mais à peine conscients d'eux-mêmes, et enfin au Trillium qui regroupe des formes de vie plongées dans la plus profonde inconscience. Par étapes progressives, la subjectivité du sujet ne cesse de s'éroder jusqu'à ce que nous atteignions, avec les plantes, le plan des non-sujets capables de s'attribuer une valeur.

Rolston (1994, p. 173-74) ne se contente pas de déconstruire le sujet cartésien, la grande histoire dont il fait la narration – dans laquelle prend place sa théorie de la valeur intrinsèque –, a pour effet de décentrer également le sujet ainsi déconstruit :

> Les choses n'ont pas, chacune pour leur propre compte, une nature qui leur est propre et qui est séparée de celle des autres, mais elles se font face les unes aux autres dans le monde et composent les unes avec les autres des natures plus larges (…). La valeur intrinsèque, celle qui appartient à un individu « en vertu de ce qu'il est en lui-même », devient problématique dans un réseau holistique. En vérité, un accroissement de rendement en termes de production de valeurs intrinsèques se constate au fur et à mesure que le système évolue vers des formes d'existence individuelles et libres. Cela dit, dissocier cette évolution globale de l'évolution du système de la communauté biotique lui-même, c'est prendre le risque de faire de la valeur quelque chose de trop interne et de trop élémentaire. Toute valeur intrinsèque comporte des conjonctions porteuses et conductrices faisant signe en direction de la valeur d'où elle provient et vers laquelle elle se meut. La capacité adaptive rend la valeur individuelle trop indépendante du système. La valeur intrinsèque est la partie d'un tout, qui ne doit pas être fragmentée en la valorisant de façon isolée.

Cette remarque, et d'autres de la même veine, conduisent à la théorie que propose Rolston de la valeur « systémique ». Mais ces mêmes remarques peuvent également être lues, ainsi que j'en fais la suggestion, comme le prélude d'une théorie postmoderne de la valeur intrinsèque dans la nature. Rolston, à la fois, déconstruit et décentre le sujet cartésien. D'abord il tire la subjectivité du sujet jusqu'à son point d'évanouissement. Ensuite, il chasse le sujet du centre du tableau. L'organisme qui s'attribue de la valeur est situé dans un contexte en dehors duquel il perd toute signification.

Il se peut que le sujet cartésien – à l'instar de la forme platonicienne du Bien, ou à l'instar de l'Intellect agent d'Aristote – devienne un jour une curiosité historique, ayant perdu toute emprise sur l'esprit occidental. À l'heure actuelle, il est encore impossible de prévoir ce qui pourrait prendre sa place, en cette époque de transition où nous vivons, où un paradigme le cède à l'autre – en ce point charnière où la vision du monde moderne tire sa révérence et où une autre, quoiqu'à l'état d'ébauche, émerge petit à petit, et dont seul le développement à venir lui permettra d'avoir une identité distincte.

Indications bibliographiques

CALLICOTT J. B., « Intrinsic Value, Quantum Theory, and Environmental Ethics », *Environmental Ethics*, 7 (1985), p. 275-285.

EHRENFELD D. W., « Why Put a Value on Biodiversity? », dans E. O. Wilson (ed.), *Biodiversity*, Washington, National Academic Press, 1988, p. 212-216.

FOX W., « What Does The Recognition on Intrinsic Value Entail? », *Trumpeter*, 10 (1993), p. 101.

HUME D., *A Treatise of Human Nature* [1739], Oxford, Clarendon Press, 1960.

KANT I., *Kritik der Reinen Vernunft*, Riga, Johann Friedrich Hartknoch, 1787.

– *Foundations of the Metaphysics of Morals* [1785], traduction anglaise L. W. Beck, New York, Bobbs-Merrill, 1959.

LEOPOLD A., *Round River. From the Journals of Aldo Leopold*, New York, Oxford University Press, 1953.

NORTON B. G., « Commodity, Amenity, and Morality: The Limits of Quantification in Valuing Biodiversity », dans E. O. Wilson (ed.), *Biodiversity*, Washington, National Academy Press, 1988, p. 200-205.

– *Toward Unity Among Environmentalists*, New York, Oxford University Press, 1991.

– « Epistemology and Environmental Value », *Monist*, 75 (1992), p. 208-226.

PISTER Ed. P., « Desert Pupfishes : Reflection on Reality, Desirability, and Conscience », *Fisheries*, vol. 10, 6 (1985), p. 10-15.

– « A Pilgrim's Progress from Group A to Group B », dans J. B. Callicott, (ed.), *Companion to « A Sound County Almanach » : Interpretative and Critical Essays*, Madison, University of Wisconsin Press, 1987, p. 221-232.

RAUP D. M., « Diversity Crises in the Geologic Past », dans E. O. Wilson (ed.), *Biodiversity*, Washington, National Academy Press, 1988, p. 51-77.

– *Extinction : Bad Genes or Bad Luck ?*, New York, W. W. Norton, 1991.

— SEPKOSKI J. J., « Periodicity of Extinctions in the Geologic Past », *Proceedings of the National Academy of Sciences USA*, 81 (1984), p. 801-805.

REGAN T., « An Examination and Defense of One Argument Concerning Animal Rights », *Inquiry*, 22 (1979), p. 189-219.

– « The Nature and Possibility of an Environmental Ethic », *Environmental Ethics*, 3 (1981), p. 19-34.

ROLSTON III H., « Is There an Ecological Ethic ? », *Ethics*, 85 (1975), p. 93-109.

– *Environmental Ethics : Duties to and Values in the Natural World*, Philadelphia, Temple University Press, 1988.

– *Conserving Natural Value*, New York, Columbia Press, 1994.

ROUTLEY R., « Is There a Need for a New, an Environmental Ethic ? », dans *Proceedings of the Fifteenth World Congress of Philosophy*, Sophia (Bulgarie), Sophia Press, 1973, p. 205-210.

— ROUTLEY V., « Human Chauvinism and Environmental Ethics », dans D. Mannison, M. McRobbie et R. Routley (ed.), *Environmental Philosophy*, Canberra, Australian National University, 1980, p. 96-189.

SCHOPENHAUER A., *The World as Will and Idea* [1859], traduction anglaise R. B. Haldane et J. Kemp, Garden City, Doubleday, 1961.

SCHWEITZER A., *Philosophy and Civilization* [1923], traduction anglaise J. Naish, quelques passages choisis ont été publiés dans *Environmental Ethics : Reading in Theory and Application*, L.P. Pojman (ed.), Boston, Jones & Bartlett, 1994, p. 65-71.

TAYLOR P. W., «The Ethics of Respect for Nature», *Environmental Ethics*, 3 (1981), p. 194-218.

– *Respect for Nature. A Theory of Environmental Ethics*, Princeton, Princeton University Press, 1986.

WILSON Ed. O., «The Current State of Biological Diversity», dans E. O. Wilson (ed.), *Biodiversity*, Washington, National Academy Press, 1988, p. 3-18.

PRAGMATISME, PRÉSERVATION ET RESTAURATION

INTRODUCTION

Au printemps 1998, vingt ans se sont déjà écoulés depuis que l'éthique environnementale s'est imposée comme champ d'investigation philosophique à part entière, vingt ans que son organe officiel d'expression, la revue *Environmental Ethics* publie au rythme de quatre livraisons annuelles des articles influents dans lesquels la plupart des questions fondamentales ont été clarifiées.

Dans l'éditorial qu'il signe à l'occasion du vingtième anniversaire de la revue qu'il a fondée, Eugene C. Hargrove rappelle à juste titre que *Environmental Ethics* aura longtemps été la seule revue en son genre, et qu'elle demeure encore, d'une certaine manière, la seule à couvrir la totalité du champ de l'éthique environnementale[1]. Mais au-delà du simple constat qu'il fait de la multiplication des revues spécialisées et des associations internationales d'éthique environnementale, Hargrove indique de manière intéressante la cause probable de cet état de fait : à savoir, le sentiment partagé par un nombre croissant d'environnementalistes que la cause écologique est mal défendue par les éthiciens de l'environ-

---

1. E.C. Hargrove, « After Twenty Years », *Environmental Ethics*, vol. 20, 4 (1998), p. 339-340. En 1983, la revue dirigée par A. Drengson, *The Trumpeter. Journal of Ecosophy*, voit le jour, mais elle se consacre exclusivement à la *deep ecology*; en 1992 paraît le premier numéro de la revue *Environmental Values*, mais sa production demeure irrégulière et certains numéros ne comptent que deux articles; d'autres revues paraîtront par la suite, *Ethics and the Environment* (fondée en 1995), etc.

nement, qui s'enlisent dans leurs interminables débats théoriques pendant que les forêts d'Amazonie continuent de brûler.

Le paradoxe veut en effet que le pays qui aura vu se développer une réflexion d'une ampleur sans précédent sur l'éthique de l'environnement soit celui-là même qui se sera distingué, dans le même temps, par l'irresponsabilité de sa politique environne-mentale, elle-même très étrangement en régression par rapport à la législation environnementale héritée des décennies précédentes[1].

C'est peu dire qu'on est loin du compte et que l'éthique environnementale est remarquablement inefficace. Il en va ici de deux choses l'une : soit les penseurs de l'éthique environnementale cherchent véritablement à guider l'action politique en matière d'environnement en la pliant à des règles et en lui conférant une certaine rationalité, et dans ce cas-là leur échec en ce domaine jusqu'à ce jour doit les inviter, tout d'abord, à s'interroger sur ce qui, dans leur façon de poser les problèmes et de les traiter, les en a empê-chés, puis à adapter leur stratégie discursive à la réalité de la chose politique ; soit les penseurs de l'éthique de l'environnement déci-dent de poursuivre leurs querelles métaphysiques sur le statut de la valeur intrinsèque des entités du monde naturel, sur la considérabi-

---

1. Sur l'histoire de la politique américaine de l'environnement, voir F. Duban, *L'écologisme aux États-Unis : histoire et aspects contemporains de l'environnemen-talisme américain*, Paris, L'Harmattan, 2000. Rappelons que sous la présidence de Roosevelt, une politique de gestion des ressources naturelles avait été entreprise, qui donnera lieu à la promulgation de nombreuses lois environnementales (*Taylor Grazing Act* en 1934, *Soil Conservation Act* en 1935, etc.), et à la création d'organi-sations assurant la protection de l'environnement (*Wilderness Society* en 1935, *National Wildlife Federation* en 1936, etc.). Le sommet de l'environnementalisme américain se situe dans la période allant du début des années 1960 à la fin des années 1970, l'administration Reagan initiant un déclin qui n'aura cessé de s'accuser depuis, pour atteindre le niveau zéro de l'écologisme sous la présidence de G.W. Bush. Sur ce point, voir Ph. Shabecoff, *A Fierce Green Fire. The American Environmental Move-ment*, New York, Hill & Wang, 1994, p. 202-230 (sur l'administration Reagan), et O. Delbard, *Prospérité contre écologie ? L'environnement dans l'Amérique de G.W. Bush*, Paris, Lignes de repères, 2006.

lité morale des écosystèmes et autres disputes sur le sexe des anges, et dans ce cas il faut qu'ils se demandent une bonne fois pour toutes si le problème de la crise écologique actuelle les préoccupe vraiment.

Cet argument, dont la formulation nous semble correspondre à une sorte de tournant dans l'histoire de l'éthique environnementale anglo-américaine, a été énoncé pour la première fois, non pas vingt ans après la fondation de la revue *Environmental Ethics*, mais dès le milieu des années 1980, par Bryan G. Norton, qui donna ainsi le coup d'envoi d'un vaste courant de réflexion, aujourd'hui prépondérant : le *pragmatisme écologique*[1].

La thèse que défend Norton dans l'article par lequel s'ouvre cette section énonce que ce qui compte en matière d'environnement, ce sont moins les prises de position de principe que l'élaboration de schémas rationnels d'aide à la décision qui permettent aux différents acteurs de s'entendre sur ce qui doit être fait, en déterminant concrètement les mesures politiques qu'il convient de mettre en œuvre. Pour cette raison, il importe, selon lui, d'en finir au plus vite avec les conflits ouverts, opposant l'homme à la nature, les humanistes aux écocentristes, les partisans de l'écologie superficielle à ceux de la *deep ecology*, pour réaliser l'accord le plus large possible sur les mêmes valeurs.

---

1. Il existe au moins trois types de « pragmatisme » environnemental. Le premier renvoie à une lecture des pères fondateurs du pragmatisme américain visant à dégager la contribution qu'ils peuvent apporter à l'élaboration d'une éthique environnementale : ici, J. Dewey est l'auteur qui a été nettement privilégié, W. James se prêtant, semble-t-il, moins aisément à cet exercice. Le second s'inspire de ce courant de pensée, sans se réclamer d'aucun auteur en particulier (c'est le cas de Norton, même si les références à Peirce se font plus fréquentes sous sa plume depuis quelques années). Le troisième cherche à rapprocher le champ de l'éthique environnementale de celui du néo-pragmatisme contemporain (représenté par R. Rorty, R. Bernstein, S.Fish *et alii*). La nébuleuse pragmatique comporte encore de nombreuses différenciations internes, entre ceux qui défendent un point de vue anthropocentrique (comme Norton) et ceux qui ne le font pas, ceux qui invitent à se passer de toute référence au concept de valeur intrinsèque (à la façon de Norton) et ceux qui défendent une conception pragmatique de la valeur intrinsèque, etc.

L'attention de Norton se concentre plus particulièrement sur une opposition insistante en éthique environnementale : à savoir celle qui dresse face à face les partisans d'une éthique anthropocentrique et les partisans d'une éthique non anthropocentrique. Outre les effets dommageables qu'elle engendre en tant qu'elle divise entre eux les éthiciens de l'environnement et paralyse leur action concertée et efficace, cette polémique lui semble des plus stériles dans la mesure où le concept majeur d'*intérêt humain* (ou d'utilité humaine), sur lequel elle repose tout entière, est laissé dans un état de grande indétermination. Tout se passe en effet comme s'il n'existait pour l'homme d'autre utilité que celle qui se satisfait dans la consommation immédiate des biens de la nature (matières premières, produits agricoles, etc.), et qui implique donc une destruction sans délai. C'est faire peu de cas des nombreux biens de consommation qui dépendent des services écologiques fournis par la nature (pollinisation, recyclage, fixation des nitrates, régulation homéostatique, etc.) que nous avons tout intérêt à maintenir en activité et à protéger activement, pour la bonne raison qu'en leur absence nous n'aurions très rapidement plus aucun accès à un quelconque bien de consommation. Il existe donc une utilité qui suppose, non pas la destruction, mais la conservation de l'objet utile, parce qu'en ce cas la conservation est une condition de la satisfaction des intérêts humains.

Si, à présent, nous élargissons notre perspective pour prendre en considération les multiples intérêts (esthétique, moral, spirituel ou scientifique) que la nature peut également revêtir au regard de l'homme – intérêts dont la satisfaction exige que les « objets » concernés soient écartés des besoins et des exigences consuméristes de la vie quotidienne –, alors on comprendra que des programmes de protection de la nature sont parfaitement justifiables du point de vue d'une conception suffisamment ample de la valeur instrumentale anthropocentrique.

Mieux encore : il faut reconnaître que ce dernier point de vue jouit d'une indéniable supériorité pratique, d'une part parce qu'il est le mode de justification le plus répandu chez les environnemen-

talistes, et constitue à ce titre un espace d'interlocution immédiatement commun au sein duquel le débat pourra s'engager, et d'autre
part parce qu'en neutralisant la controverse axiologique entre
valeur intrinsèque et utilité humaine, il permet de laisser à la
subjectivité de chacun le choix en faveur de telle ou telle option
philosophique, et donc de déplacer le débat sur le terrain des
modalités rationnelles d'action environnementale[1].

En ce sens, le pragmatisme environnemental que défend Bryan
Norton a pour corollaire la reconnaissance de la validité de deux
types distincts de pluralisme méthodologique, que l'on pourrait
appeler un pluralisme théorique et un pluralisme métathéorique[2].

Le premier admet l'existence d'une multiplicité de modèles
théoriques mutuellement incommensurables permettant de fonder
la considérabilité morale des entités du monde naturel, qui restent
théoriquement distincts tout en revenant pratiquement au même
– par exemple, le modèle qui s'appuie sur le critère de la sensibilité animale (à la manière de Peter Singer) pour justifier que les
animaux fassent l'objet d'une considération morale, ou bien celui
qui se réfère à la détermination de toute individualité organique
comme centre téléologique de vie (à la manière de Paul Taylor).

Le second type de pluralisme admet la possibilité que plusieurs
théories morales divergentes, qui ne s'accordent pas même sur

1. Dans une étape ultérieure de sa réflexion, l'auteur reformulera cet ensemble
d'idées sous le nom de «principe de convergence», en entendant par là qu'entre
partisans de la valeur intrinsèque et tenants de l'anthropocentrisme, il y a, malgré les
oppositions sur le principe de la valeur, une double convergence, qui est d'une part
pratique (quant aux mesures préconisées et aux stratégies d'action), et d'autre part
axiologique (en raison de la possibilité de prendre en considération des valeurs que
l'anthropocentrisme étroit ignore). D. Birnbacher a défendu peu de temps après des
idées analogues: voir «Éthique utilitariste et éthique environnementale – une mésal-
liance?», *Revue philosophique de Louvain*, 3 (1998), p. 427-446, et «Existe-t-il des
valeurs universelles vis-à-vis de l'environnement?», *Géographie et cultures*, 37
(2001), p. 23-35.

2. Cette distinction est proposée par A. Light et E. Katz dans leur introduction
au remarquable volume collectif *Environmental Pragmatism*, London-New York,
Routledge, 1996, p. 4.

la détermination des enjeux d'une éthique de l'environnement, puissent néanmoins travailler de concert dans le cadre d'une unique entreprise morale – ce qui arrive lorsque, par exemple, les écoféministes et les environnementalistes écocentriques travaillent main dans la main pour assurer la sauvegarde des mêmes habitats naturels, même si leur engagement pratique respectif repose sur des considérations théoriques très différentes.

Cela étant dit, le fait que la plupart des pragmatistes reprennent à leur compte, sous une forme ou sous une autre, une thèse de type pluraliste ne signifie ni que ces deux positions s'impliquent logiquement, ni que le pluralisme soit une condition nécessaire et/ou suffisante du pragmatisme. Quelques-uns des adversaires résolus du pragmatisme environnemental, en jouant la carte du monisme moral contre le pragmatisme, ont pu laisser croire à tort que le pluralisme était indissociable du pragmatisme et que le rejet de l'un impliquait l'abandon de l'autre[1]. Or il est tout à fait possible de défendre un point de vue pluraliste, en refusant de réduire toutes les valeurs morales à un seul type de valeur ou à un seul type d'évaluation, sans pour autant adopter la conception pragmatique de la vérité ou une forme quelconque d'épistémologie pragmatique. C'est précisément ce qu'entreprend de faire Christopher D. Stone dans le second article qui figure dans cette section[2].

1. Nous songeons notamment à J. Baird Callicott, qui a multiplié les objections contre les deux courants de pensée, sans toujours bien les distinguer : voir les essais correspondant aux chapitres 2, 3, 8 et 9 de son livre, *Beyond the Land Ethic. More Essays in Environmental Philosophy*, New York, SUNY Press, 1999.

2. Certains passages de l'article de Ch. Stone (comme celui où est soulignée l'utilité de diversifier les angles d'attaque pour analyser et résoudre certaines difficultés morales) peuvent donner à penser que le pluralisme est une stratégie pragmatique de construction de théories en matière morale, plutôt qu'une caractéristique essentielle de toutes les théories morales en tant qu'une théorie est d'autant plus puissante que certains problèmes restent, pour elle, indécidables. Mais si on lit cet essai avec ceux qui ont été repris dans le recueil d'articles de l'auteur intitulé *Earth and Other Ethics. The Case for Moral Pluralism*, New York, Harper & Row, 1987, il n'est pas douteux que la seconde interprétation doive prévaloir.

Une position pluraliste se reconnaît à ceci qu'elle défend les trois thèses suivantes.

En premier lieu, une éthique environnementale pluraliste reconnaît l'existence d'une multiplicité de valeurs naturelles, telles que les valeurs de diversité biologique, de stabilité des écosystèmes, de la beauté des entités du monde naturel, etc., en soulignant qu'elles ne cessent d'interagir les unes avec les autres de diverses manières.

En second lieu, une théorie pluraliste fait valoir que ces différentes catégories de description sont irréductibles à un procédé unique d'évaluation de la nature (par exemple, celui selon lequel les valeurs naturelles sont des valeurs instrumentales qui contribuent au bien-être des êtres vivants dont la survie constitue une valeur intrinsèque, ou encore la méthode économique des évaluations contingentes).

Enfin, le pluraliste conséquent tire la conclusion que, compte tenu de la difficulté de rendre compte des différentes formes de valeur à l'intérieur d'un unique cadre théorique, et compte tenu également du fait que la moralité implique plusieurs activités distinctes (incluant le choix entre différentes lignes de conduite, l'éloge ou le blâme des agents, l'évaluation des institutions, etc.), il n'est pas possible de régler les multiples problèmes moraux que nous rencontrons (concernant d'autres êtres humains, des formes de vie animale, des composantes de l'environnement) au moyen d'une seule théorie morale, et qu'il importe d'encourager la formation de théories d'évaluation différentes, en s'efforçant de se laisser guider par la théorie normative qui semble s'ajuster le mieux à la situation. Aussi est-il souhaitable qu'une politique écologique prenne ses décisions en fonction du principe d'utilité ; les relations intersubjectives doivent, quant à elles, rester sous la dépendance de l'impératif catégorique ; etc.

On objectera que pareille position « menace de conduire à un relativisme moral de la plus belle eau » – ce dont Stone se défend vigoureusement :

Il se peut qu'il y ait des solutions qui soient « tout à fait correctes », et non pas seulement des réponses relativement correctes, mais le moyen de mettre de telles réponses au jour est de se référer, non pas à un principe unique, à une constellation unique de concepts, etc., mais à différentes théories distinctes, chacune étant appropriée à son propre domaine d'entités et/ou d'activités morales (évaluer les caractères, classer les options de conduite, etc.).

L'auteur explique que nous n'avons aucune raison de penser que, dans le cadre d'une théorie morale pluraliste, les situations de conflit entre différentes décisions soient appelées à se multiplier : tout d'abord parce qu'il n'est la plupart du temps pas nécessaire de recourir à plus d'une théorie morale à la fois ; ensuite parce que, dans les cas où plusieurs théories sont effectivement sollicitées, il est fréquent qu'elles mènent toutes à la même conclusion morale ; et enfin parce que les cas inévitables de conflit de devoirs demeurent suffisamment rares pour ne pas contraindre à renoncer à la méthode d'approches plurielles, et parce qu'ils sont le lot de toutes les théories morales. Ainsi, c'est sans doute trop exiger de la part d'une philosophie que de lui demander de fournir des réponses univoques à toutes les difficultés morales que l'on est susceptible de rencontrer.

Selon Stone, seuls les pluralistes moraux prennent vraiment la mesure de la complexité de l'univers moral, et ils sont les seuls à en tirer les conséquences philosophiques. Pour cette raison, à l'heure où certains s'efforcent d'étendre le champ de considération morale aux êtres vivants, aux plantes, voire à l'ensemble des écosystèmes qui composent notre environnement naturel, le pluralisme semble bien constituer une voie privilégiée, et même une voie royale, pour l'élaboration d'une éthique environnementale.

Le pluralisme de Stone et le pragmatisme de Norton partagent, comme on le voit, une méfiance commune à l'endroit de ce qu'ils perçoivent comme un blocage dogmatique des théories morales monistes, qui leur ôte les moyens d'être d'un quelconque secours pratique en matière de politique écologique.

Les textes de Thomas Birch et d'Eric Katz qui font suite et par lesquels se referme ce volume, nous semblent participer de la critique immanente de l'éthique environnementale par elle-même, tout en la prolongeant sur un autre terrain. En effet, ils s'efforcent l'un et l'autre de mettre au jour, dans la perspective d'une politique environnementale digne de ce nom, les raisons théoriques de l'échec pratique de la plupart des politiques actuelles de préservation et/ou de restauration de la « nature sauvage », dont les objectifs poursuivis sont, selon eux, loin d'être ceux qui sont affichés[1].

Tout le problème tient à ce que la définition du concept de « nature sauvage » (*wilderness*) – qui est, en cette affaire, capitale, puisque la détermination du référentiel décide de la façon dont il convient de penser et de mettre en œuvre une politique environnementale – est, au mieux, naïve, au pire, franchement idéologique.

La *wilderness* renvoie-t-elle à une nature sauvage, primordiale, originaire ? Mais comment ne pas voir, en ce cas, que la nature ainsi définie n'existe pas et qu'elle demeure introuvable, que l'idée d'un espace sauvage est fantasmatique, qu'il est la représentation ou la projection d'un espace imaginaire ? Comment s'aveugler aux multiples modalités selon lesquelles le concept de nature est culturellement produit et reproduit[2] ?

1. Rappelons que la *conservation* de la nature s'entend par opposition à la *préservation* de la nature : les partisans de la conservation de la nature militent pour une exploitation raisonnée des ressources naturelles soucieuse de ne pas les épuiser, et se donnent donc des objectifs qui sont clairement anthropocentriques, tandis que les partisans de la préservation réclament que la nature soit respectée pour elle-même, protégée tel un sanctuaire, où les arbres et les animaux doivent trouver les conditions d'une vie libre, originelle, sans menaces venues des activités humaines, où pourront également être mis à l'abri des écosystèmes uniques, irremplaçables, lieu de toutes les valeurs biocentriques. Sur cette distinction, on pourra consulter J. Passmore, *Man's Responsibility for Nature*, London, Duckworth, 1980, et C. Larrère, *Les philosophies de l'environnement*, Paris, P.U.F., 1997, p. 85-104. Cette opposition est, de manière paradigmatique, celle-là même qui était au centre de la controverse entre G. Pinchot et J. Muir, voir R. Nash, *Wilderness and the American Mind*, New Haven, Yale University Press, 1982 (1re éd. 1967), p. 135-140.

2. L'idée que le concept de nature est une construction sociale (qui a pour corollaire l'idée que les problèmes environnementaux sont eux aussi socialement construits) a été défendue, entre autres, par N. Everden, *The Social Creation of*

La *wilderness* renvoie-t-elle à une nature vierge où aucune influence anthropique ne pourrait être décelée? Mais peut-on vraiment croire qu'il y ait encore une parcelle du monde qui ne soit pas affectée par la présence humaine[1]?

S'il est clair que ce que les colons ont découvert en débarquant en Amérique n'est certainement pas une nature primitive, mais une nature depuis longtemps transformée par l'homme et habitée par les Indiens, qu'il a bien d'abord fallu expulser de ces larges espaces pour pouvoir ensuite déterminer l'emplacement des parcs nationaux, alors les motivations réelles de la volonté de protection de la nature sont de toute évidence politiques : il s'agit tout simplement de défendre une nature sauvage porteuse de l'identité américaine, comprise comme espace témoin de l'histoire et de l'expérience américaines, permettant au peuple américain – dépourvu de toute tradition scientifique et artistique, par opposition au Vieux Monde – de garder un lien vivant avec son passé[2].

Nature, Baltimore, Johns Hopkins University Press, 1992, par K. Eder, *The Social Construction of Nature : A Sociology of Ecological Enlightment*, Londres, Safe, 1996, et par Ph. Macnaghten et J. Urry, *Contested Natures*, Londres, Sage, 1998. Voir la critique vigoureuse de ces idées par H. Rolston III, « Nature for Real : Is Nature a Social Construct ? », dans T.D.J. Chappell (ed.), *The Philosophy of Environment*, New York, Colombia Press, 1997, p. 38-64. Pour une tentative de dépassement de ce débat, voir B. Latour, *Politiques de la nature. Comment faire entrer les sciences en démocratie*, Paris, La Découverte, 1999.

1. Il est impossible de résumer en quelques lignes l'ampleur du débat qu'a suscité l'examen du concept de *wilderness*. Voir le recueil des principales « pièces » de ce dossier dans J. Baird Callicott et M.P. Nelson (ed.), *The Great New Wilderness Debate*, Athens, University of Georgia Press, 1998, et le travail de M. Oeslchlaeger, *The Idea of Wilderness. From Prehistory to the Age of Ecology*, New Haven, Yale University Press, 1991.

2. L'idée selon laquelle préserver la nature sauvage revient à mettre à l'abri les fondements d'une identité nationale a été défendue notamment par M. Sagoff, « On Preserving the Natural Environment », *Yale Law Journal*, 84 (1974), p. 205-267. Quant à l'expulsion des Indiens et à la constitution des réserves naturelles, voir M.D. Spence, *Dispossessing the Wilderness. Indian Removal and the Making of National Parks*, New York, Oxford University Press, 1999.

Mais dans ce cas, il faut cesser de présenter la nature sauvage comme étant l'autre de la culture, quelque chose d'étranger, de radicalement différent : ainsi que s'efforce de le montrer Thomas Birch, le sauvage est « incarcéré », enfermé à double tour dans les parcs nationaux ; il n'est pas l'autre de la culture, il est le même – son reflet modifié, un prolongement de la culture et de l'*imperium* dans un contexte naturel.

Comme on pourra le voir, ce n'est pas la moindre originalité du propos de Thomas Birch que de s'inscrire à la croisée de ces trois courants de pensée, que sont l'éthique environnementale (dans une version proche de la *deep ecology*, où il s'agit d'« apprendre ou réapprendre à l'humanité à habiter consciemment la nature sauvage »), la *French Theory* (dans une double référence insistante à l'idée foucaldienne d'un geste épistémologique et social consistant à enfermer un exclu et à créer du même coup l'espace qui rend possible l'ordre d'une raison, cette dernière se donnant par là *son* autre sans jamais cesser de le contrôler ; et à l'idée avancée par Baudrillard d'un jeu de simulacres où la référence à la réalité est forclose), et cette forme mutante de la *French Theory* qu'est la critique postcoloniale (dans une référence à Edward Saïd, ainsi qu'aux critiques venues d'auteurs du Tiers Monde qui dénoncent dans les programmes occidentaux de préservation de la nature sauvage une manifestation assez détestable de l'impérialisme et du néocolonialisme contemporains, aveugles aux inégalités sociales à l'intérieur des pays et à la différence Nord/Sud, cherchant à s'approprier partout sur la planète de larges espaces pour les transformer en terrains de jeu soigneusement préservés pour la villégiature des Occidentaux désœuvrés).

Dûment « incarcérée », la nature sauvage (*wilderness*) se voit dicter les règles de son propre jeu par l'*imperium*, et par là même le sauvage (*wildness*) est apprivoisé, domestiqué, sa sauvagerie est pour ainsi dire désamorcée :

> Les réserves naturelles – écrit Birch – ne sont pas conçues pour être des lieux soustraits à la fabrique de la domination où (…) la nature serait véritablement libérée. En aucune façon. La règle de la loi est

tenue pour suprême. De même que les réserves naturelles sont créées par la loi, de même elles peuvent être abolies par la loi. La menace d'annihilation est permanente.

La domination de la nature sauvage n'est jamais, de ce point de vue, qu'un exemple parmi d'autres de l'emprise totalisante du pouvoir impérialiste :

> Tout le propos, l'ambition et la raison d'être du pouvoir impérialiste, ainsi que sa légitimation la plus fondamentale, sont de conférer aux hommes les moyens de contrôler l'altérité.

C'est en ce point que Birch pense déceler une contradiction dans la domination technologique de la nature sauvage, car l'*imperium* a besoin de maintenir son « autre » au titre de victime de sa domination, faute de quoi il n'y aurait plus rien sur quoi le pouvoir pourrait s'exercer :

> Il s'ensuit que le fait d'aménager une place au sauvage à l'intérieur du système de l'*imperium* crée, institutionnalise et même légalise la subversion du système impérialiste en lui donnant un fondement et une raison d'être – de même que les prisons et les maisons de correction réussissent essentiellement à engendrer des « criminels » plus endurcis.

Birch nous invite en conséquence à considérer la nature sauvage, partout où elle s'annonce, comme un « espace sacré » agissant à la façon d'un contre-pouvoir qui « donne espoir de réussir à contrebalancer le pouvoir impérialiste en sa phase de totalisation ».

La visée ultime de l'article de Birch est donc de réinvestir le concept presque intraduisible de « *wildness* », que nous avons rendu, faute de mieux, par « sauvage » ou « sauvagerie »[1] (pour conserver une racine commune avec « *wilderness* »), et qui peut

---

1. Faute de mieux, car le concept de « *wildness* », tel qu'il est utilisé par Birch, cherche précisément à échapper aux oppositions bipolaires que l'on fait en français entre nature/artifice, sauvage/domestique, tout en conservant l'opposition entre nature et culture.

s'entendre de deux façons, selon les deux pentes que suit sa réflexion : soit comme un concept politico-métaphysique, soit comme un concept écologique.

Au premier sens, il renvoie à l'ordre des choses qui échappe au contrôle humain, et qui marque un point d'arrêt à leur volonté de puissance, les invitant à se désaccoutumer à posséder les choses et à les asservir à leurs projets, en apprenant au contraire à les laisser être ce qu'elles sont en les restituant à leur primitive liberté (en un sens qui fait donc songer à la « *Gellassenheit* » cuséenne ou heideggerienne).

Au second sens, il désigne la caractéristique essentielle des processus naturels envisagés, non pas tant du point de vue de leur stabilité ou de leur intégrité, que du point de vue de leur diversité, de leur complexité, de leur créativité, de leur beauté, de leur fécondité et surtout – mot-clé de l'article de Birch – de leur altérité, cette dernière étant, pour ainsi dire, la valeur de toutes les valeurs naturelles, la valeur matricielle, puisque c'est elle qui transforme les autres valeurs en valeurs positives[1].

L'accent qui est ainsi mis sur la spontanéité (autre traduction possible de « *wildness* ») des processus naturels a pour corollaire pratique la limitation des interventions humaines dans la nature visant à lui apporter des améliorations au moyen de la production anthropogénique de certaines propriétés. Une écologie fondée sur les valeurs de stabilité et d'intégrité systémiques jugera l'activité humaine qui a pour effet d'augmenter la stabilité et l'intégrité des écosystèmes comme constituant une amélioration : de ce point de vue, un écosystème hautement artificialisé pourrait bien être plus stable et même plus riche que l'écosystème naturel qu'il remplace.

---

1. Ainsi la biodiversité est-elle par elle-même dénuée de valeur : si cette dernière valait par elle-même, alors l'intégration de nombreux organismes génétiquement modifiés devrait suffire à ajouter de la valeur aux écosystèmes. Or cette option ne paraît pas acceptable. La biodiversité ne vaut qu'à la condition d'être *sauvage*, *étrangère* à l'action artificialisante des hommes – *autre* de cette altérité qui résume la naturalité de la nature aux yeux de Birch.

Seule une écologie qui met au centre de sa réflexion la valeur de ce qui est « sauvage », et qui en assure la promotion, peut empêcher l'installation d'une vaste technosphère.

C'est cette conviction qui anime de part en part l'article d'Eric Katz. L'auteur, dans cet article qui a fait grand bruit au moment de sa publication [1], invite à séparer deux choses : d'une part, le fait (en lui-même incontestable) de l'artificialisation croissante de la nature en raison de l'emprise technique que les hommes ont su s'assurer – état de fait qui a pour conséquence de rendre aujourd'hui de plus en plus malaisée la démarcation entre le naturel et l'artificiel ; d'autre part, la validité inentamée de la distinction entre la nature et l'artifice, en tant que cette distinction revêt une signification *normative* permettant d'évaluer et de juger la pratique contemporaine de restauration des systèmes écologiques et, plus largement, de « replanification » (*redesign*) de la nature [2].

---

1. L'article a provoqué des réactions énergiques de la part de ceux qui s'occupaient alors d'écologie de la restauration, qui se sont empressés d'adresser des lettres de protestation à la rédaction de la revue. Par la suite, les savants ont commencé à décrire leur travail différemment, en cessant de parler de ce qu'ils faisaient sous le nom de « restauration », et en parlant plutôt de l'art de « porter remède » (*remediation*) ou de « soigner » (*healing*) les habitats et les écosystèmes. Mais, à l'examen, cette dernière métaphore se révèle tout aussi problématique : voir le numéro spécial que la revue *Environmental Values* a consacré à ce problème en 1995 (vol. 4, 4).

2. La « replanification », en l'une de ses multiples significations, nous paraît être assez proche du modèle du « pilotage », c'est-à-dire de l'intervention opportuniste dans des processus naturels, qui sont orientés, infléchis ou entravés plutôt qu'entièrement reproduits ou recréés, et dont la formule est donnée par Rousseau lorsqu'il parle du jardin de Julie en disant : « la nature a tout fait, mais sous ma direction » (*La Nouvelle Héloïse*, 4e partie, lettre XII). Les résultats d'un tel pilotage peuvent être dits à la fois artificiels (intentionnels) et naturels (spontanés, « *wild* »). Sur ce modèle, voir le remarquable Rapport scientifique inédit intitulé *Nature et artifice à l'épreuve des nouvelles technologies* (consacré essentiellement aux nanotechnologies et au programme NBIC [*Nano-, Bio-, Information Technologies and Cognitive Sciences*]) rédigé par C. Larrère, que l'on peut consulter à la bibliothèque de l'INRA, Ivry-sur Seine (cote PAR.LARC. 2005/P193/A). Voir aussi, de R. Larrère, « Agriculture : artificialisation ou manipulation de la nature ? », *Cosmopolitiques*, 1 (2002), p. 158-

La caractéristique commune de la plupart de nos politiques environnementales de restauration, selon Katz, est qu'elles ne tiennent aucun compte de cette dernière distinction, moyennant quoi elles ne sont rien d'autre que l'ultime avatar d'une politique séculaire de domination impérialiste de la nature. Qui ne voit, en effet, que la conception selon laquelle la « rationalité technique » ne manquera pas de réparer et de remettre à neuf les écosystèmes endommagés est celle-là même qui a engendré la crise écologique actuelle ? Qui ne voit que cette conception est clairement « l'expression d'une vision du monde anthropocentrique, dans laquelle les intérêts des hommes ont vocation à modeler et à replanifier une réalité naturelle confortable » ?

Le risque que font courir pareilles entreprises de restauration est celui d'un nivellement des valeurs – un artefact humain ne se différenciant plus en aucune façon d'un processus naturel : à ce compte, une nature restaurée, déclare Katz en se réclamant de Robert Elliot[1], doit être tenue pour une « nature contrefaite », c'est-à-dire pour une nature dont la valeur globale est *inférieure* à celle d'un ensemble de processus naturels opérant sans interférence humaine.

Pourquoi serait-elle de valeur *moindre* ? Non pas, certes, au nom de la proposition générale selon laquelle la valeur de la nature, laissée à son propre cours, est toujours supérieure à celle des arte-

---

173, et « Quand l'écologie, science d'observation, devient science de l'action. Remarques sur le génie écologique », dans P. Marty (éd.), *Les biodiversités. Objets, théories, pratiques*, Paris, Éditions du CNRS, 2005, p. 173-193. Enfin, voir les différents travaux publiés à l'occasion du programme national de recherche « Recréer la nature » dans un numéro hors série de *Natures, sciences, sociétés* en 1995, et dans le n°9 de la *Revue d'écologie (La Terre et la Vie)* en 2002.

1. Du moins du R. Elliot qui signe en 1982 un article devenu célèbre intitulé « Faking Nature », *Inquiry*, 25 (1982), p. 81-93. L'auteur est revenu par la suite sur la position qu'il défendait en 1982, en atténuant sa critique radicale de la restauration. Voir R. Elliot, *Faking Nature. The Ethics of Environmental Restoration*, London-New York, Routledge, 1997, et le compte rendu de Katz dans *Ethics and the Environment*, 3 (1998), p. 201-205.

facts – proposition que la seule considération du système artificiel complexe qu'implique la pratique médicale, dont elle a besoin pour juguler le développement naturel des maladies, suffirait à réfuter[1]. Il s'agit plutôt de savoir s'il est souhaitable de faire de la restauration de la nature une mesure fondamentale de politique environnementale, en ayant bien conscience de ce qu'implique l'introduction systématique de finalités humaines dans le monde naturel. Le problème, insiste l'auteur, est d'ordre *moral*, puisqu'il s'agit au fond de se demander quand et en fonction de quels critères il est moralement autorisé d'intervenir dans le développement d'un sujet *autonome*, que ce sujet soit une personne humaine ou une entité ou un système naturel.

Katz s'efforce de prévenir contre les dangers qu'il y aurait à défendre une conception qui attribuerait *par principe* un rôle positif à l'intervention de l'homme dans le monde naturel – danger de reconduire une conception anthropocentrique qui lie les interventions humaines aux bénéfices que les hommes tirent de la nature, danger de reprendre à son compte une politique impérialiste qui finalise son règne absolu en introduisant partout une intentionnalité humaine, danger «pédagogique»[2], enfin, que fait courir une société à ses citoyens en ne leur apprenant pas à traiter la nature autonome d'une autre manière que celle selon laquelle ils traitent les artefacts.

Ce qui ne veut évidemment pas dire qu'il faille renoncer à toute politique de restauration et laisser les galettes de pétrole envahir les plages de la côte bretonne, mais que «nous ne devons pas nous méprendre sur ce que nous autres, êtres humains, sommes en train de faire lorsque nous tentons de restaurer ou de réparer les zones naturelles», et qu'il importe de comprendre que, ce faisant, «nous

---

1. Comme le note Katz en réponse aux critiques qui lui ont été adressées, «Understanding Moral Limits in the Duality of Artifacts and Nature. Reply to Critics», *Ethics and the Environment*, 7 (2002), p. 138-146.

2. Selon le mot de Katz lui-même, dans l'article cité dans la note précédente, p. 144.

ne remettons pas à neuf la nature », mais que nous optons pour un type de rapport à la nature qui n'est pas sans avoir un certain nombre d'implications morales et politiques.

Indications bibliographiques

BRENNAN A., « Moral Pluralism and the Environment », *Environmental Values*, 1 (1992), p. 15-33.

CALLICOTT J. B., « How Environmental Ethical Theory May Be Put Intro Practice », *Ethics and the Environment*, 1 (1996), p. 3-14.

– « The Pragmatic Power and Promises of Theoretical Environmental Ethics », *Environmental Values*, 11 (2002), p. 3-25.

CRIST E., « Against the Social Construction of Nature and Wilderness », *Environmental Ethics*, 26 (2004), p. 5-24.

CRONON W. (ed.), *Uncommon Ground. Toward Reinventing Nature*, New York, W. W. Norton & Co., 1995.

DOMSKY D., « Evaluating Callicott's Attack on Stone Moral Pluralism », *Environmental Values*, 10 (2001), p. 395-415.

FOX S., *The American Conservation Movement. John Muir and His Legacy*, Wisconsin, University of Wisconsin Press, 1981.

GENOT J.-Cl., *Quelle éthique pour la nature ?*, Aix-en-Provence, Edisud, 2003.

HARGROVE E. C., « Weak Anthropocentric Intrinsic Value », *The Monist*, 75 (1992), p. 183-207.

HETTINGER N., « The Problem of Finding a Positive Role for Humans in the Natural World », *Ethics and the Environment*, 7 (2002), p. 109-123.

HEYD Th. (ed.), *Recognizing the Autonomy of Nature*, New York, Colombia University Press, 2005.

HIGGS E., *Nature by Design. People, Natural Process, and Ecological Restoration*, Cambridge, MIT Press, 2003.

KATZ E., « Searching for Intrinsic Value : Pragmatism and Despair in Environmental Ethics », *Environmental Ethics*, 9 (1987), p. 231-241.

– *Nature as Subject. Human Obligation and Natural Community*, Lanham, Rowan & Littlefield, 1997.

– « A Pragmatic Reconsideration of Anthropocentrism », *Environmental Ethics*, 21 (1999), p. 377-390.

– « Another Look on Restoration : Technology and Artificial Nature », dans P. H. Gobster et R. B. Hull (ed.), *Restoring Nature : Perspectives from the Social Sciences and Humanities*, Washington, Island Press, 2000, p. 37-48.

KIDNER D. W., « Fabricating Nature. A Critique of the Social Construction of Nature », *Environmental Ethics*, 22 (2000), p. 339-357.

LADKIN D., « Does "Restoration" Necessarily Imply the Domination of Nature ? », *Environmental Values*, 14 (2005), p. 203-219.

LARRÈRE C. et R., *Du bon usage de la nature. Pour une philosophie de l'environnement*, Paris, Aubier, 1997.

LARRÈRE R., « L'art de produire la nature : une leçon de Rousseau », *Le Courrier de l'environnement de l'INRA*, 22 (1994), p. 5-13.

LEE K., *The Natural and the Artefactual. The Implications of Deep Science and Deep Technology for Environmental Philosophy*, New York, Lexington Books, 1999.

LIGHT A., « Restoration or Domination ? A Reply to Katz », dans W. Throop (ed.), *Environmental Restoration. Ethics, Theory, and Practice*, New York, Prometheus Books, 2000, p. 95-111.

– « The Case for a Practical Pluralism », dans A. Light et H. Rolston III (ed.), *Environmental Ethics. An Anthology*, Oxford, Blackwell Publishing, 2003, p. 229-247.

MARIETTA D. E., « Pluralism in Environmental Ethics », *Topoï. An International Review of Philosophy*, 12 (1993), p. 69-80.

MICHAEL M. A., « Why Not Interfere with Nature ? », *Ethical Theory and Moral Practice*, 5 (2002), p. 89-112.

MINTEER B. A., « Intrinsic Value for Pragmatists ? », *Environmental Ethics*, 23 (2001), p. 57-75.

— TAYLOR B. P. (ed.), *Democracy and the Claims of Nature*, New York, Rowan & Littlefield Publishers, 2002.

NORTON B. G., *Toward Unity Among Environmentalists*, Oxford, Oxford University Press, 1991.

– « Epistemology and Environmental Values », *The Monist*, 75 (1992), p. 208-226.

– « Why I Am Not a Nonanthropocentrist : Callicott and the Failure of Monistic Inherentism », *Environmental Ethics*, 17 (1995), p. 341-358.

– « Intégration ou réduction : deux approches des valeurs environnementales », trad. fr. Fr. Marin et R. Larrère, dans C. et R. Larrère (éd.), *La crise environnementale*, Paris, INRA, 1997, p. 57-70.

– *Searching for Sustainability. Interdisciplinary Essays in the Philosophy of Conservation Biology*, Cambridge, Cambridge University Press, 2003.

– « Values in Nature : A Pluralistic Approach », dans A. I. Cohen et Ch. H. Wellman (ed.), *Contemporary Debates in Applied Ethics*, Oxford, Blackwell Publishing, 2005, p. 298-310.

– *Sustainability. A Philosophy of Adaptive Ecosystem Management*, Chicago-Londres, The University of Chicago Press, 2005.

OUDERKIRK W., « Katz's Problematic Dualism and Its "Seismic" Effects on His Theory », *Ethics and the Environment*, 7 (2002), p. 124-137.

STONE Ch. D., « Legal Rights and Moral Pluralism », *Environmental Ethics*, 9 (1987), p. 281-284.

VARNER G., « No Holism Without Pluralism », *Environmental Ethics*, 13 (1991), p. 175-179.

VOGEL S., « The Nature of Artefacts », *Environmental Ethics*, 25 (2003), p. 149-168.

WENZ P. S., « Minimal, Moderate, and Extreme Pluralism », *Environmental Ethics*, 15 (1993), p. 61-74.

WESTON A., « Beyond Intrinsic Value : Pragmatism in Environmental Ethics », *Environmental Ethics*, 10 (1988), p. 285-288.

– « Comment on Callicott's Case Against Pluralism », *Environmental Ethics*, 13 (1991), p. 283-286.

WESTRA L., « Why Norton's Approach is Insufficient for Environmental Ethics », *Environmental Ethics*, 19 (1997), p. 279-297.

BRYAN G. NORTON

L'ÉTHIQUE ENVIRONNEMENTALE
ET L'ANTHROPOCENTRISME FAIBLE*

INTRODUCTION

Dans deux articles précédemment publiés dans cette revue, j'ai défendu l'idée qu'une éthique environnementale ne peut pas être déduite, premièrement, des droits ou des intérêts des êtres non humains et, deuxièmement, des droits ou des intérêts des générations futures d'êtres humains[1]. Ces conclusions négatives posent les jalons d'un examen plus positif de la nature et de la forme d'une éthique environnementale, et c'est à cette tâche que je vais m'atteler dans le présent article. Plus particulièrement, je me propose d'examiner la question suivante : est-il nécessaire de considérer l'éthique environnementale comme une éthique d'un genre distinct?

Les discussions portant sur cette question dans la littérature spécialisée ont abouti à ramener toute réponse négative à la position

* B.G. Norton, «Environmental Ethics and Weak Anthropocentrism», *Environmental Ethics*, vol. 6, 2 (1984), p. 131-148. La présente traduction est publiée avec l'aimable autorisation de l'auteur.

1. B.G. Norton, «Environmental Ethics and Nonhuman Rights», *Environmental Ethics*, 4 (1982), p. 17-36, et «Environmental Ethics and the Rights of Future Generations», *Environmental Ethics*, 4 (1982), p. 319-337.

qui consiste à croire que les catégories standards de droits, d'intérêts et de devoirs des êtres humains individuels sont adéquates, et suffisent à guider moralement la prise de décision en matière de politique environnementale. En revanche, toute réponse positive reviendrait à suggérer que la nature a, d'une certaine manière, une valeur intrinsèque.

Autrement dit, la question du caractère distinctif de l'éthique environnementale est tenue pour équivalente à celle de son rejet de l'anthropocentrisme – en entendant par là la thèse que seuls les êtres humains définissent un lieu de valeur fondamentale[1]. On estime que l'éthique environnementale ne peut être considérée comme une éthique distincte des éthiques standards que si et seulement si elle peut être fondée sur des principes qui affirment ou présupposent que les entités naturelles non humaines possèdent une valeur indépendante de la valeur humaine.

Je souhaiterais défendre ici la thèse que cette équivalence est erronée, en montrant que le débat entre l'anthropocentrisme et le non-anthropocentrisme n'a pas l'importance qu'on lui prête généralement. Pour peu que l'on parvienne à mettre en lumière l'équivoque qui règne au cœur de ce débat, il apparaîtra avec évidence que la position non anthropocentrique n'est pas la seule base adéquate d'une véritable éthique environnementale[2]. Je voudrais enfin substituer à cette dichotomie, celle, toute autre, de

1. Voir par exemple R. Routley, « Is There a Need for a New, an Environmental Ethic ? », *Proceedings of the XV World Congress of Philosophy*, vol. 1, 1973, p. 205-210 [traduit dans ce volume]; H. Rolston III, « Is there an Ecological Ethic ? », *Ethics*, 85 (1975), p. 93-109; T. Regan, « The Nature and Possibility of an Environmental Ethic », *Environmental Ethics*, 3 (1981), p. 19-34; et E.B. Pluhar, « The Justification of an Environmental Ethic », *Environmental Ethics*, 4 (1982), p. 319-337.

2. Voir Regan, « The Nature and Possibility of an Environmental Ethic », qui distingue « une éthique de l'environnement » d'une « éthique pour l'usage de l'environnement » (p. 20), la première (et non pas la seconde) reconnaissant la valeur intrinsèque (inhérente) des éléments non humains de la nature. Si les arguments que nous allons avancer dans cet article sont concluants, la distinction que propose Regan ne manquera pas de perdre tout intérêt.

l'individualisme *versus* non-individualisme, en proposant de la tenir pour décisive dans la détermination de l'éthique environnementale comme éthique distincte, et en défendant l'idée qu'elle ne peut remplir avec succès son programme que si elle n'est pas de type individualiste, à la façon dont le sont les systèmes éthiques standards contemporains. En dernier lieu, je voudrais examiner les conséquences qu'entraînent de telles conclusions sur la nature et la forme d'une éthique environnementale.

Mais avant de développer ce propos, il me faut clarifier la façon dont je compte soumettre à l'épreuve une éthique environnementale adéquate. Je fais l'hypothèse que les individus qui sont sensibles aux questions d'environnement croient en l'existence d'un ensemble de comportements causant ou susceptibles de causer des dommages à l'environnement. Je fais également l'hypothèse d'un accord très large entre ces individus quant aux comportements qui doivent être inclus dans cet ensemble.

Par exemple, la plupart ne manqueraient pas de dénoncer le stockage désinvolte des déchets toxiques, l'augmentation importante et désordonnée de la population humaine dans le monde, la destruction gratuite des autres espèces, la pollution de l'air et des eaux, et ainsi de suite. Il y a d'autres comportements dont le caractère nuisible pourrait prêter à discussion et dont je ne dirai rien, car mon intention est ici d'élaborer une éthique environnementale adéquate établissant un ensemble de principes dont on puisse déduire les règles prohibant les comportements que tous les individus sensibles aux problèmes écologiques reconnaîtraient comme dommageable à l'environnement.

La tâche de raffinement ultérieur d'une éthique environnementale impliquerait donc de faire des allers-retours entre les principes fondamentaux et les comportements dont le caractère nuisible est discutable, en s'efforçant d'ajuster les principes et/ou de critiquer les intuitions qui les sous-tendent, jusqu'à obtenir un ajustement entre les principes et les comportements prohibés que l'ensemble de la communauté environnementale pourrait considérer comme étant le meilleur possible.

Dans le cadre de cet article, seule la première de ces deux tâches – celle de la détermination des principes fondamentaux – sera prise en charge. Mon but est seulement de clarifier les principes qui sont à la base du consensus assez large qui s'est formé autour de la condamnation d'un ensemble de comportements dont le caractère nuisible pour l'environnement n'est pas sujet à discussion. Dans cette perspective, une éthique sera dite adéquate si ses principes suffisent à fonder les règles qui prohibent les comportements qui font partie de l'ensemble de ceux dont le caractère nuisible n'est pas sujet à controverse.

Mon propos ne vise donc pas à déterminer quels sont les *vrais* principes, mais quels sont les principes *adéquats* pour fonder certaines intuitions partagées. Les questions portant sur la vérité de ces principes doivent être mises en réserve pour une autre occasion.

L'ANTHROPOCENTRISME
ET LE NON ANTHROPOCENTRISME

J'avance dans ce qui suit la proposition selon laquelle la distinction entre l'anthropocentrisme et le non-anthropocentrisme s'est vue reconnaître, dans les discussions portant sur les fondements d'une éthique environnementale, une importance plus grande que celle qu'elle mérite, et cela en raison de l'ambiguïté fondamentale, passée inaperçue, qui affecte le terme d'*anthropocentrisme*[1]. Les auteurs qui sont intervenus de part et d'autre dans ce débat appliquent ce terme à des positions qui désignent l'être humain comme

---

1. Les réflexions que je présente sur ce sujet doivent beaucoup à l'étude et à la discussion des travaux de D. Regan et de J. Baird Callicott. Voir du premier « Duties of Preservation », et du second « On the Intrinsic Value of Nonhuman Species », dans B. Norton (ed.), *The Preservation of Species. The Value of Biological Diversity* (à paraître) [livre paru en 1986 : Princeton, Princeton University Press, les articles cités se trouvent respectivement aux p. 195-220 et p. 138-172].

le seul lieu de valeur intrinsèque[1]. Les anthropocentristes sont donc censés croire que la valeur d'une chose est déterminée par la contribution qu'elle apporte aux valeurs humaines, et que toutes les parties de la nature peuvent, au mieux, se voir reconnaître une valeur instrumentale en liaison avec la satisfaction des intérêts humains[2]. Il importe de bien noter que l'anthropocentrisme est défini par la position adoptée quant au problème de la *localisation* de la valeur. Parmi les défenseurs d'une position non anthropocentrique, certains s'accordent à dire que les êtres humains sont la *source* de toutes les valeurs, mais que cela n'empêche nullement de reconnaître que les objets non humains définissent un lieu de valeur fondamentale[3].

Il est également devenu habituel d'expliquer et de soumettre à l'examen ces idées en se référant aux « exemples du dernier homme », lesquels sont formulés de la manière suivante[4] : supposons qu'un être humain *S* soit le dernier survivant de l'espèce des *Homo sapiens*, et qu'il soit menacé d'une mort imminente, *S*

1. J'emprunte cette phrase à D. Scherer, « Anthropocentrism, Atomism, and Environmental Ethics », *Environmental Ethics*, 4 (1982), p. 115-123.

2. Je considère que les concepts d'anthropocentrisme et d'homocentrisme sont interchangeables. Voir R. et V. Routley, « Against the Inevitability of Human Chauvinism », dans K.E. Goodpaster et K.M. Sayre (ed.), *Ethics and Problems of the 21st Century*, Notre Dame, University of Notre Dame Press, 1979, p. 56-57. Les époux Routley montrent que le « chauvinisme humain » (l'anthropocentrisme, l'homocentrisme) revient à soutenir la thèse de la « souveraineté » de l'homme sur terre, comprise comme « l'idée que la terre et tous ses contenus non humains n'existent qu'à seule fin d'être à la disposition des hommes, ne sont là que pour leur bénéfice et que pour servir leurs intérêts ».

3. Voir J. Baird Callicott, « On the Intrinsic value of Nonhumans Species », dans B. Norton (ed.), *The Preservation of Species*, et Pluhar, « The Justification of an Environmental Ethic ».

4. Voir, par exemple, R. Routley « Is the a Need for a New, an Environmental Ethic ? », p. 207 ; voir aussi des époux Routley, « Human Chauvinism and Environmental Ethics », dans D.S. Mannison, M.A. Mc Robbie et R. Routley (ed.), *Environmental Philosophy*, Canberra, Australian National University, Department of Philosophy, 1980, p. 121 ; D. Regan, « Duties of Preservation », dans B. Norton (ed.), *The Preservation of Species*.

agirait-il mal en détruisant sans motif un objet quelconque X ?
Toute réponse positive à cette question, pour tout X = un objet non
humain quelconque, est censée conduire à l'adoption d'une position non anthropocentrique. Si la variable X renvoie à quelque objet
naturel (une espèce, un écosystème, une formation géologique,
etc.), alors l'on estime que la façon dont il est répondu à la question
permet de savoir si une personne est ou n'est pas d'obédience
anthropocentrique, parce que l'action examinée ne peut pas, en
toute hypothèse, causer de dommage à un quelconque individu
humain. S'il est mal de détruire X, ce qu'il y a de mal dans cette
action doit dériver du dommage que subit X ou que subit tout autre
objet naturel. Mais quelqu'un ne peut faire subir un dommage à
quelque chose que si cette chose constitue en elle-même un bien, au
sens où elle est un lieu de valeur fondamentale.

Telle est à peu près la manière dont se déroule l'argumentation.
J'avoue n'être pas convaincu, parce que trop peu d'attention a été
consacrée au problème de la définition même d'un intérêt humain.
Afin d'élucider ce concept difficile, je propose d'introduire deux
définitions utiles.

Nous désignerons sous le nom de *préférence sentie* tout désir ou
tout besoin d'un individu humain qui peut être assouvi par
l'individu concerné, au moins de façon temporaire, et au moyen
d'un certain type d'expérience.

Nous désignerons sous le nom de *préférence réfléchie* tout désir
ou tout besoin qu'un individu pourrait être amené à exprimer après
mûre réflexion, sous la forme d'un jugement portant sur la compatibilité ou l'incompatibilité de ce désir ou de ce besoin avec la
vision du monde rationnelle qu'il adopte – en entendant par « vision
du monde » un ensemble de théories scientifiques pleinement
fondées et un modèle d'interprétation métaphysique qui leur
confère un sens, mais aussi des idéaux esthétiques et moraux
rationnellement justifiés.

Lorsque les intérêts sont supposés résulter purement et simplement des préférences senties, ils sont immunisés par là même
contre toute forme de critique ou d'objection. La compréhension

des prises de décision en termes économiques revient souvent à adopter ce type d'approche, parce qu'elle s'abstient de tout «jugement de valeur» – les décideurs se contentant de demander aux gens ce qu'ils veulent, en modifiant éventuellement l'intensité avec laquelle s'exprime telle ou telle préférence, en évaluant celles qui pourraient être satisfaites en fonction de l'adoption de tel ou tel scénario, et en laissant finalement la classification ordinale des préférences dicter la décision.

D'autre part, une préférence réfléchie résulte d'une idéalisation, en ce sens où elle ne peut être adoptée qu'une fois repris rationnellement à son compte toute une vision du monde, et modifiées les préférences senties de telle sorte qu'elles soient en consonance avec elle. Dans la mesure où il s'agit d'un processus que personne n'a jamais mené à terme, les références qui sont faites aux préférences réfléchies demeurent hypothétiques – elles renvoient aux préférences que les individus auraient si un certain nombre de conditions contrefactuelles étaient réunies.

Quoi qu'il en soit, les références aux préférences réfléchies demeurent utiles parce qu'il est possible de distinguer les préférences senties des préférences réfléchies au moyen d'arguments convaincants qui montrent l'incompatibilité de certaines préférences avec tel ou tel élément de la vision du monde, rationnellement bien fondée en apparence.

Il est désormais possible de définir deux formes d'anthropocentrisme. Une théorie de la valeur sera dite *fortement anthropocentrique* si toutes les valeurs qu'elle contient se rapportent à la satisfaction de préférences senties des individus humains. Une théorie de la valeur sera dite *faiblement anthropocentrique* si toutes les valeurs qu'elle contient se rapportent à la satisfaction de l'une quelconque des préférences senties d'un individu humain, ou se rapportent à l'influence qu'exerce telle ou telle préférence sentie sur les idéaux qui structurent sa vision du monde (et sur lesquelles reposent de façon essentielle les préférences réfléchies).

L'anthropocentrisme fort, tel qu'il vient d'être défini, tient pour acquis, sans s'interroger sur la légitimité de cet état de fait, que les préférences senties des êtres humains déterminent les valeurs. Par voie de conséquence, si les êtres humains se donnent un système de valeurs de type foncièrement consumériste, alors leurs « intérêts » (qui ne sont rien autre chose que leurs préférences senties) commandent que la nature soit exploitée de façon intensive. Dans la mesure où les préférences senties des êtres humains ne sont soumises à aucun examen au sein du système de valeurs de l'anthropocentrisme fort, il n'y a aucun moyen de critiquer l'attitude de ceux qui utilisent la nature comme étant une simple réserve de matières premières offertes à l'extraction et à l'usage, en vue de fabriquer des produits satisfaisant les préférences humaines.

Pour sa part, l'anthropocentrisme faible reconnaît que les préférences senties peuvent être rationnelles ou ne pas l'être (au sens où elles peuvent être jugées n'être pas consonantes avec une vision du monde rationnelle). Partant, l'anthropocentrisme faible fournit le cadre à l'intérieur duquel il est possible de soumettre à la critique les systèmes de valeurs qui prescrivent un rapport de pure exploitation à la nature. De cette manière, l'anthropocentrisme faible rend disponibles deux ressources éthiques d'une importance cruciale pour les environnementalistes.

Premièrement, dans la mesure où les éthiciens de l'environnement peuvent justifier la pertinence d'une vision du monde qui place au centre de sa perspective l'étroite relation entre l'espèce humaine et les autres espèces vivantes, ils peuvent également justifier la pertinence de ces attitudes humaines idéales qui consistent à vivre en harmonie avec la nature. De tels idéaux peuvent dès lors servir de termes de référence pour soumettre à la critique les préférences qui tendent à se rapporter à la nature sur le mode de l'exploitation.

Deuxièmement, l'anthropocentrisme faible, tel qu'il vient d'être défini, reconnaît également une valeur aux expériences humaines qui fournissent un fondement à la formation des valeurs. Autrement dit, dans la mesure où l'anthropocentrisme faible ne reconnaît pas seulement une valeur aux préférences senties, mais aussi au processus de formation des valeurs impliqué dans la critique des préférences senties qui débouche sur le remplacement de ces dernières par des préférences plus rationnelles, il est amené à tenir compte de la part que prennent les expériences des objets naturels faites par les hommes et de leur attachement à des lieux préservés dans le processus de formation des valeurs. Pour autant que les environnementalistes parviennent à montrer que les valeurs se forment et sont informées du fait du contact des êtres humains avec la nature, la nature se charge de la valeur en se chargeant de la tâche d'instruire les êtres humains en matière de valeurs.

De ce point de vue, il n'est plus nécessaire que la nature soit vue comme la simple pourvoyeuse de satisfactions de valeurs bien précises, la plupart du temps de type consumériste – elle devient également une source importante d'inspiration en tant que formatrice de valeur[1].

Dans la section finale de cet article, j'éluciderai de façon plus détaillée ces deux sources de valeur dans la nature. Mais même parvenu à ce stade, il ne s'agira pas pour moi de tirer parti du fait que la référence à ces deux sources permet de justifier la protection de l'environnement, pour en déduire qu'une quelconque vérité a été énoncée sur ce qu'est la valeur de la nature – comme je le disais auparavant, cette tâche est bien plus large que celle que je me suis donnée ici, et il convient donc de la remettre à plus tard.

Mon propos est seulement de dire que l'anthropocentrisme faible, tel qu'il vient d'être défini, délimite un cadre théorique à l'intérieur duquel peuvent être développées de puissantes raisons justifiant la protection de la nature. En outre, ces raisons ne ressemblent guère à celles qui sont invoquées pour justifier le rapport d'exploitation de la nature, généralement associé à l'anthropocentrisme fort.

1. Pour de plus amples discussions sur ce point, voir M. Sagoff, « On Preserving the Natural Environment », *Yale Law Journal*, 84 (1974), p. 205-267 ; H. Rolston III, « Can and Ought We to Follow Nature ? », *Environmental Ethics*, 1 (1979), p. 7-21 ; et B.G. Norton, *The Spice of Life* (en cours de redaction) [publié sous un autre titre : *Why Preserve Natural Variety ?*, Princeton, Princeton University Press, 1987].

Et elles ne se distinguent pas des raisons invoquées par l'anthropocentrisme fort de façon purement théorique. La façon de penser qui est propre à l'anthropocentrisme faible peut affecter le comportement, comme il est loisible de s'en apercevoir si on l'applique aux divers scénarios mettant en scène le dernier homme.

Supposons que les êtres humains choisissent, pour des raisons rationnelles ou religieuses, de vivre conformément à un idéal d'harmonie maximale avec la nature. Supposons également que cet idéal soit pris à ce point au sérieux que tout contrevenant se rendant responsable d'altérer cette harmonie (en détruisant d'autres espèces, en polluant l'air et les eaux, etc.) soit sévèrement condamné. Un tel idéal n'exige nullement d'attribuer une valeur intrinsèque aux objets naturels, et les prohibitions qu'il implique n'exigent pas non plus d'être justifiées au moyen d'un raisonnement de type non anthropocentrique attribuant une valeur intrinsèque aux objets naturels non humains. Il suffit que ces prohibitions soient impliquées par l'idéal d'harmonie avec la nature pour qu'elles soient justifiées. Quant à cet idéal lui-même, il peut à son tour être justifié soit dans une perspective religieuse, en faisant de cet idéal une condition du développement spirituel humain, soit dans la perspective ouverte par la vision rationnelle du monde, en montrant que cet idéal en est une partie intégrante.

Il existe en fait des exemples de visions du monde bien formées où ces caractéristiques sont manifestes. L'hindouisme ou le jaïnisme, en proscrivant le meurtre des insectes, etc., témoignent d'un souci qui n'a pas tant pour objet les vies réelles de ces insectes que le développement spirituel de ses adeptes. De la même manière, Henry David Thoreau prend soin de ne pas attribuer de valeur indépendante, intrinsèque à la nature. Il est plutôt enclin à croire que la nature exprime une réalité spirituelle plus profonde et que les êtres humains peuvent s'instruire auprès d'elle en matière de valeurs spirituelles[1]. Il ne faudrait pas en déduire que seuls les discours de cette nature peuvent apporter une justification à la position anthropocentrique faible. Dans un monde post-darwinien, il serait aisé d'avancer des arguments rationnels et scientifiques pour justifier une vision du monde incluant les idéaux d'une existence en harmonie avec la nature, et qui n'implique aucune attribution de valeur intrinsèque à la nature.

Les visions du monde telles que celles qui viennent d'être décrites sont faiblement anthropocentriques parce qu'elles se réfèrent uniquement aux valeurs humaines, mais elles ne sont pas fortement anthropocentriques parce que la limitation du comportement humain est obtenue par référence à autre chose qu'au souci de ne pas interférer avec la satisfaction des préférences senties des êtres humains, et au moyen d'autres prohibitions que celles qui en dérivent.

D'un point de vue pratique, la différence de comportement entre les anthropocentristes forts et les anthropocentristes faibles, dont nous venons de donner quelques illustrations, est très grande. En particulier, la façon dont les anthropocentristes faibles pourraient réagir au scénario du dernier homme les rapproche bien plus des non-anthropocentristes que des anthropocentristes-forts. Les idéaux tels que ceux qui prescrivent de vivre en harmonie avec la nature impliquent des règles prohibant la destruction arbitraire des autres espèces ou des écosystèmes, même si l'espèce humaine s'apprête à connaître une extinction imminente.

Mais on pourrait objecter que les positions telles que celles qui viennent d'être esquissées paraissent seulement faire l'économie d'une attribution de valeur intrinsèque à la nature et aux objets naturels. En vérité, affirme par exemple Tom Regan, elles font un

1. Voir H.D. Thoreau, *Walden*, New York, Harper and Row, 1958. À la p. 64, par exemple Thoreau écrit ceci : « Il n'est pas jusqu'au plus petit puits dont l'une des valeurs est que si vous regardez dedans vous voyez la terre n'être pas continent, mais insulaire. C'est aussi important que sa propriété de tenir le beurre au frais » [trad. fr. L. Fabulet, Paris, Gallimard, 1990, p. 86-87].

appel discret à la valeur intrinsèque des objets non humains, et par conséquent elles échouent à déterminer le cadre d'une théorie purement anthropocentrique permettant de justifier la préservation de la nature :

> Affirmer que le fait de traiter l'environnement de telle ou telle manière contrevient à un idéal de conduite humaine, ce n'est pas développer une thèse alternative, ou une thèse qui serait incompatible avec celle de la valeur propre des objets non conscients. L'objection fatale selon laquelle un certain idéal aurait été bafoué est que, loin d'offrir une alternative de la valeur inhérente des objets non conscients, elle la présuppose tout au contraire [1].

Avant de tirer cette conclusion, Regan avait avancé trois propositions destinées à lui offrir un fondement :

> La détermination de la manière adéquate d'agir à l'endroit de X implique clairement de reprendre à son compte une perspective sur X qui consiste à lui reconnaître la possession d'une valeur (…). Un idéal qui nous prescrit de ne pas agir à l'endroit de X d'une certaine manière, mais qui conteste que X ait la moindre valeur, est soit inintelligible, soit sans pertinence. En bref, les idéaux impliquent la reconnaissance de la valeur de ce *à l'endroit de quoi* on agit [2].

Toutefois, les trois propositions de Regan sont soit fausses, soit incapables de soutenir la conclusion qu'il prétend tirer. Si la valeur dont il est question inclut à la fois le genre de la valeur intrinsèque et celui de la valeur instrumentale, alors les propositions sont vraies, mais elles ne soutiennent pas la conclusion selon laquelle tous les idéaux de conduite humaine impliquent l'attribution d'une valeur intrinsèque aux objets naturels protégés par ces idéaux. Les idéaux qui concernent le traitement qu'il convient de réserver au cheval

---

1. Regan, « The Nature and Possibility of Environmental Ethic », p. 25-26. Je ne pense pas trahir la pensée de Regan en tenant pour équivalent l'usage qu'il fait du concept de ce qui est « inhérent » et l'usage que je fais du concept de ce qui est « intrinsèque ».

2. *Ibid.*, p. 25.

de mon voisin (considéré comme élément d'une propriété privée) impliquent seulement que le cheval se voie reconnaître une valeur instrumentale, et non pas intrinsèque.

Si, d'autre part, Regan entend ne désigner sous le terme de valeur que le genre de la valeur *intrinsèque*, alors les trois propositions sont clairement fausses. Je peux bien admettre qu'il y a une manière adéquate d'agir à l'endroit du cheval de mon voisin, sans qu'il me faille reprendre à mon compte l'idée selon laquelle il convient de lui reconnaître une valeur intrinsèque. Je ne suis pas non plus par là même en train d'énoncer quelque chose d'inintelligible ou dénué de pertinence. Je n'ai nul besoin de reconnaître la valeur intrinsèque du cheval ; en revanche, je peux reconnaître la valeur intrinsèque de mon voisin et prendre en compte la préférence qu'il exprime à ne pas voir son cheval subir de mauvais traitements.

L'exemple du cheval fournit un contre-exemple à l'argument avancé par Regan, démontrant par là sa fragilité. La raison en est qu'il fait de toute évidence appel à la valeur instrumentale que le cheval revêt en tant qu'il est susceptible de satisfaire une préférence humaine. Par conséquent, il ne permet pas de savoir s'il existe des idéaux de protection environnementale qui peuvent être justifiés dans le cadre d'une théorie anthropocentrique faible, sans impliquer l'attribution d'une valeur intrinsèque aux objets protégés.

Mais les exemples mentionnés plus haut remplissent cette fonction. Si les adeptes de l'hindouisme ou du jaïnisme, ou les disciples de Thoreau, font appel à des idéaux visant à améliorer la spiritualité des êtres humains, ils peuvent alors justifier ces idéaux sans attribuer une valeur intrinsèque aux objets protégés. Les aspects spirituels de ces exemples ne sont, au reste, nullement essentiels à l'affaire. S'ils sont justifiés en tant que parties intégrantes d'une vision du monde dont la rationalité peut être établie dans une perspective anthropocentrée, alors les idéaux de comportement humain, derechef, échappent à la critique de Regan – puisqu'ils peuvent tout à fait justifier le choix de la protection de la nature comme objectif valant d'être atteint par les êtres humains, sans qu'il faille pour autant attribuer une valeur intrinsèque à la nature.

Il n'est enfin pas nécessaire que l'anthropocentrisme faible se laisse absorber par l'anthropocentrisme fort. Il ne manquerait pas de le faire si la dichotomie entre les préférences et les idéaux était indéfendable. Si toutes les valeurs pouvaient être ultimement interprétées comme l'expression de satisfactions ou de préférences, alors les idéaux ne seraient eux-mêmes rien d'autre que l'expression de ces dernières.

Le débat fait ici songer à celui qui a opposé les premiers utilitaristes. Ainsi, John Stuart Mill a avancé l'idée que, compte tenu du fait que les plaisirs de qualité supérieure peuvent ultimement être considérés comme de nature à fournir de plus grandes satisfactions, il n'existe en conséquence qu'une seule échelle de valeurs – la satisfaction des préférences [1].

Il appartient aux anthropocentristes faibles de contester que la satisfaction des préférences soit la seule mesure de la valeur humaine, et de prendre les idéaux humains suffisamment au sérieux pour pouvoir les opposer aux satisfactions de préférences, en vue de limiter ces dernières. Il n'est donc pas étonnant de les voir repousser la thèse (en vogue chez les utilitaristes) d'une simple réduction des idéaux à l'expression des préférences, ce qui leur permet de se frayer un chemin entre l'anthropocentrisme fort et le non anthropocentrisme. Le rejet de cette réduction est, bien entendu, une thèse que défendent en commun les anthropocentristes faibles et les non anthropocentristes. Tous deux pensent qu'il existe des valeurs distinctes de la satisfaction des préférences humaines, repoussant la thèse qui réduit les idéaux à n'être que l'expression des préférences. Ce n'est pas sur ce point qu'ils se distinguent, mais sur celui de savoir si la justification de ces idéaux doit en appeler à l'idée d'une valeur intrinsèque des objets non humains.

---

1. J.S. Mill, *L'utilitarisme*, chap. 2.

Par conséquent, l'anthropocentrisme faible définit une position séduisante pour les environnementalistes. Elle n'exige aucune proposition radicale, difficile à justifier, concernant la valeur intrinsèque des objets non humains et, dans le même temps, elle fournit le cadre théorique permettant d'élaborer des obligations qui portent au-delà de la satisfaction des préférences humaines. Bien plutôt, elle permet le développement d'arguments aux termes desquels il apparaît que les attitudes consuméristes actuelles, très largement partagées, sont indéfendables parce qu'elles ne s'ajustent pas à une vision du monde qui soit rationnellement justifiable, sans avoir à recourir à l'idée que les êtres non humains possèdent une valeur intrinsèque.

Plutôt que de répondre aux préférences humaines en leur donnant satisfaction, il est possible de les former, et c'est sur ce point que met l'accent une théorie anthropocentrique faible en soulignant que les préférences peuvent être modifiées au cours du processus par lequel les êtres humains s'efforcent de se donner une vision du monde cohérente et rationnellement défendable.

L'INDIVIDUALISME ET LE NON INDIVIDUALISME

Les distinctions et les arguments présentés précédemment me convainquent de la chose suivante : même en reconnaissant que le développement d'une axiologie non anthropocentrique, prenant sur elle la tâche d'élucider la valeur intrinsèque que possèdent les entités naturelles non humaines, constitue une entreprise philosophiquement intéressante, la dichotomie sur laquelle elle repose a moins d'importance pour déterminer la nature d'une éthique environnementale qu'on ne le croit généralement. En particulier, je ne vois aucune raison pour laquelle l'éthique environnementale ne pourrait prétendre définir une éthique distincte qu'à la condition que son originalité se laisse déduire du recours nécessaire à l'idée de la valeur intrinsèque des objets naturels non humains. Pour peu que l'on distingue les deux formes d'anthropocentrisme, il apparaît

à l'examen que, au moins pour l'une des deux, à savoir l'anthropocentrisme faible, il est tout à fait possible d'élaborer une éthique
environnementale qui soit adéquate. Si cette thèse est correcte, alors
les auteurs qui prétendent suspendre l'existence distincte d'une
éthique environnementale adéquate à la possibilité d'attribuer à la
nature ou aux objets naturels une valeur intrinsèque se trompent.

Toutefois, c'est à juste titre qu'a pu être défendue l'idée selon
laquelle une éthique environnementale adéquate implique qu'elle
soit une éthique distincte. Dans cette section, je me propose de
montrer qu'aucune éthique environnementale, capable de remplir
avec succès le programme qu'elle s'assigne, ne peut reposer sur un
fondement de type individualiste, que les individus concernés
soient des êtres humains ou des êtres non humains. Dans la mesure
où la plupart des systèmes d'éthique contemporains sont essentiellement individualistes, une éthique environnementale adéquate
peut être une éthique distincte, non pas à la condition d'être nécessairement non anthropocentrique, ainsi que l'ont dit ou laissé
entendre de nombreux éthiciens de l'environnement, mais plutôt
à la condition d'être non individualiste.

Les théories éthiques standards contemporaines, du moins aux
États-Unis et en Europe occidentale, sont essentiellement individualistes. J'entends par là que les prohibitions comportementales
qu'elles énoncent se laissent déduire du principe selon lequel les
actions ne doivent pas sans justification causer un dommage à
d'autres individus.

Les utilitaristes déduisent les règles éthiques du principe
général qui veut que toutes les actions doivent promouvoir le plus
grand bonheur possible pour le plus grand nombre possible d'individus. Cela signifie que le fait que telle action, à la différence de
toute autre, profite au plus grand nombre d'individus (en augmentant ce qui est bien pour eux ou en diminuant ce qui leur nuit) suffit à
décider de la légitimité ou de l'illégitimité des actions (ou des
règles). De ce point de vue, la satisfaction de chaque intérêt individuel se voit reconnaître une valeur initiale *prima facie*. Quelques-
uns de ces intérêts n'ont pas à être satisfaits, parce que l'informa-

tion disponible indique que, si une satisfaction venait à leur être donnée, des intérêts plus grands ou des ensembles d'intérêts plus grands de certains individus ne pourraient pas être satisfaits dans le même temps. Le principe utilitariste, auquel s'ajoutent en complément les prédictions empiriques concernant les conséquences qu'entraîne telle ou telle action pour les individus, exerce une ségrégation entre les actions maximisant le bonheur et celles qui ne le font pas. Dans les limites du propos qui est le mien, le point qui mérite d'être retenu est que la satisfaction des intérêts individuels définit l'unité de valeur fondamentale, et en ce sens l'utilitarisme (que ce soit l'utilitarisme de l'acte ou l'utilitarisme de la règle) est essentiellement de type individualiste [1].

Les déontologistes contemporains déduisent les prohibitions morales des droits individuels et des obligations qui commandent de protéger ces droits [2]. Les individus font valoir un certain nombre de revendications, et lorsque ces revendications entrent en conflit avec les revendications que font valoir d'autres individus, la légitimité ou l'illégitimité des unes et des autres est évaluée en fonction d'un ensemble de règles morales destinées à trancher ces situations. Bien que ces règles soient par essence indissociables de tout un système de justice et d'équité, les règles arbitrent les revendications des individus, et en conséquence l'éthique déontologique moderne

---

1. Je ne veux pas dire par là que les utilitaristes se contentent de traiter les intérêts humains comme des préférences senties. Les utilitaristes adoptent des interprétations variées des intérêts en relation avec le bonheur. J'insiste seulement sur le point suivant : les intérêts individuels humains, quelle que soit la façon dont ils sont déterminés, déterminent le fondement du calcul moral.

2. Je qualifie la position soumise à examen comme étant celle des déontologistes « contemporains » parce qu'il existe une tendance qui traverse la philosophie de Kant qui porte cette dernière à tenir les impératifs pour des principes abstraits. Toutefois, les modernes néo-kantiens tels que Rawls mettent l'accent sur les tendances plus individualistes présentes chez Kant, qui permettent d'envisager sa pensée dans la perspective de la tradition contractualiste. Les déontologistes contractualistes – ceux qui prennent clairement place au sein de la tradition libérale – sont ceux auxquels je songe ici. (Je remercie D. Berggren de m'avoir aidé à clarifier ce point.)

est essentiellement de type individualiste[1]. Par conséquent, l'éthique utilitariste et l'éthique déontologique moderne sont toutes deux essentiellement de type individualiste, dans la mesure où les unités fondamentales de la préoccupation morale sont les intérêts ou les revendications des individus.

C'est l'une des caractéristiques des règles de l'éthique environnementale qu'elles doivent interdire les comportements actuels qui ont des effets à longue portée sur le futur comme sur le présent. Par exemple, si le stockage des déchets radioactifs, qui représenteront encore un danger pour l'être humain dans des centaines d'années, continue d'être effectué dans des containers qui sont conçus de façon à se détériorer dans quelques siècles, il est du devoir d'une éthique environnementale adéquate de condamner cet état de fait, même si de telles actions, dans l'ensemble, procurent le plus grand bénéfice et n'entraînent aucun dommage pour les individus qui vivent actuellement.

De la même manière, si la croissance démographique des êtres humains se poursuit sans que les générations à venir modifient la politique actuellement en vigueur, elle engendrera de graves problèmes de surpopulation – attitude préjudiciable à l'avenir de l'environnement, dont ne peut se satisfaire une éthique environnementale adéquate qui se doit, en conséquence, d'élaborer des règles pour contrôler le taux de reproduction des êtres humains. Une éthique environnementale adéquate doit donc interdire toutes les activités actuelles qui sont généralement considérées comme ayant des effets dommageables sur l'environnement du futur.

---

1. On trouvera une clarification de la façon dont les règles opèrent de sorte à pouvoir arbitrer les revendications individuelles dans l'article de J. Feinberg, « The Nature and Value of Rights », *Journal of Value Inquiry*, 4 (1970), p. 243-257. Bien que tous les auteurs n'admettent pas que les droits s'originent dans les revendications, ce débat n'a pas laissé de traces matérielles. Par exemple, la façon dont McCloskey lie les droits aux « titres » n'est pas incompatible avec la thèse que je défends ici. H.J. McCloskey, « Rights », *Philosophical Quarterly*, 15 (1965), p. 115-127.

J'ai suggéré ailleurs qu'il existe un paradoxe – mis au jour par Derek Parfit – qui empêche les systèmes d'éthique qui sont de type individualiste, au sens défini plus haut, de contrôler les décisions actuelles, par référence aux effets qu'induisent ces décisions sur les individus qui vivront dans le futur[1].

Pour résumer brièvement l'argument, disons qu'il trouve son point de départ dans l'idée selon laquelle aucun système d'éthique fondé exclusivement sur l'arbitrage d'intérêts d'individus présents et à venir, ne peut influer sur les décisions actuelles, et ne peut donc modifier les effets qu'entraînent ces décisions sur les individus futurs, tout simplement parce que les décisions environnementales actuelles déterminent l'identité des individus qui existeront dans le futur. L'argument de Parfit consiste à souligner que les décisions actuelles concernant la consommation ont pour effet de déterminer combien d'individus naîtront dans le futur, et qui seront ces derniers. Une politique de croissance démographique rapide et de consom-mation élevée aura pour conséquence de déterminer l'apparition dans un siècle d'individus différents de ceux qui pourraient voir le jour si la génération actuelle adoptait une politique de croissance ralentie et de consommation modérée.

Supposons à présent que l'on admette, suivant en cela l'exemple de nombreux environnementalistes, qu'une politique de croissance rapide et de consommation élevée conduise à doter ceux qui vivront dans le futur de conditions de vie inférieures à celles qui auraient pu être les leurs si une politique de croissance plus modérée avait été adoptée. Les individus dont la naissance résulte, d'une certaine manière, de cette politique de croissance immodérée ne pourront pas se plaindre en disant qu'ils auraient été

1. D. Parfit, «Energy Policy and the Further Future : The Identity Problem», dans D. McLean et P.G. Brown (ed.), *Energy and the Future*, Totowa, Rowan & Littelfield, 1983, p. 166-179. J'applique le « paradoxe » de Parfit à l'éthique environ-nementale dans «Environmental Ethics and the Rights of Future Generations», *Environmental Ethics*, 4 (1982), p. 321. Nous renvoyons à ce dernier article pour une discussion détaillée.

mieux nantis si la politique de croissance n'avait pas été ce qu'elle a été – car ils n'auraient tout simplement pas vu le jour si une politique de croissance modérée avait été adoptée. Autrement dit, ce que montre le paradoxe de Parfit, c'est que la politique actuelle ne peut pas être décidée au moyen d'une référence aux dommages que l'on fait subir aux intérêts des individus qui vivront dans le futur, parce que cette politique détermine qui seront ces individus et quels intérêts seront les leurs. Les efforts qui visent à régir les comportements affectant le futur éloigné ne peuvent donc pas se régler sur l'idée des intérêts individuels des personnes qui vivront dans le futur, dans la mesure où l'existence même de ces individus est suspendue aux décisions qui seront prises.

Puisque les intuitions morales partagées par tous les individus sensibles aux problèmes écologiques incluent l'interdiction des comportements qui sont susceptibles d'avoir des effets négatifs à long terme (et non pas dans le moment présent), les règles de l'éthique environnementale ne peuvent pas être déduites des systèmes d'éthique ordinaires de type individualiste qui sont actuellement en vogue.

En outre, il importe de noter que la thèse que je défends concernant l'individualisme ne présuppose nullement que seuls les individus humains sont à même de faire valoir des revendications, ou d'avoir des intérêts et des droits. Les individus non humains qui vivront dans le futur sont affectés au même titre que les êtres humains par les politiques de croissance et de consommation.

En conséquence, l'augmentation du nombre des titulaires de droit, ou de ceux qui possèdent des préférences, qui ne verront pas le jour (du fait de l'adoption de telle ou telle politique de croissance), n'affecte en rien la validité de l'argument. Aucun système d'éthique de type essentiellement individualiste, et ce quelle que soit l'extension de la catégorie de référence des individus sur laquelle elle s'édifie, ne peut servir à guider moralement les décisions politiques qu'il convient de prendre actuellement en matière d'environnement.

Proposition d'une éthique environnementale anthropocentrique adéquate

Les arguments de la section précédente sont étonnamment simples et généraux, mais s'ils sont bien fondés, ils donnent raison à l'idée généralement partagée selon laquelle l'éthique environnementale doit être en quelque façon une éthique distincte – même s'il existe un désaccord sur la façon dont son originalité est habituellement comprise.

Jusqu'ici, les conclusions que j'ai tirées ont toutes été négatives – j'ai avancé l'idée qu'une éthique environnementale *n'a nul besoin* d'être non anthropocentrique, et qu'une éthique environnementale adéquate *ne doit pas* être limitée à des considérations prenant en compte des intérêts individuels. Ces conclusions permettent à l'éthique environnementale de se frayer une voie nouvelle, à savoir celle d'une éthique qui est faiblement anthropocentrique, qui localise toute la valeur dans l'être humain, et qui est aussi non individualiste au sens où la valeur n'est pas limitée à la satisfaction des préférences senties des individus humains.

Autrement dit, les arguments des deux premières sections de cet article 1) délimitent positivement un espace de pensée en établissant la possibilité d'une éthique environnementale faiblement (et non pas fortement) anthropocentrique, et 2) délimitent négativement cette éthique en éliminant la possibilité qu'elle soit de type purement individualiste.

Mon intention à présent n'est pas de démontrer que les principes éthiques que j'ai énoncés sont définitivement valides, ou encore qu'ils sont les seuls principes adéquats disponibles. Mon objectif est plutôt de présenter une éthique environnementale alternative qui soit adéquate, comme ne peut l'être aucune éthique fortement anthropocentrique et purement individualiste, tout en faisant l'économie du recours à l'idée d'une valeur intrinsèque des objets naturels non humains, idée difficile à défendre s'il en est.

Pour commencer, je propose l'analogie suivante. Supposons qu'un individu extrêmement riche fasse notifier dans son testament qu'une somme très importante doit être mise en dépôt «en vue de servir au bien-être économique de mes descendants». Le temps et les années passant, les descendants naîtront puis mourront, et la classe des bénéficiaires changera au fur et à mesure. Supposons également que les membres de la famille finissent par se brouiller et par se quereller de plus en plus souvent. Je suggère que deux types de controverses – chacune ayant une logique qui lui est propre – peuvent surgir concernant la somme mise en dépôt.

Premièrement, il se peut qu'il y ait des débats concernant la *distribution équitable* des revenus que procure la somme mise en dépôt. Quelques-uns des descendants feront peut-être valoir que les autres descendants n'ont aucun titre à partager le montant de ces revenus, parce qu'ils sont directement ou indirectement les enfants illégitimes d'un membre de la famille. Ou encore, il se peut que soit débattue la question de savoir si les enfants adoptifs des descendants ont un titre à bénéficier des dispositions du testament.

Deuxièmement, il se peut qu'il y ait des querelles qui se produisent au sujet de l'*administration* de la somme mise en dépôt. Ici, on pourrait imaginer que surgissent toutes sortes de questions quant à savoir quelles sortes d'investissements sont de «bons investissements». Tous les investissements doivent-ils être sécurisés, assurant par là un revenu continu mais de niveau faible? Peut-on admettre que, de temps à autre, une partie de la somme mise en dépôt soit écornée lorsque le revenu disponible pour investissements est anormalement bas? Une génération peut-elle dépenser toute la somme mise en dépôt, en la partageant équitablement entre tous les membres de la famille, sans se soucier des générations à venir?

De manière analogue, les questions éthiques concernant l'environnement peuvent être divisées entre celles qui concernent la distribution équitable entre différentes générations, et celles qui concernent les problèmes intergénérationnels à plus long terme. Si les arguments qui ont été avancés dans la troisième section sont valables, alors le deuxième genre de questions n'est pas réductible au premier, et leur logique respective n'est pas la même. On peut supposer qu'un grand nombre de problèmes environnementaux (et aussi bien non environnementaux) sont du ressort de cette partie de la justice qui s'occupe de garantir une distribution équitable. Si le propriétaire d'un terrain pollue une rivière qui traverse sa propriété, cette action soulève un problème d'équité entre lui-même et les riverains qui habitent plus bas[1]. Il y a tout lieu de croire que ces problèmes moraux sont aussi susceptibles de trouver le principe de leur solution dans l'utilisation des catégories et des règles des éthiques individualistes standards que les problèmes nons environnementaux.

Mais il y a également de nombreuses questions qui se posent en éthique environnementale qui sont analogues à celles que soulèvent les modalités d'administration à long terme d'une somme mise en dépôt. Les sols, les eaux, les forêts, le charbon, l'huile, etc., sont analogues à la somme d'argent mise en dépôt. S'ils font l'objet d'une consommation intensive, s'ils sont détruits ou dégradés, ils ne pourront plus procurer de bénéfices. Le revenu que procure la somme mise en dépôt est l'analogue des bénéfices que procurent les sources renouvelables. Aussi longtemps que la source productive est indemne (la source étant ici l'analogue de la somme mise en dépôt), on peut s'attendre à percevoir régulièrement des bénéfices.

L'un des traits qui confère à l'éthique environnementale son originalité tient à ce qu'elle se préoccupe de protéger les ressources de base durant une période de temps indéfinie. Le paradoxe de Parfit montre qu'il est impossible d'établir le bien-fondé d'une telle préoccupation en arguant du sort des individus, et en invoquant l'obligation que nous aurions de ne pas leur causer de préjudice sans justification. Ces obligations sont au fond analogues à celles de l'individu qui se trouverait être l'exécuteur testamentaire responsable de l'administration de la somme mise en dépôt. Bien que les

---

1. Ce qui ne veut pas dire, bien entendu, qu'une telle action ne pourrait pas aussi avoir des effets à plus long terme, en soulevant par là même des problèmes appartenant à la seconde classe.

décisions prises par l'exécuteur affectent les individus et leur bien-être, il a essentiellement à répondre de l'intégrité de la somme mise en dépôt, et il n'a pas d'obligation à l'endroit des individus eux-mêmes. Lors même que l'on serait tenté de dire que les obligations de l'exécuteur testamentaire concernent les individus qui vivront dans le futur, mais qui sont pour l'heure inconnus, cette manière de voir ne manquerait pas de trahir une certaine incapacité à comprendre dans toute sa profondeur le paradoxe de Parfit.

Supposons que tous les membres d'une génération donnée de la famille en question passent un accord en s'engageant les uns devant les autres à ne pas avoir de progéniture, et parviennent de cette manière à convaincre l'exécuteur testamentaire de partager équitablement la somme mise en dépôt entre les bénéficiaires actuels. Peut-être cette décision est-elle compatible avec les dispositions du testament, mais ce que cette hypothèse montre, c'est que les choix que fait l'exécuteur testamentaire ne peuvent pas se régler sur l'idée abstraite des « individus qui vivront dans le futur ». Dans la mesure où les décisions actuelles qui doivent être prises quant à la façon d'administrer le fonds sont liées à des questions qui n'ont pas encore été décidées et qui sont de nature à affecter l'existence future des individus, il est impossible de se référer à l'existence hypothétique de ces individus pour guider moralement la prise de décision.

Supposons qu'une génération entière d'êtres humains décide librement de se stériliser soi-même, s'autorisant par là même à consommer sans crainte de causer de préjudice aux individus qui vivront dans le futur. Ce faisant, peut-on dire de ces hommes qu'ils agissent mal ? Oui[1]. La perpétuation de l'espèce humaine est une

---

1. Cette réponse implique que la différence soit bien perçue avec la situation précédemment décrite d'une somme qui aurait été mise en dépôt, pourvu que l'on accepte le jugement qu'aucun tort n'aurait été commis si l'une des générations descendant de la famille décidait de ne pas se reproduire. Je dis qu'il y a une différence entre les deux situations dans la mesure où des obligations de reproduction différentes ne manqueraient pas de surgir si l'avenir de l'espèce humaine était en jeu. Supposons que quelqu'un réponde de manière négative à cette question en ce qui

bonne chose parce qu'un univers qui contient en lui la conscience humaine est préférable à un univers d'où cette conscience est absente[1]. Ce jugement de valeur implique que les générations actuelles doivent se soucier des générations à venir. Elles doivent faire ce qu'il faut pour éviter l'extinction de l'espèce, et elles doivent doter les générations futures de ressources de base raisonnablement stables afin qu'elles ne subissent pas de grandes privations. De telles règles fondamentales d'administration sont en tout point analogues aux règles d'administration de la somme mise en dépôt. Elles ne se donnent pas comme terme de référence les individus ou les intérêts individuels, mais elles dirigent le comportement de ceux dont les agissements sont susceptibles d'affecter les individus qui vivront dans le futur.

Il est à présent possible de donner un aperçu d'une éthique environnementale faiblement anthropocentrique et non individualiste. Une telle éthique comporte deux niveaux. Le niveau de distribution a pour principe que nul ne doit causer de préjudice aux autres êtres humains sans raison. Ce principe repose sur l'hypothèse que les préférences senties, les désirs qui apparaissent au sein de la conscience humaine individuelle, ont une valeur *prima facie* égale. Les règles déterminant le traitement équitable des individus sont dérivées du principe commandant de ne faire subir à personne de préjudice, et il prescrit le traitement équitable des individus, que ce

concerne l'avenir du genre humain, et considère ensuite la possibilité que le dernier individu humain puisse vouloir détruire sans motif les autres espèces, les lieux naturels préservés, etc. Je continuerai de condamner de tels actes arbitraires comme n'étant pas compatibles avec la définition d'un comportement humain respectable, en m'appuyant sur les arguments déjà mentionnés que permet d'avancer une théorie anthropocentrique faible.

1. J'accepte volontiers l'implication que comporte ce jugement de valeur, à savoir qu'en situation de grave raréfaction de la population humaine, nous serions dans l'obligation (tous ou peut-être seulement quelques-uns) de nous reproduire, mais je n'ai pas l'intention de défendre cette thèse centrale ici. Bien que je considère qu'elle peut être défendue, je tiens davantage à l'intégrer dans un système d'éthique cohérent qu'à la défendre.

soit en tenant compte des bénéfices que procure l'environnement ou toute autre source. Dans la mesure où il n'y a rien qui distingue vraiment les prescriptions et les interdictions environnementales à ce niveau – elles ne diffèrent pas en nature des autres problèmes de justice distributive –, je ne poursuis pas au-delà leur examen.

Les décisions qui peuvent être prises au second niveau d'une éthique environnementale, que j'appellerai le niveau d'« allocation », ne peuvent pas, quant à elles, être fondées sur des considérations individuelles. La valeur centrale conférée à la conscience humaine n'est pas le résultat total de l'addition de la valeur propre à chaque conscience individuelle, parce que la valeur d'une conscience continue à travers le temps ne peut pas être déduite de la valeur des consciences individuelles – ces dernières ne peuvent pas être identifiées ou dénombrées antérieurement à la prise de décision concernant l'allocation de ressources[1].

Partant, les obligations de ce niveau n'obligent à l'endroit de personne en particulier, et peuvent être appelées des « obligations généralisées » : ce sont des obligations qui pèsent sur la génération actuelle, et qui commandent de maintenir un flux stable de ressources durant un temps indéfini. Par voie de conséquence, ces obligations trouvent à se définir en référence aux ressources qui sont nécessaires pour que la vie humaine se perpétue, et non pas en référence à des exigences individuelles. Considérées dans une perspective non individuelle, les ressources correspondent aux moyens nécessaires au maintien de la vie. La perspective individuelle détermine les besoins et les manques, et recherche ensuite les moyens de les satisfaire. Le souci de disposer d'un flux continu de ressources garantit que les sources de biens et de services divers, telles que les écosystèmes, les sols, les forêts, etc., soient maintenues en un état

---

1. Sur une question connexe à celle que nous examinons, voir l'article de B. Barry, « Circumstances of Justice and Future Generations », dans R.I. Sikora et B. Barry (ed.), *Obligations to Future Generations*, Philadelphia, Temple University Press, 1978, p. 204-248.

« sain » et qu'elles ne soient pas détériorées. De cette manière, les options sont maintenues ouvertes, et les besoins raisonnables des individus pour tel ou tel bien ou pour tel ou tel service peuvent être satisfaits sans produire trop d'effort, sans déployer de vastes moyens technologiques, et sans avoir à redoubler d'inventivité. Toutefois, même dans cette perspective individuelle, l'accent ne porte pas sur les individus eux-mêmes, dans la mesure où les besoins spécifiques des uns et des autres ne sont pas au centre de l'attention, mais bien plutôt sur l'intégrité et la santé des écosystèmes considérés en tant qu'entités holistiques.

Bien que le souci de disposer de ressources à long terme implique que la stabilité des ressources de base soit protégée, cette stabilité n'est pas la même chose que la stabilité écologique. C'est une question ouverte (et donc sujette à controverse) que de savoir ce que la stabilité des écosystèmes signifie exactement. En outre, c'est également une question fort débattue que de savoir dans quelle mesure il existe des généralisations scientifiques crédibles au sujet de ce qui est nécessaire pour protéger la stabilité écologique. Par exemple, rien n'est plus discutable que la question de savoir si la diversité en général a pour effet de promouvoir la stabilité écologique, ou bien si elle lui est nécessaire [1]. Ces controverses sont trop complexes pour être examinées ici, mais elles sont pertinentes. Lorsque les scientifiques disposent de connaissances sur les conditions qui sont réellement nécessaires pour protéger les ressources de base, nous avons l'obligation d'agir en conformité avec ces conditions. À côté des quelques grandes généralisations excessives que l'on trouve dans le savoir scientifique, telles que celles qui concernent la diversité et la stabilité, il se trouve également une grande variété de règles moins générales qui sont bien élucidées, lesquelles sont pourtant systématiquement ignorées dans les politiques environnementales. Les écologistes et les administrateurs de ressources savent que l'abattement systématique des arbres de la

---

1. Voir B. Norton, *The Spice of Life*.

forêt tropicale qui couvrent des pentes raides est la cause d'une érosion désastreuse, que les monocultures continues intensives engendrent celle des terres végétales, et que la surexploitation des réserves de poissons peut être la cause de l'apparition de nouvelles variétés d'espèces bien moins productives. Plus avant, nous avons l'obligation, lorsque les connaissances font défaut, de chercher à nous procurer ces connaissances afin d'éviter de commettre par inadvertance des détériorations.

Une éthique de l'allocation des ressources devrait pouvoir être appliquée aux ressources non renouvelables comme aux sources renouvelables, et devrait aussi être liée à une politique de régulation de la population. L'injonction générale commandant de maintenir la stabilité des ressources de base d'une génération à l'autre se laisse déduire de la reconnaissance de la valeur de la conscience humaine. Ceci implique que, à l'endroit des ressources renouvelables, ou des ressources dont les biens revêtent un intérêt pour les êtres humains, les générations actuelles ne devraient pas récolter plus que ce qui correspond exactement au rendement maximum renouvelable de la ressource.

Mais qu'est-ce que la stabilité implique à l'endroit des ressources non renouvelables ? Au premier regard, on serait enclin à répondre que la seule possibilité de maintenir un approvisionnement stable qui soit durable est de faire en sorte que les ressources concernées ne fassent l'objet d'aucune utilisation, mais ce raisonnement repose sur une confusion, car l'obligation n'est pas celle de disposer d'un approvisionnement stable d'une certaine quantité fixe de biens, mais plutôt celle de maintenir un niveau stable de biens *disponible pour nous*. Autrement dit, le principe éthique vise à maintenir la possibilité de la conscience humaine, qui requiert elle-même l'utilisation des ressources. Ce qui est exigé, par conséquent, c'est un approvisionnement constant en ressources mises à la disposition des générations successives.

Il est également loisible de voir quelle pertinence peut revêtir, dans le cadre de cette problématique, la technologie humaine et la substituabilité des produits qu'elle rend possible. Les contemporains peuvent épuiser les ressources non renouvelables, pourvu qu'ils fassent ce qu'il faut pour fournir des substituts convenables. Par exemple, si la génération actuelle épuise la plus grande partie de l'énergie fossile accumulée disponible, elle n'aura rien fait de mal si elle lègue à la génération suivante une technologie capable d'extraire de l'énergie des sources renouvelables telles que la lumière du soleil, le vent ou les courants marins[1]. Il est possible d'envisager toutes sortes de compromis significatifs s'effectuant dans les deux sens entre les ressources renouvelables et les ressources non renouvelables.

Il importe aussi de noter que ce système implique un principe de régulation de la population – le niveau de la population propre à telle ou telle génération devant être déterminé par ce qu'exige la stabilité du flux de ressource. Une telle détermination devrait être fondée sur une évaluation a) du nombre de personnes compatible avec le rendement maximal des ressources renouvelables, et b) du nombre de personnes compatible avec un niveau d'usage des ressources non renouvelables qui ne dépasse pas la capacité de la technologie existante à produire des substituts convenables. Le principe de régulation de la population découle du principe de la stabilité. Dans la perspective qui est ici adoptée, il n'est nullement requis d'identifier les individus qui vivront dans le futur, ou de se soucier de garantir ce qui est nécessaire à l'existence de ces individus. Ce à quoi nous sommes tenus, c'est de faire en sorte que le maintien du rendement maximal durable soit compatible avec la stabilité du flux de ressource. Le principe de régulation de la population établit une politique de la population valable pour toute une génération considérée dans son ensemble, en liaison avec la capacité de charge de l'environnement. Les questions qui consistent à demander quels sont les individus d'une génération donnée qui

---

1. Dans les limites de l'argumentation que je développe ici, j'ignore volontairement les autres effets à long terme de l'utilisation de l'énergie fossile. Les problèmes que pose l'effet de serre devraient bien entendu eux aussi être résolus.

devraient avoir des enfants, et en quel nombre, peuvent être traitées comme des questions d'équité interpersonnelle entre les individus existants de chaque génération donnée.

Les obligations éthiques constitutives d'une éthique de l'allocation sont, comme on le voit, tout à fait simples, ce qui s'explique par le fait qu'elles se laissent déduire d'une valeur unique – à savoir celle reconnue au maintien à travers le temps d'une conscience humaine. Mais la forme générale qui est la leur ne permet pas de savoir exactement ce qu'il convient de faire ; elles exigent seulement que soient mises en place des actions nécessaires au maintien des ressources de base durant un temps indéfini. Le savoir scientifique offre ici un relais précieux, car il permet en principe d'indiquer avec plus de précision les actions spécifiques qui sont nécessaires en vue de satisfaire de telles obligations. La force du discours des scientifiques peut suffire à démontrer qu'un certain nombre de pratiques des plus répandues actuellement contreviennent à ces obligations, que ce soit de manière directe ou de manière cumulative, et qu'elles sont pour cette raison, dans les termes du système d'éthique ici défendu, immorales. Il y a toutefois des domaines où le savoir scientifique ne suffit pas à décider si, et dans quelle mesure, certaines pratiques entraînent une détérioration de l'environnement. En pareils cas, la prudence est de rigueur, et il nous appartient de mettre en œuvre les moyens permettant de nous procurer l'information nécessaire.

Bien que la science soit appelée à jouer un rôle décisif dans ce système d'éthique, ce dernier n'est pas pour autant de type naturaliste, en ce sens où il ne déduit pas les obligations morales d'énoncés purement scientifiques. L'obligation centrale qui pèse sur tous les individus actuels à l'endroit du futur est celle de perpétuer la valeur de la conscience humaine. La fonction de la science est d'élucider et de donner un sens concret aux obligations spécifiques qui dérivent de cette obligation centrale, mais ce n'est pas la science qui lui confère sa valeur d'obligation.

RELIER LES DEUX NIVEAUX

L'éthique ici proposée comporte deux niveaux : le premier fait de l'égalité *prima facie* des préférences senties des individus humains son principe de valeur central ; le second fait de la valeur de la perpétuation de la vie humaine et de la conscience humaine son principe de valeur central. Les règles et les comportements justifiés à ces deux niveaux peuvent, bien sûr, entrer en conflit. Si les préférences senties sont de type foncièrement consumériste, alors il se peut que les chances de perpétuation de la vie humaine soient compromises. Inversement, l'on peut imaginer des situations où le souci de la perpétuation de l'espèce humaine conduise à l'adoption de mesures draconiennes menaçant la vie ou les moyens d'existence des contemporains en limitant la satisfaction des préférences senties. Toutefois, l'anthropocentrisme faible, parce qu'il tient compte de la différence importante qui existe entre les préférences senties et les préférences réfléchies, peut arbitrer ces débats.

Entre toutes les situations de conflit qui se présentent, la plus ordinaire – à laquelle de nombreux environnementalistes craignent que nous soyons actuellement confrontés – se produit lorsque les préférences senties de type foncièrement consumériste entraînent une grave surexploitation de la nature, et par là menacent les ressources de base nécessaires pour le maintien de l'existence humaine. Ce conflit peut être résolu en prenant en considération les idéaux humains. Si, par exemple, notre vision globale du monde se donne pour idéal la perpétuation de la vie humaine et de la conscience humaine, alors les préférences senties en question pourront être jugées irrationnelles, en raison de leur incompatibilité avec un tel idéal éthique. De la même manière, si une vision du monde rationnelle, qui fait sienne l'idée selon laquelle l'espèce humaine a évolué en liaison avec d'autres formes de vie, inclut un idéal qui en appelle à une existence harmonieuse avec la nature, alors cet idéal pourra permettre de critiquer et de modifier les préférences senties. En inscrivant les principes écologiques et les idéaux concernant le type de rapport que les êtres humains doivent

soutenir avec la nature au sein d'une vision du monde rationnellement justifiée, les anthropocentristes faibles disposent de
ressources puissantes pour critiquer les préférences senties des
êtres humains dont la satisfaction compromet la stabilité et
l'harmonie environnementales.

Parvenu à ce stade, l'on dira peut-être que les expériences
subjectives de la nature sont essentielles dans l'édification d'une
vision du monde rationnelle. Il est également juste de faire remarquer que la compréhension scientifique de la nature joue un rôle
essentiel dans l'édification d'une telle vision du monde. Il n'y
aurait guère matière à s'étonner si, d'aventure, l'on établissait que
les analogies, les symboles, les métaphores inspirées de la nature,
fournissent une source essentielle pour guider le choix des idéaux
éthiques et esthétiques[1]. Les autres espèces et les lieux naturels
préservés revêtiraient de cette manière une grande valeur pour les
êtres humains, non pas seulement parce qu'ils satisfont leurs préférences senties, mais encore parce qu'ils permettent de mettre en
lumière et de réfléchir ces préférences mêmes. Pour peu que l'on
distingue clairement les préférences senties des préférences réfléchies, il est loisible de voir que la nature joue un rôle décisif dans le
processus de formation des valeurs, dans la mesure où elle apporte
une contribution à la formation d'une vision du monde rationnelle
qui livre elle-même le critère permettant de soumettre à la critique
les préférences senties.

L'ÉTHIQUE ENVIRONNEMENTALE
ET LA VALEUR INTRINSÈQUE

Les conflits qui peuvent se déclarer entre les niveaux de justice
distributive et d'allocation des ressources exigent certes, pour être

---

1. Voir les références données précédemment dans la note 1, p. 257 [de ce
volume].

démêlés, un débat contradictoire approfondi, mais un tel débat peut se dérouler sans avoir à recourir à l'idée d'une valeur intrinsèque des objets naturels non humains. La valeur de la perpétuation de la conscience humaine, et les règles qu'elle implique quant à l'allocation des ressources, peuvent offrir un fondement à la critique des préférences senties de type consumériste. De la même manière, des idées telles que celle d'une harmonie humaine avec la nature, ou celle d'une affinité évolutive de l'espèce humaine avec les autres espèces, peuvent se révéler utiles en vue d'étayer et d'affirmir la vision du monde permettant de critiquer les comportements actuels responsables d'une détérioration de la nature.

Une éthique environnementale renvoie donc, dans notre esprit, en tout premier lieu, aux règles de justice distributive appelées à guider les comportements susceptibles d'affecter l'usage que les autres êtres humains peuvent avoir de l'environnement. En second lieu, une éthique environnementale renvoie aux règles d'allocation qui affectent sur le long terme la santé de la biosphère considérée comme unité organique en fonctionnement. Toutefois, une éthique environnementale ne se réduit pas à ces règles : elle embrasse aussi les idéaux, les valeurs et les principes qui constituent une vision du monde rationnelle portant sur la relation que l'espèce humaine soutient avec la nature. C'est à ces sources qu'il convient de puiser les éléments permettant d'évaluer les règles d'action droite, et permettant de soumettre à la critique les préférences senties actuelles. L'expérience esthétique de la nature joue un rôle essentiel dans le processus de formation et d'application de ces idéaux, et elle est à ce titre au centre de l'éthique environnementale ici décrite.

Parmi les non-anthropocentristes, il s'en trouve quelques-uns, tels J. Baird Callicott, à avoir développé avec quelque détail, et pour leur propre compte, les idées ci-dessus évoquées, notamment celle d'une affinité de l'être humain avec les autres espèces. La conclusion qu'ils en ont tirée est qu'il est rationnel de la part des êtres humains d'«attribuer» une valeur intrinsèque aux autres espèces sur le fondement des sentiments affectueux qu'elles nous inspirent[1].

Toutefois, si – ainsi que je l'ai dit – l'idée d'une harmonie avec la nature peut, dès lors qu'elle devient une partie intégrante de notre vision du monde, servir à corriger les préférences senties, alors elle peut également servir à ajuster les préférences senties au niveau des exigences de l'allocation des ressources, sans qu'il faille recourir au concept de valeur intrinsèque. Mais dans la mesure où les êtres humains, en tant qu'ils sont des animaux hautement développés, partagent de nombreux besoins avec les autres espèces sur le long terme – besoin d'air pur, besoin en eau potable, besoin des services que rendent les écosystèmes, etc. –, il n'y a rien d'étonnant à ce que le fait de *parler comme si* la nature possédait une valeur intrinsèque puisse guider concrètement de manière utile l'ajustement des préférences senties. Et puisque ces préférences sont de nos jours de type foncièrement consumériste et visent essentiellement à la satisfaction des besoins de notre propre espèce, le fait de manifester de la considération pour les autres espèces qui partagent nos besoins sur le long terme, et dont la satisfaction décide de la survie des uns et des autres, peut constituer un recours utile dans une stratégie d'ensemble.

Toutefois, le point qu'a voulu mettre en évidence cet article est qu'il n'est nullement nécessaire de reprendre à son compte les thèses ontologiques fort discutables que présuppose l'attribution d'une valeur intrinsèque à la nature, dans la mesure où l'anthropo-centrisme faible fournit un cadre théorique adéquat permettant de soumettre à la critique les pratiques actuelles responsables des détériorations de l'environnement, et de prendre en compte les idées qui font valoir l'existence d'une affinité de l'être humain avec la nature – moyennant quoi il est possible de reconnaître à l'éthique

---

1. Voir J. Baird Callicott, « On the Intrinsic Value of Nonhuman Species »; voir aussi l'article de Pluhar, « The Justification of an Environnemental Ethic », où est proposée une approche légèrement différente de l'attribution de la valeur intrinsèque.

environnementale le statut d'une éthique distincte. Tout cela constitue les éléments essentiels d'une éthique qui reconnaît la distinction entre les préférences senties et les préférences réfléchies, et qui inclut d'importants idéaux esthétiques et éthiques.

Ces idéaux, qui peuvent bien être dérivés de sources spirituelles ou d'une vision du monde rationnelle, sont fondés et localisés dans les valeurs humaines, ce qui ne les empêche nullement de fournir le cadre théorique d'une critique des préférences senties actuelles excessivement consuméristes. Comme tels, ils permettent de proposer un arbitrage entre les principes éthiques de justice distributive dans le présent et les principes éthiques d'allocation des ressources qui se réfèrent à un avenir reculé. Le développement de principes de conduite qui respectent le maintien de l'intégrité des écosystèmes en fonctionnement, considérés comme des totalités, est une partie essentielle de cet arbitrage. De cette manière, ces principes dépassent la considération des préférences senties individuelles, et concentrent l'attention sur le maintien du fonctionnement stable des écosystèmes.

Si tout ce qui précède est correct, il s'ensuit que le rasoir d'Occam recommande assurément de privilégier l'anthropocentrisme faible par rapport au non-anthropocentrisme.

CHRISTOPHER D. STONE

LE PLURALISME MORAL ET LE DÉVELOPPEMENT DE L'ÉTHIQUE ENVIRONNEMENTALE *

INTRODUCTION

Avec cette livraison, la revue *Environmental Ethics* achève sa première décennie d'existence. L'heure est peut-être venue de se demander ce que le mouvement d'éthique environnementale peut se flatter d'avoir accompli, où il en est aujourd'hui, et de quel côté il devrait s'orienter. Il n'est pas contestable, et particulièrement en regard du temps relativement bref qui s'est écoulé, que les contributions qui ont été apportées sont impressionnantes. La plupart des questions fondamentales (voire toutes les questions fondamentales, ainsi que certains ne manqueront pas d'en faire l'hypothèse) ont été clarifiées. Peut-être la partie la plus précieuse de cette littérature est-elle à chercher dans les textes qui concentrent leur attention sur ce que j'appelle les « obstacles » (voir ci-dessous).

De nos jours, à n'en pas douter, un travail de qualité s'effectue encore, mais je crains que nous n'ayons atteint un seuil. L'un des signes qui l'indiquent est la tendance récurrente à affirmer le

* Ch.D. Stone, « Moral Pluralism and the Course of Environmental Ethics », *Environmental Ethics*, vol. 10, 2 (1988), p. 139-154; repris dans Ch.D. Stone, *Should Trees Have Standing? And Others Essays on Law, Morals and the Environment*, New York, Oceana Pulications, 1996, p. 143-157. La présente traduction est publiée avec l'aimable autorisation de l'auteur.

«besoin» éculé d'une éthique environnementale «dont l'heure a sonné», à quoi fait immédiatement suite l'énoncé de ces thèmes de plus en plus familiers concernant la portée restreinte des théories traditionnelles, etc. Le problème que nous rencontrons tient en partie à ce qu'il nous faut tout d'abord définir clairement en quoi consiste cette entreprise qu'est l'élaboration d'une éthique environnementale. Où l'éthique environnementale se situe-t-elle au sein de la sphère plus large de la philosophie morale?

On répondra: l'éthique environnementale se rattache à cette tradition de philosophie morale qu'est l'éthique appliquée. Mais si tel est le cas, il nous reste à demander ce qu'un tel statut implique[1]. Cela signifie-t-il qu'il nous faut considérer l'éthique environnementale comme une éthique qui applique certains principes moraux fondamentaux immuables – disons: «les principes centraux» – afin de traiter les propriétés particulières de la nature, à la façon dont les principes centraux des mathématiques (les principes de l'algèbre et de la topologie) sont dits être étendus et raffinés par la théorie des statistiques et celle des probabilités en sorte qu'ils se prêtent à une application à certains types spéciaux de «matériaux»[2]? Si telle est bien l'idée défendue, alors les questions suivantes s'imposent. Quels sont les principes moraux immuables qu'applique l'éthique environnementale, en tant qu'elle se définit précisément comme éthique appliquée? (Au service de qui acceptons-nous de nous mettre nous-mêmes?) Quel type de dérive ceux qui font profession d'appliquer de tels principes doivent-ils

---

1. Voir J. Baird Callicott, «Non-Anthropocentric Value Theory and Environmental Ethics», *American Philosophical Quarterly*, 21 (1984), p. 299-300.

2. Voir L.A. Steen, «Mathematics Today», dans L.A. Steen (ed.), *Mathematics Today*, New York, Springer-Verlag, 1970, p. 7-8. Il importe de noter que dans les modèles des mathématiques que présente Steen le flux d'idées et d'informations de valeur s'écoule selon deux directions: l'inventaire des idées centrales les plus abstraites les rend disponibles à une application dans des régions extérieures; en retour, le centre est alimenté par les idées nouvelles que l'application concrète lui envoie depuis la périphérie.

compenser et corriger, en déformant par là nécessairement la « pureté » des propositions centrales les plus abstraites, lorsqu'ils se heurtent concrètement aux énigmes de ce monde ?

Une réponse alternative a été avancée, exprimant le projet autrement plus ambitieux d'unir les meilleures forces sous la bannière d'une éthique nouvelle, indépendante, entreprenant de sonner la charge contre les principes centraux eux-mêmes, soit pour les renverser et pour remplacer les prémisses qui y règnent souverainement, soit pour établir une sorte de co-régence.

La troisième alternative est celle qui porte le plus loin. Elle consiste à profiter de l'occasion que lui offre le développement du mouvement d'éthique environnementale pour réexaminer les présupposés métaéthiques qui sous-tendent toutes les philosophies morales.

En ce qui me concerne, je considère que chacune de ces entreprises possède quelque validité, mais que la troisième demande qu'on lui consacre aujourd'hui plus d'attention, car nous n'avons toujours pas tiré au clair, ni pour nous-mêmes, ni pour les autres, quels sont exactement les objectifs et les règles fondamentales qui président à l'élaboration d'une éthique.

LES OBSTACLES

Mon intention n'est assurément pas de prétendre résumer l'ensemble de la littérature apparue à ce jour. Les auteurs des dix dernières années ont identifié une série d'obstacles que l'éthique environnementale rencontre sur son chemin. La plupart de ces obstacles étant bien connus des lecteurs de la revue *Environmental Ethics*, un bref récapitulatif devrait suffire.

La première question qui se pose est celle de savoir comment mettre en forme de manière cohérente ce qui définit en propre *l'objectif* poursuivi par toute éthique environnementale. En cette affaire, le partisan d'une éthique environnementale pourrait être tenté de se rabattre sur des définitions négatives, en se contentant de

dire ce que cette éthique *n'*est *pas* : l'objectif – pourrait-il dire – est
d'introduire dans la réflexion morale des considérations qui ne sont
pas purement et simplement homocentriques, c'est-à-dire qui ne
font pas appel exclusivement ou de façon déterminante aux préférences des hommes, ou à ce qui revêt pour eux une utilité. C'est ici
que la première difficulté apparaît. Même si l'environnementaliste
parvenait à convaincre ses interlocuteurs que les arbres et les truites
possèdent une valeur (en un certain sens du mot « valeur »), il reste
que seuls les êtres humains *effectuent l'évaluation* ; après tout, c'est
l'humanité, et non pas les arbres et les truites, que les environnementalistes cherchent à convaincre. Or cette exigence qui conduit à
recourir à la conscience humaine et aux préférences des hommes,
ne nous jette-t-elle en pleine contradiction – à savoir dans ce qu'il
faut bien appeler une sorte d'homocentrisme ?

La deuxième question qui se pose est celle de savoir quels sont
les *fondements* sur lesquels repose une éthique environnementale.
En admettant que nous sachions exprimer de façon intelligible
l'objectif que poursuit une éthique environnementale, il reste à
savoir quels sont les fondements rationnels sur lesquels il lui est
possible de s'édifier. Nous pourrions envisager que notre travail
d'éthicien de l'environnement consiste à mettre en application des
principes éthiques, et ainsi le problème serait simplement de savoir
quelle éthique majeure il convient d'appliquer.

De ce point de vue, l'idée de subordonner l'éthique environnementale à l'utilitarisme apparaît peu séduisante, parce que ce
dernier ne reconnaît de valeur à la nature que dans la mesure où
celle-ci revêt une valeur instrumentale par rapport au bien-être des
hommes. L'éventualité d'un mariage avec une éthique d'inspiration néo-kantienne ne peut guère être envisagée non plus, car si
l'on ne peut que se féliciter de voir que les néo-kantiens ne sont pas
hommes à battre leur chien, la justification qu'ils avancent – à
savoir qu'il s'agit là d'un devoir envers nous-mêmes, et non pas
d'un devoir à l'endroit des chiens – est, quant à elle, inacceptable.

La position qui recueille le plus de faveurs est celle qui consiste
à mettre au jour un « bien » qui ne puisse être instrumentalisé sans

reste aux seules fins du bien-être ou de la vertu des hommes, un bien qui serait en quelque sorte situé à l'extérieur de nous-mêmes dans la nature. Toutefois, la tâche consistant à identifier et à légitimer un tel bien intrinsèque ou inhérent constitue un véritable défi, et la difficulté augmente au fur et à mesure que nous cherchons à localiser ce bien ailleurs que dans l'intelligence ou dans la vie. Les partisans des droits des animaux mettent du moins en chantier quelques-uns des biens traditionnels de la théorie morale : une vie qui peut être détruite, un plan qui peut être bouleversé, un nerf qui peut communiquer de la douleur. Quiconque s'engagerait à défendre la thèse de la considérabilité morale d'un objet inanimé se verrait confronté à la tâche d'identifier quelque chose qui puisse jouer le rôle d'un fondement comparable à ceux que l'on vient de mentionner, une « valeur intrinsèque » de quelque chose qui ne peut être tué, bouleversé ou maltraité.

Troisièmement, ce qui est recherché en éthique environnementale, ce n'est pas seulement un point de vue moral qui permette de rendre compte de façon principielle de la nature. Nous avons besoin d'un point de vue moral suffisamment détaillé et ingénieux pour nous guider au travers des *énigmes ontologiques*. En référence à quels types de principes le monde moral et juridique doit-il être morcelé en certaines « choses » qui comptent et en celles qui ne comptent pas ? On peut estimer que ce problème n'est autre que celui des *limites* de toute éthique : autrement dit, si la conscience de soi n'est pas la clef de la considérabilité morale, ni la sensibilité, ni la vie, etc., comment convient-il de procéder pour qu'un argument en faveur de la préservation d'un lac ne puisse pas s'appliquer avec la même force pour une lampe électrique ? Le même genre de dilemme surgit de façon inattendue sous d'autres formes : l'unité de notre préoccupation morale doit-elle être la fourmi individuelle, la fourmilière, la famille de fourmis, l'espèce, ou l'habitat de la fourmi ?

Quatrièmement, supposons que nous parvenions à morceler correctement le monde, c'est-à-dire que nous parvenions à identifier ces objets à l'endroit desquels une considération morale *prima facie* est justifiée, par exemple telle ou telle montagne. Il restera à se poser la question de savoir comment, une fois qu'on a admis en principe qu'il existe bel et bien des obligations morales à l'endroit d'une montagne, les hommes peuvent *s'acquitter* de telles obligations. Dans le contexte familier de moralité interpersonnelle, le fait de s'acquitter de ses devoirs à l'endroit d'un autre est lié au respect de ses besoins et de son bien-être. Mais comment peut-on « être en règle » avec une montagne ?

Cinquièmement, nous rencontrons des *dilemmes de distribution*. Il ne suffit pas de morceler le monde, en établissant ce qui vaut d'être considéré moralement. Il ne suffit pas non plus de dire comment cette considération morale se traduit concrètement en actions bonnes ou mauvaises *prima facie*. Que sommes-nous censés faire en cas d'indications conflictuelles ? Par exemple, l'on peut imaginer une théorie morale qui prescrirait le respect de la vie, et dont le principe fondamental serait que « plus de vie est mieux que moins de vie ». L'on peut aussi imaginer une théorie morale qui justifierait la préservation de tel désert, encore à l'état intact. Mais dans ce cas-là, que sommes-nous censés penser d'un projet d'irrigation qui envisagerait de transformer le désert en un habitat regorgeant de végétation ? D'une manière plus générale, le problème n'est autre que celui de mettre en balance le poids de chaque revendication : même s'il est possible de démontrer que la continuation de l'existence d'une espèce ou la préservation de tel état d'une rivière constitue un bien (de façon non instrumentale), quel est le poids moral de ce bien en regard du poids que possèdent les autres biens qui entrent en compétition avec lui ?

Bien que chacune de ces questions soit difficile – le fait que nous en soyons au dixième volume de cette revue est assez éloquent –, nous pouvons prendre bonne note de ce que, dans leur genre, elles ne sont au fond pas plus terribles que celles qui ont toujours tourmenté par le passé les partisans des diverses théories morales, telles que, par exemple, la question de savoir comment établir la signification et la légitimité du raisonnement moral en général, ou encore la question de savoir comment démontrer qu'il est impératif de sacrifier son propre plaisir personnel pour prêter main-forte à la réalisation de quelque chose d'autre. Ceux qui ont conscience des difficultés que pose le fait de désigner la communauté des hommes au rôle de ce « quelque chose d'autre » pour lequel il est bon de consentir des sacrifices, ne peuvent repousser d'un revers dédaigneux de la main la candidature de telle ou telle forme de vie de la communauté biotique. Dans ces conditions, l'élaboration d'une éthique qui ambitionne de guider moralement notre conduite à l'endroit de la nature n'est pas une entreprise plus extravagante, ni plus périlleuse, que celle qui vise à élaborer ou à découvrir, au moyen d'une concertation de tous avec tous, les principes d'une éthique interpersonnelle.

LES HYPOTHÈSES MÉTAÉTHIQUES

Les questions les plus amples – celles qui sont, en tout domaine, les questions prioritaires – exigent pour être traitées un examen plus poussé des hypothèses métaéthiques implicites. Qu'est-ce que les éthiciens de l'environnement cherchent à accomplir, et quels sont leurs critères de succès ? Autrement dit, à quoi une éthique environnementale est-elle censée ressembler et qu'est-elle censée faire exactement ?

Pour mieux me faire comprendre, je rappellerai que pendant des années la conviction d'Aldo Leopold, selon laquelle nous devrions développer une « éthique de la terre », a été pour les éthiciens de l'environnement une incitation à penser, mais combien de temps a-t-on consacré à l'examen de ce qu'un tel projet implique ? Les partisans d'une éthique de la terre reprennent-ils à leur compte le vaste dessein de remplacer toutes les éthiques existantes en leur substituant une autre capable d'offrir une médiation à toutes les questions morales portant sur l'homme, l'animal et la montagne, au moyen d'une référence à un ensemble de principes plus grand et plus englobant ? Ou bien l'éthique de la terre peut-elle être une éthique qui préside seulement aux relations que l'homme soutient avec la terre, laissant intacts les autres principes qui règlent les actions qui concernent l'humanité (et qui laisserait également intacts les principes qui règlent les actions qui affectent, mettons, les animaux inférieurs, etc.)?

Si ce qui vient d'être dit implique qu'il existe différentes éthiques, alors une foule de questions se présente à nous. Qu'est-ce qu'un système éthique, et quelles sont les exigences minimales auxquelles il doit se conformer? Les « preuves » qu'on est en droit d'attendre de lui doivent-elles être aussi irrésistibles qu'en géométrie? Est-il nécessaire que chaque dilemme moral trouve une solution et une seule qui soit strictement bien définie? Ou bien n'est-il pas suffisant d'identifier différentes séries d'actions également acceptables, en désignant peut-être par élimination celles qui sont erronées ou inadaptées? Comment, et en référence à quoi, une éthique peut-elle différer d'une autre? Quelles sont les possibilités de jugements conflictuels qui résultent du fait de la multiplicité des théories en présence, et comment doivent-elles être résolues?

Telles sont quelques-unes des questions que les éthiciens de l'environnement auront tôt ou tard à prendre à bras-le-corps. De leur réponse dépendra tout bonnement la légitimité d'une éthique environnementale en tant qu'entreprise distincte.

LE MONISME MORAL

Le mouvement d'éthique environnementale a toujours su que la condition de sa réussite dépendait de sa capacité à contester l'orthodoxie prévalente. Mais l'orthodoxie qui a servi de cible à l'éthique environnementale est seulement celle qui est de l'espèce la plus évidente, celle qui se situe au plan des énoncés de la morale, au niveau desquels se rencontre l'idée que l'homme est la mesure (et non pas seulement celui qui effectue la mesure) de toute valeur. Remettre en question cette importante présupposition est assurément une partie tout à fait valable du programme. Mais l'espèce d'orthodoxie qu'il nous faut interroger en premier lieu se situe sur un autre plan, celui des principes métaéthiques, au niveau desquels il convient de poser la question de savoir de quelle manière une philosophie morale doit être élaborée, et sur quels types de fondements elle doit être édifiée.

Il importe de noter que je ne prétends nullement que tout débat soit absent au niveau des *énoncés de la morale*. Je ne suis pas en train de regretter un quelconque déficit de discussion vivante au sein de la littérature philosophique. Mais pour peu qu'on en gratte la surface, on est frappé par le fait que règne parmi les éthiciens de l'environnement un consensus tranquille, quoiqu'implicite, sur le sens métaéthique de l'entreprise. Dans une très large mesure, il est présumé, si ce n'est de façon explicite, du moins par implication, que la tâche est de mettre en place et de défendre un seul principe omni-englobant (ou un ensemble cohérent de principes), tel que le principe utilitariste du « plus grand bonheur pour le plus grand nombre », ou tel que l'impératif catégorique kantien, et de démontrer comment ce point de vue, qui est censément le bon, nous aide à trouver notre voie au travers de tous les dilemmes moraux jusqu'à la solution, qui est censément la bonne.

Cette attitude, que j'appelle le monisme moral, implique par exemple qu'en prenant fait et cause pour la préservation d'une forêt ou pour la protection d'un laboratoire animal, nous sommes censés subsumer nos arguments sous les mêmes principes que ceux qui dictent, respectivement, les obligations à l'endroit de notre parenté, ou les obligations que nous avons d'abandonner au milieu du désert les terroristes. Ce qui est suggéré à chaque fois, c'est que la considé-rabilité morale est une affaire de tout ou rien ; c'est ainsi que le point de vue unique est censé prendre appui sur une propriété morale saillante, telle que, de façon typique, la sensibilité, l'intelligence, le fait d'être le sujet d'une vie consciente, etc. De nombreuses entités (en fonction de la présence bénie en elle de cette propriété saillante) seront dites *soit* moralement pertinentes (chacune de la même manière, conformément aux mêmes règles), *soit* ne méritant aucun égard, et elles seront à ce titre plongées dans les ténèbres de la morale[1].

Les environnementalistes, bien plus que la plupart des philosophes, ont au moins une raison intuitive pour supposer que cette attitude est erronée, car ils sont les premiers dont la réflexion est tenue en bride par le monisme moral. Les environnementalistes qui s'interrogent sur la possibilité de reconnaître une valeur à la rivière (ou la possibilité de reconnaître une valeur au fait de préserver la rivière), ne peuvent pas rationaliser ces sentiments en employant la terminologie familière de type anthropocentrique (tels les concepts de douleur et de projet de vie) qu'ils appliquent pour décrire leur propre situation. Par contraste, les éthiciens traditionnels, qui concentrent leur attention sur les relations interpersonnelles, ne prennent en considération qu'un ensemble relativement étroit et peu sujet à controverse de qualités morales saillantes. Les

---

1. Considérons cet argument qu'un partisan de l'expérimentation animale adresse aux partisans des droits des animaux : « Si toutes les formes de vie animale (…) doivent être traitées de façon égale, et si par conséquent (…) les douleurs d'un rongeur comptent autant que celles d'un être humain, nous sommes contraints de conclure 1) que ni les êtres humains ni les rongeurs ne possèdent de droits, ou alors 2) que les rongeurs possèdent les mêmes droits que les hommes » (C. Cohen, « The Case for the Use of Animals in Biomedical Research », *New England Journal of Medecine*, 315 (1986), p. 865 et 867). Une position alternative de type « pluraliste » examinerait la possibilité qu'un animal destiné à être un animal de laboratoire possède des droits, tandis que la même chose ne pourrait pas être dite des êtres humains. Il se pourrait que le rongeur n'ait aucun « droit » de vivre, mais qu'il ait un « droit » de ne pas subir de mauvais traitements. Cette distinction pourrait être rendue opératoire en disant que tout ce que l'on pourrait demander à celui qui fait périr un animal de laboratoire au cours de ses expériences sans lui faire subir de souffrance, est qu'il parvienne à montrer qu'il est probable qu'il en résulte un certain progrès du bien-être humain; toutefois, il se pourrait aussi (de façon alternative) que la souffrance animale ne soit jamais autorisée, ou seulement dans les cas où il est possible de démontrer qu'il est hautement probable que ces expériences permettent de sauver des vies humaines ou permettent de réduire la souffrance humaine – et jamais parce qu'elles ont pour effet de soulager quelques désagréments de la vie des hommes, tels qu'atténuer les rides autour des yeux.

personnes peuvent parler en leur propre nom, exercer des choix moraux, et – parce qu'elles vivent les unes avec les autres dans le cadre d'une communauté – elles peuvent soit élever un certain nombre de revendications, soit y renoncer, dans la mesure où celles-ci se révèlent utiles à l'organisation de leurs relations réciproques. De façon tout à fait compréhensible, les éthiques orthodoxes ont tendu à identifier toutes les éthiques à cet unique ensemble de propriétés morales saillantes : les problèmes moraux paradigmatiques ont été, historiquement, les problèmes interpersonnels ; les règles paradigmatiques, celles qui concernent les relations entre les personnes.

Bien que cette tradition d'orthodoxie n'ait pas été sans rencontrer des oppositions internes, nul n'est d'habitude tenu de prendre en compte la signification de propriétés qui se situent en dehors de l'ordre ordinaire de celles qui appartiennent à l'homme. Ce n'est que lorsque l'on commence à s'interroger au sujet de ces candidats à la considération morale fort insolites que sont les générations futures, les morts, les embryons, les animaux, tout ce qui est éloigné de nous dans l'espace, les tribus sauvages, les arbres, les robots, les montagnes et les œuvres d'art, que les hypothèses qui unifient en temps normal les théories morales sont remises en question. Les règles qui s'appliquent doivent-elles être, en quelque façon, prises à un certain niveau de généralité, « les mêmes » dans tous les cas ? L'expression d'*éthique environnementale* suggère la possibilité de déterminer un régime moral distinct permettant de rationaliser notre conduite à l'endroit de l'environnement. Mais dans quelle mesure ce régime est-il distinct de tout autre, et comment les conflits qui surgissent entre différents régimes peuvent-ils être arbitrés – ce sont là autant de problèmes décisifs qui n'ont généralement pas fait l'objet du moindre examen direct.

En l'absence de réponses soigneusement élaborées à ces questions, la stratégie prévalente de ceux qui prennent fait et cause pour les êtres non humains est généralement celle de l'extension des principes de moralité – stratégie consistant à solliciter les arguments familiers que développe telle ou telle théorie morale familière de type interpersonnel, de sorte à les appliquer de force à telle ou telle entité non humaine. Mais ces arguments se donnent bien souvent pour ce qu'ils sont – à savoir comme étant quelque peu forcés. Les efforts qu'ont produits les utilitaristes en vue de placer les générations futures sous la houlette de leurs principes moraux (extension que l'on pourrait croire relativement aisée) ont donné lieu à une construction en porte à faux, voire à un véritable sac de nœuds. Par exemple, on demandera s'il convient d'inclure dans le calcul ceux qui pourraient naître – nous obligeant par là même à porter à l'existence le plus grand nombre possible d'êtres humains en vue de comptabiliser plus de plaisirs. On ne voit pas bien non plus comment l'utilitarisme, compte tenu de la conception parti-culière qu'il se fait des droits de chacun, pourrait s'ajuster aux préoccupations de ceux qui orchestrent le mouvement de libération des animaux.

Les insuffisances de ce que l'on pourrait appeler l'extensio-nisme moral[1] ne sont pas propres à l'utilitarisme. Les extensions des versions principales d'utilitarisme exigent toutes de nous, d'une manière différenciée et selon des procédures de justification variées, que nous nous mettions à la place d'un autre afin de savoir si l'on peut vraiment désirer l'adoption de l'attitude soumise à l'évaluation si d'aventure sa place, son rôle et/ou ses caractéris-tiques naturelles, venaient à nous échoir. Bien que de tels échanges hypothétiques de places, et autres techniques de pensée compa-rables, soient toujours problématiques, l'opération se révèle plus satisfaisante lorsque nous échangeons notre place (ce qui définit le procédé de l'universalisation) avec les personnes qui partagent notre culture, et dont il est possible de prévoir avec une certaine confiance les intérêts, les valeurs et les goûts. Mais même cette confiance toute relative est appelée à s'effriter au fur et à mesure que nous nous aventurons au-delà du domaine des personnes naturelles les plus familières. Peut-on vraiment, avec conviction,

---

1. Cette expression m'a été suggérée par H. Rolston.

échanger notre place avec les membres d'une culture spatialement et temporellement reculée, ou avec la descendance qui sera la nôtre dans quelques siècles à venir ? Si, en outre, nous souhaitons soumettre à examen les obligations qui pèsent sur nous dans notre relation aux morts, aux arbres, aux rochers, aux fœtus, aux machines douées d'une intelligence artificielle, aux espèces, aux corps constitués – la tentative de pratiquer un échange de place est ici une voie sans issue. Une chose est de se mettre dans les pantoufles de l'autre, peut-être même dans les sabots d'un cheval – autre chose est de se mettre à la place d'un ban de sable au fond d'une rivière.

Il est vrai que le fait que les philosophies morales orthodoxes, nonobstant l'originalité de leur approche des relations interpersonnelles, rencontrent toutes des difficultés à prendre en considération les formes non humaines dans leur variété, ne constitue pas en soi-même une preuve que les écoles de morale conventionnelle sont fausses, ou qu'elles demandent à être réaménagées de fond en comble. Une position alternative – celle que pourrait défendre un fidèle partisan de l'une des écoles prédominantes – pourrait être envisagée ; l'on pourrait dire alors que les candidats non conventionnels que la considération morale ne peut prendre en compte, si ce n'est peut-être d'une manière restrictive, ne peuvent pas non plus (au-delà de ces limites) se voir reconnaître la moindre signification ou la moindre dignité morale.

Mais une autre réponse au dilemme examiné peut être envisagée – réponse qui vient contester sur leur terrain les hypothèses dominantes de la pensée morale conventionnelle. Conformément à cette nouvelle approche, il convient de poser au préalable plusieurs questions. Dans quelle proportion une théorie morale a-t-elle besoin d'être impérialiste ? Devons-nous considérer comme inévitable qu'il y ait un ensemble unique d'axiomes ou de principes ou de cas paradigmatiques valables pour toutes les morales – opératoire d'un champ d'activités morales à l'autre, et pouvant être reconduit dans le rapport à toutes les entités ? Sommes-nous contraints en tout domaine de recourir à un unique ensemble cohérent de principes appelé à régner sans partage, en sorte que l'éthique que nous défendions n'ait pas d'autre choix, dans le rapport qu'elle soutient avec les éthiques rivales, que de les phagocyter, en les intégrant au sein d'une construction intellectuelle plus générale, plus abstraite et plus complète? De mon point de vue, les ambitions du monisme moral, qui visent à unifier toutes les éthiques au sein d'une unique théorie susceptible de donner la solution qui est censément la bonne à toutes les difficultés que nous pouvons rencontrer, sont tout simplement chevaleresques.

Premièrement, l'entreprise des monistes entre en tension avec le fait que la moralité implique, non pas une, mais plusieurs *activités* distinctes – effectuer un choix parmi différentes lignes de conduite, faire l'éloge ou le blâme des agents, évaluer les institutions, etc. Est-il à ce point évident que quelqu'un qui est, par exemple, d'obédience utilitariste dans l'activité d'évaluation des actes, soit pour cette raison même un utilitariste bon teint dans l'activité de classification des caractères moraux?

Deuxièmement, il nous faut prendre en compte la *variété des choses* dont la considérabilité morale nous semble intuitivement bien fondée : les personnes normales au sein d'une communauté morale ordinaire, les personnes éloignées de nous dans l'espace et dans le temps, les embryons et les fœtus, les nations et les rossignols, les choses magnifiques et les choses sacrées. Parmi ces choses, il en est que nous souhaitons prendre en compte en raison de leur degré élevé d'intelligence (les animaux supérieurs); pour ce qui est des autres, la sensibilité semble être la clé (la vie inférieure); quant à la dignité morale des groupes communautaires, tels que les nations, les cultures et les espèces, elle se situe sur un autre plan dans la mesure où le groupe lui-même (l'espèce en tant qu'elle est distincte de telle ou telle baleine individuelle) ne manifeste aucune intelligence et n'éprouve pas de douleur. Enfin, les autres entités qui, d'un point de vue génétique, sont du ressort de l'espèce humaine (qu'il s'agisse de fœtus formés capables d'éprouver de la douleur, ou d'embryons insensibles), elles ne possèdent pas, au moment où nous nous interrogeons à leur sujet, les capacités humaines dans leur plénitude. Forcer toutes ces diverses entités à entrer dans un seul moule – à savoir dans le cadre d'une théorie unique, ample, compréhensive – nous contraint à négliger certaines de nos intuitions morales, et à élargir la sphère de validité des préceptes réglant les relations interpersonnelles, qui se ressentent de leur domaine d'élaboration d'origine, au point de les transformer en d'aimables et désespérantes généralités. Non seulement cette tentative d'unification a quelque chose de chimérique ; mais encore elle étrangle la pensée et empêche l'émergence d'autres approches morales plus valables.

LE PLURALISME MORAL

La conception alternative à laquelle je viens de faire allusion, que j'appelle le *pluralisme moral*[1], conteste point par point la position moniste. Elle refuse de faire l'hypothèse que toutes les activités éthiques (les actes d'évaluation, les acteurs, les institutions sociales, les règles, les situations, etc.) sont, dans tous les contextes (dans le contexte ordinaire des relations interpersonnelles, dans le contexte élargi de relations entre individus situés en des points éloignés de l'espace ou entre diverses générations, dans le contexte des relations entre les espèces), déterminées par les mêmes caractéristiques (l'intelligence, la sensibilité, la capacité à éprouver des

---

1. Le pluralisme moral ne doit pas être confondu avec le relativisme moral, c'est-à-dire, pour aller vite, avec l'idée selon laquelle toutes les morales dépendent du contexte de leur énonciation. Un pluraliste peut être agnostique à l'endroit de la position morale réaliste selon laquelle il existe des solutions absolument définitives aux difficultés morales que nous pouvons rencontrer, aussi invariables à travers le temps, l'espace et les communautés, que l'est la valeur du nombre. Il se peut qu'il y ait des solutions qui soient «tout à fait correctes», et non pas seulement des réponses relativement correctes, mais le moyen de mettre de telles réponses au jour est de se référer, non pas à un principe unique, à une constellation unique de concepts, etc., mais à différentes théories distinctes, chacune étant appropriée à son propre domaine d'entités et/ou d'activités morales (évaluer les caractères, classer les options de conduite, etc.).

émotions, la vie), ou même qu'elles sont subordonnées, dans chaque cas, aux mêmes principes englobants (l'utilitarisme, le kantisme, le principe de non-malveillance, etc.). Le pluralisme nous invite à concevoir les activités intellectuelles au fondement de l'élaboration de toutes les morales comme se divisant d'elles-mêmes en différentes théories distinctes, chacune étant gouvernée par ses propres principes appropriés.

On s'attendrait assurément à ce que les principes qui prennent en considération la douleur s'imposent comme des principes centraux par leur capacité à fonder des obligations à l'endroit de tous ces êtres qui sont susceptibles d'en éprouver. Non seulement la douleur, mais encore les préférences d'un certain genre, par exemple le projet d'un certain plan de vie, doivent être prises en considération dans les relations que nous soutenons avec les créatures d'un second niveau. D'autres fils plus riches encore (tels que le sens de la justice, les droits dont la création résulte de l'établissement d'un consensus, et qui peuvent être annulés, vendus, abdiqués) entrent dans la trame de la tapisserie morale qui lie les uns aux autres les hommes vivant au sein de la même communauté morale. D'autres principes – ceux qui invoquent, par exemple, le respect de la vie, l'accomplissement des capacités naturelles – semblent convenir pour servir de fondement aux relations que nous soutenons avec les plantes[1].

En fait, s'il nous fallait poursuivre dans cette voie, nous ne manquerions pas de multiplier les sous-divisions, même au sein de la morale interpersonnelle. Les kantiens, qui mettent l'accent sur l'existence de devoirs étrangers à la préoccupation du bonheur personnel, font valoir à juste titre que ce n'est pas parce que l'on maximise le bien-être de l'ensemble des êtres sensibles qu'il est

---

1. Voir P.W. Taylor, *Respect for Nature*, Princeton, Princeton University Press, 1986; J.L. Arbor a proposé un plaidoyer cohérent et convaincant en faveur des plantes – froidement logique, quoique bien senti – dans « Animal Chauvinism, Plant-Regarding Ethics, and the Torture of Trees », *Australian Journal of Philosophy*, 64 (1986), p. 335.

bon de ne pas noyer son enfant. Mais cela ne signifie pas que l'utilitarisme classique est erroné. Il se peut que la force de ce dernier révèle ses limites lorsqu'il s'agit de penser les obligations qui valent entre proches et membres d'une même famille. L'utilitarisme m'apparaît en revanche comme étant pleinement valide pour déterminer la législation (une activité) affectant un grand nombre de personnes qui sont, dans une large mesure, sans lien les unes avec les autres (un ensemble d'entités), et qui, pour cette raison, ignorent quelles sont exactement leurs préférences cardinales respectives.

Il est assez facile de comprendre pour quelles raisons le monisme jouit d'un tel privilège en morale (il évoque l'unicité de Dieu sous la forme d'une grande théorie unifiée), mais cet état de fait n'a rien d'inéluctable. Les géomètres ont depuis longtemps cessé de croire que la géométrie d'Euclide est la seule géométrie possible. Comme l'écrit Steen :

> Cette découverte [*sc.* celle des géométries non-euclidiennes] a conduit à la pluralisation des mathématiques (le mot lui-même est, de façon étrange, un pluriel) ; là où jadis nous avions une géométrie, nous avons désormais des géométries et, de façon ultime, des algèbres plutôt qu'une seule algèbre, et des systèmes de nombre plutôt qu'un seul[1].

Une division comparable s'est mise en place dans le domaine des sciences empiriques et sociales. Le corps de la communauté

---

1. Steen, « Mathematics Today », p. 4-5. En sollicitant encore un peu ce modèle mathématique, nous pourrions faire remarquer que Gödel et consorts ont jeté aux oubliettes l'espoir de produire un jour un système formel complet et consistant, assez puissant pour prouver ou pour réfuter tous les énoncés qu'il peut formuler. Même si ce qui se passe en mathématiques peut difficilement constituer un modèle concluant de ce qui devrait se passer en éthique, c'est une chose digne d'étonnement que de constater à quel point la philosophie morale procède implicitement en prenant appui sur l'hypothèse qu'une théorie morale possède non seulement des axiomes (ou bien encore de solides points de départ), mais que ces axiomes sont plus puissants que ceux que l'on trouve en mathématiques ! Et si telle n'est pas l'hypothèse qui soutient son entreprise, alors qu'est-ce qui en tient lieu ?

politique est généralement considéré comme constitué de groupes : groupes d'êtres humains, dont chacun est constitué de groupes en plus grand nombre, groupes de cellules, de molécules, d'atomes, de particules subatomiques, et/ou d'ondes. Ce qui se produit à tel ou tel niveau de description résulte incontestablement, d'une manière fort complexe, de ce qui se produit à tel ou tel autre niveau. De nombreux scientifiques, peut-être la plupart, estiment qu'« en principe » il existe un corps unique de lois unifiées – les lois de la nature – qui, à un certain niveau de généralité, règnent de part en part.

Si tel est le cas, il se peut que l'on soit fondé à caresser l'espoir non seulement de pouvoir un jour supprimer toutes les poches persistantes d'ignorance et de chaos, mais encore de lier les uns aux autres tous les phénomènes se produisant à tous les niveaux, et d'unifier, par exemple, les lois qui président au mouvement des particules subatomiques avec celles qui gouvernent le comportement social des individus. Mais nous en sommes encore très loin. À toutes fins pratiques, et à la plus grande satisfaction de tous, les objets sur lesquels nous travaillons réellement définissent des corps séparés de lois et de savoir.

La thèse que je défends est la suivante. Si, ainsi que je le prétends, l'éthique comprend différentes activités, et si elle a à traiter de sujets aussi divers que les personnes, les dauphins, les groupes culturels et les arbres, pourquoi n'a-t-elle pas suivi la même voie que les sciences – ou plutôt, les mêmes voies ? Autrement dit, pourquoi ne pas explorer la possibilité que l'éthique puisse, elle aussi, être divisée ?

Il se peut que l'analogie soit tout simplement trop faible. Quelle que soit la facilité avec laquelle la science se laisse diviser, pourrait-on objecter, l'éthique semble être soumise à de fortes contraintes de type moniste. L'argument serait à peu près le suivant : les descriptions alternatives du monde tel qu'il est (ou tel qu'il pourrait être) peuvent coexister pacifiquement dans une large mesure sans qu'éclate le moindre conflit logique – par exemple, dans la plupart des contextes, l'on peut opter soit pour un modèle corpusculaire, soit pour un modèle ondulatoire de la lumière, sans craindre de courroucer qui que ce soit. Et même lorsqu'un conflit apparemment irréconciliable se produit à un niveau (par exemple, à un niveau subatomique), ceux qui poursuivent leur travail à d'autres niveaux (par exemple, ceux qui s'occupent de biologie moléculaire) peuvent d'ordinaire rester agnostiques en cette affaire. Par contraste, pourrait-on dire, l'éthique n'est pas d'ordre strictement descriptif. Elle se donne pour but ultime de choisir *l'action* qui est censément la bonne. À la différence de la description, où le fait de sauter subtilement par-dessus les nuances des adjectifs et des prédicats est tolérable, l'action semble, sinon exiger, du moins conduire d'elle-même à des alternatives du type oui/non, bien fondé/mal fondé.

Si tel est l'argument au nom duquel la morale est censée exiger le monisme, alors il me semble assez peu convaincant. Tout d'abord, il convient de prendre en compte les exigences de l'agent : ce que ce dernier demande du raisonnement moral, ce n'est pas seulement de connaître le verdict, ce n'est pas seulement de savoir s'il doit ou non faire *a*, mais aussi de connaître l'ensemble des options disponibles : *a*, *b*, *c*… ? La réflexion morale se révèle utile lorsqu'elle déploie dans toute son amplitude et clarifie la gamme des alternatives qui ont une valeur morale. Par conséquent, l'attention prêtée aux approches plurielles pourrait trouver une justification, pour peu qu'une telle attention nous aide à mieux saisir les alternatives en jeu, en nous invitant à définir et à aborder les problèmes selon des angles variés [1].

---

1. Il importe de noter que cette justification du pluralisme pourrait être reprise à son compte par un moniste au titre d'instrument heuristique, et même par un réaliste moral faisant l'hypothèse (que je refuse de faire) que tous les candidats à la vérité *mis au jour* par cette approche à géométrie variable du problème seront à terme soumis à un principe d'arbitrage unique qui décidera lequel d'entre eux est *uniquement et véritablement* le bon candidat. *Cf.* la position adoptée par P. Feyerabend concernant les sciences naturelles, position selon laquelle l'histoire des sciences révèle que l'incomplétude et même l'inconsistance qui affectent toutes les théories finissent par être tenues pour routinières et inévitables, et qui démontre que le pluralisme des théories et des points de vue métaphysiques doit être encouragé comme un moyen de faire

Plus avant, il est peut-être bon de se souvenir que les actions se situent dans le monde physique ; l'évaluation que nous en faisons est, quant à elle, intellectuelle. De nombreuses personnes (sont-ce là les « moralistes » ?) seraient probablement ravies d'apprendre que notre raisonnement moral a le pouvoir de mettre au point une évaluation unique, précise en regard de chaque action alternative. Nous serions non moins ravis (plaisir qui, en l'occurrence, serait teinté d'une surprise point tout à fait feinte) d'apprendre que les mathématiciens sont parvenus à démontrer que le monde « extérieur », bien que libre en principe de suivre sa propre voie de façon hasardeuse, se conforme en général aux inventions élégantes de notre esprit[1]. Pourquoi faut-il, lorsque nous entreprenons d'appliquer nos meilleures théories morales au monde désordonné qui est celui de la conduite des hommes, que nous attendions que se produise entre le modèle et la réalité, qui est d'autant plus inconsistante qu'elle est libre, une sorte d'isomorphisme plus rigoureux encore que celui que l'on trouve en sciences, et pourquoi faut-il que nous attendions des théories qu'elles aient un pouvoir d'élucidation plus grand encore que les théories scientifiques ?

En particulier, il se peut que ce soit une vérité (sans grand intérêt) de dire qu'un acte se prête à être défini de telle sorte qu'aucune autre alternative ne nous soit laissée à son endroit, et qu'il nous faille choisir entre accomplir cet acte ou ne pas l'accomplir – mais une telle caractéristique du monde des hommes aurait alors pour effet de conférer à la position moniste un pouvoir de séduction très relatif. Même dans pareil cas, il reste vrai que nos plus fins raisonnements moraux peuvent très bien ne pas s'ajuster à ce monde, ou échouer à s'en donner une représentation d'ensemble.

progresser la recherche de la vérité (Feyerabend, *Against Method*, London, Verso, 1978, p. 35-53 [trad. fr. B. Jurdant et A. Schlumberger, *Contre la méthode. Esquisse d'une théorie anarchiste de la connaissance*, Paris, Seuil, 1979, p. 32-47]).

1. Voir E.P. Wigner, « The Unreasonable Effectiveness of Mathematics in the Natural Sciences », dans Wigner, *Symmetries and Reflections*, Cambridge, MIT, 1970.

Le caractère bien fondé ou mal fondé de quelques actes peut dépasser nos capacités de déduction et de représentation. Il se peut que la référence aux propriétés morales clés ne conduise pas d'elle-même à produire au sein de l'ensemble des options disponibles un classement transitif.

LES VARIABLES

À qui entreprend de soumettre à examen les relations que nous soutenons avec différentes sortes de choses sous la direction de différents principes moraux, la question suivante ne peut manquer de se poser : en référence à quels éléments intellectuels les principes moraux directeurs sont-ils susceptibles de varier d'un domaine à l'autre ?

a) *Le grain de la description*. La morale est une affaire de comparaisons de certaines actions, de certains caractères et de certaines situations. Pour pouvoir comparer les unes aux autres des alternatives, la première exigence logique à satisfaire est de disposer d'un vocabulaire de description approprié.

Par exemple, l'évaluation des effets qu'induisent nos actions sur les autres personnes implique que nous adoptions de façon cohérente un grain de description qui individualise les organismes, moyennant quoi toutes les personnes apparaîtront comme comptant autant les unes que les autres. L'évaluation d'autres types d'actions implique que nous reconnaissions de façon intuitive l'existence d'autres types d'unités, par exemple la ruche ou le troupeau ou la niche écologique.

Je ne prétends pas que la validité de telles intuitions n'a nul besoin d'être corroborée, mais seulement que ces intuitions et les implications qu'elles comportent méritent une attention soutenue et systématique. Le grain de la description est toujours partie intégrante d'une théorie morale qui a son originalité. Supposons qu'un bison soit naturellement (c'est-à-dire de son propre fait) exposé à une noyade dans une rivière traversant un parc national. Que conviendrait-il de faire : le sauver ou « laisser la nature suivre son cours » ? Trois points de vue sont envisageables : le premier prendrait pour objet de considération l'animal individuel ; le second (qui recueille apparemment les faveurs des responsables du parc[1]) reléguerait l'animal individuel au second plan et prendrait pour objet de considération une unité plus large : l'écosystème que définit le parc ; le troisième prendrait pour objet de considération l'espèce. Chaque point de vue emporte avec soi sa propre constellation de concepts. Ainsi le privilège accordé au grain le plus fin conduira à resserrer l'attention autour de l'animal individuel, invitant par là à mettre au jour les propriétés remarquables de l'animal, telles que sa capacité à éprouver de la douleur, son intelligence, sa compréhension de la situation et sa souffrance. Aucun de ces concepts ne peut être appliqué au parc, mais si ce dernier vient à être pris en considération en tant qu'il définit un certain écosystème, alors cette approche fera ressortir ses propriétés remarquables, telles que sa stabilité, son élasticité, son unicité, et le flux d'énergie qui le parcourt.

b) *État d'esprit*. Ce que j'entends par état d'esprit est susceptible d'être mis en lumière au moyen de la distinction entre la morale et la loi.

La loi, comme la morale, s'énonce fréquemment sous la forme d'injonctions négatives, en déclarant par exemple « Tu ne tueras pas » et « Tu ne stationneras pas ta voiture à un endroit gênant la circulation ». Mais la loi spécifie à chaque fois un régime de sanctions dont le degré de sévérité correspond au degré de gravité du préjudice occasionné – par exemple « Tu ne tueras pas, ou alors tu t'exposeras à la peine de mort », « Tu ne stationneras pas ta voiture à un endroit gênant la circulation, ou alors tu recevras une contravention de 12 dollars ». Il résulte de cela une discussion juridique marquée au coin de finesse et de subtilité.

1. Voir J. Robbins, « Do Not Feed the Bears? », *Natural History*, janvier 1984, p. 12.

Par contraste, une bonne partie de la philosophie morale, inspirée du monisme, s'élabore à un niveau d'abstraction tel que chaque acte est considéré comme devant se soumettre à une logique de type binaire bien/mal : il y a soit une obligation de faire x, soit une obligation de ne pas faire x; un droit à l'égard de y ou aucun droit à l'égard de y. Par conséquent, font défaut au discours moral moniste tous les raffinements d'expression qui font le prix du discours juridique. Aussi longtemps que le monisme moral règne sans partage, les importantes distinctions susceptibles d'être faites entre divers cas, les distinctions exprimant différentes nuances de sentiments et différentes croyances, que la réflexion morale aurait par la suite tout loisir de soumettre à examen et d'approfondir – toutes ces distinctions sont condamnées à être négligées, faute d'un point d'appui sémantique.

Par contraste, le pluralisme accepte bien volontiers de prendre en compte des matériaux fort diversifiés à partir desquels des juge-ments moraux peuvent être élaborés, diversité qui se révèle parti-culièrement précieuse lorsqu'il nous faut passer d'un domaine à l'autre. Par exemple, l'idée de tenir les lacs pour des objets de considération morale peut sembler tout à fait inepte, et même franchement inintelligible, à celui qui entreprend de le faire en se référant aux mêmes règles que celles qu'il applique dans sa relation à une autre personne, et en énonçant ses jugements dans un état d'esprit comparable à celui qui est le sien lorsqu'il se rapporte à une autre personne. Mais des positions intermédiaires peuvent être envisagées. Les actions qui affectent le lac sont susceptibles d'être jugées au moyen d'opérateurs déontiques distincts les uns des autres, exprimant un état d'esprit plus accommodant, et il sera peut-être possible de régler ces actions en s'inspirant du principe selon lequel, par exemple, « ceci est bien parce qu'il est moralement bien venu de le faire », ou encore « il est bien de faire ceci parce que cette action sera portée au crédit de notre caractère ».

c) *La texture logique (formelle).* Chaque système de règles intellectuelles comporte un certain nombre de propriétés qui lui confèrent une texture logique distincte. C'est l'examen de cette texture qui permet de savoir si un système est sujet ou pas à une clôture (c'est-à-dire s'il est capable de proposer une réponse unique à toutes les questions qui sont susceptibles d'être posées à l'intérieur du système), et qui permet aussi de déterminer de quelle façon il se rapporte aux contradictions et aux incohérences. En ce qui concerne la clôture systématique, les monistes font implicitement l'hypothèse que la morale doit être modélisée sur l'arithmétique ordinaire. Il existe une solution et une seule à 4 + 7 ; de même, il ne devrait y avoir qu'une seule bonne réponse à chaque dilemme moral.

Le monisme rejette également l'idée qu'il puisse exister un système de postulats moraux à partir desquels nous pourrions déduire des prescriptions conflictuelles et contradictoires. Après tout, que penserions-nous d'un système de géométrie dont les postulats autoriseraient à déduire, dans le même temps, que deux triangles sont et ne sont pas congruents ?

Le pluralisme ne se montre pas si dogmatique – ou peut-être devrions-nous dire qu'il ne se montre pas si « optimiste » – quant à la tentative d'assimiler la morale à l'arithmétique ou à la géométrie (dans une version légèrement idéalisée pour les besoins de la cause). Il se peut que nous ne soyons tout simplement pas capables d'inventer un système unique de morale, qui soit opératoire dans tous les domaines, qui soit sujet à une clôture systématique, et aux commandes [1] duquel se situeraient les lois de non-contradiction [2] et du tiers exclu [3].

---

1. Voir F. Waismann, « Language Strata », dans A. Flew (ed.), *Logic and Language*, New York, Anchor Books, 1965, p. 237. L'idée que je présente ici d'une multiplicité de plans conceptuels, comportant chacun des exigences formelles qui lui sont propres, doit beaucoup aux méditations de Waismann sur les « strates de langage ».

2. La loi de non-contradiction établit qu'il est impossible qu'une même proposition *p* et que sa négation *–p* soient vraies en même temps.

3. La loi du tiers exclu établit que l'une des deux propositions *p* et *–p* est nécessairement vraie : il n'y a pas de possibilité intermédiaire.

RÉCONCILIER LES DIFFÉRENCES

Cette approche pluraliste pose de nombreux problèmes. J'ai déjà examiné quelques-unes des difficultés qu'elle soulève – celles que je suis parvenu à identifier par moi-même, et celles que mes amis ont bien voulu me signaler – dans mon livre *Earth and Other Ethics*[1]. Cette approche a les moyens de se défendre contre la critique la plus évidente qui peut lui être adressée, à savoir qu'elle menace de conduire à un relativisme moral de la plus belle eau[2]. Mais elle rencontre également d'autres problèmes comparables qu'il ne lui est pas si facile de repousser.

Il semblerait qu'un pluraliste, prenant pour objet d'analyse telle ou telle situation où un choix doit être effectué, puisse être confronté à au moins deux possibilités : en référence à telle théorie morale (par exemple, une théorie prenant en compte les espèces d'une manière appropriée), il pourra être conduit à conclure que tel acte *a* est bien fondé ; mais en référence à telle autre théorie morale (par exemple, une théorie dont le point de vue privilégie les relations entre les personnes), il pourra être conduit à conclure que tel autre acte *b* est bien fondé. Dans ce cas comme dans d'autres imaginables, les conflits qui éclatent ne sont-ils pas de nature à paralyser l'agent ? Et ne rendent-ils pas, par conséquent, le pluralisme méthodologiquement inacceptable ?

Pour commencer, le fait que la morale puisse admettre la légitimité de la pluralité de points de vue ne signifie pas que chaque dilemme, considéré en lui-même, ni même que tous ceux qui sont susceptibles de se produire, exigent une série d'analyses rivales. Si, par hypothèse, on fait abstraction des conséquences lointaines probables et minimes qu'entraîne telle ou telle action, alors il y a de nombreux choix qui peuvent être effectués dans le cadre d'une seule et même théorie.

1. Ch.D. Stone, *Earth and Other Ethics*, New York, Harper & Row, 1987.

2. *Vide, supra* note 1, p. 299 [de ce volume].

Par exemple, l'on peut présumer que la théorie morale qui est capable d'individualiser la plante comme objet de considération, est la plus appropriée pour répondre à la question de savoir ce qu'il convient de penser moralement du projet qui vise à déraciner telle ou telle plante. Nulle excursion du côté des obligations qui incombent à l'agent dans sa relation à l'espèce dont la plante est un individu, ou des obligations qui pèsent sur lui en ce qui concerne l'humanité, ou ses proches, ou toute autre chose n'est requise ici.

Nous pouvons imaginer une myriade d'autres circonstances qui conduisent l'analyse de la situation à redéfinir son objet et à reprendre le travail d'interprétation en passant d'une théorie à l'autre. Mais nous pouvons aussi imaginer que chacune de ces analyses variées prescrive la même action comme devant être entreprise.

Par exemple, nous savons tous que le végétarisme peut être défendu à la fois du point de vue d'une théorie qui affirme la considérabilité morale des animaux, et du point de vue d'une théorie qui confère une valeur aux hommes et aux hommes seulement, en disant par exemple que la consommation de viande animale ne permet pas d'obtenir l'apport nécessaire en protéine, et réduit pour cette raison la somme totale de bonheur humain, privant même au passage de façon préjudiciable les personnes souffrant de malnutrition d'une forme élémentaire d'existence humaine. (Ce que nous ignorons – et qu'il nous faudrait examiner – c'est la raison pour laquelle le fait d'aborder les problèmes moraux en multipliant les angles d'attaque (ce qui correspond à une technique fort bien admise dans d'autres domaines [1]) devrait être dénoncé comme une manière ignoble et impure de faire de la philosophie.)

---

1. Je ne songe pas ici seulement aux juristes, qui font ce genre de choses sans fausse honte en permanence. Pour ce qui est des sciences naturelles, voir Feyerabend, *Against Method*. Dans le domaine des mathématiques, le livre de G. Polya, *How to Solve It* (Princeton, Princeton University Press, 1957) offre un exposé classique de la manière dont les mathématiciens peuvent traiter un seul et même problème en ayant recours à des techniques très différentes (preuves indirectes, *reductio ad absurdum*,

Il est possible d'imaginer un troisième cas de figure où la convocation de plusieurs théories peut sembler appropriée, et où les différentes théories, plutôt que de s'entendre sur le même résultat, prescrivent des actions, non seulement différentes, mais mutuellement incompatibles. Le pluralisme porte en lui le germe de situations conflictuelles – mais ni plus ni moins que tout autre système moral qui estime que le choix qui s'impose est fonction de plusieurs critères indépendants : la maximisation du bonheur, les devoirs envers ses proches, le respect pour la vie, les valeurs de la communauté et l'amitié. Comment convient-il de « combiner » tous ces critères, lorsque l'analyse qui se règle sur l'idée des droits nous dit une chose et que l'analyse qui se règle sur l'idée d'utilité nous dit autre chose ?

Une possibilité s'offre, qui est de formuler une règle d'ordonnancement lexicale. Par exemple, nos obligations à l'endroit de nos voisins, comprises elles-mêmes à la lumière des principes de la théorie néo-kantienne, pourraient exiger de se voir reconnaître une certaine priorité jusqu'à ce que nos voisins aient atteint un certain niveau de confort de vie et de sécurité. Mais dès lors que ce niveau a été atteint, les considérations portant, par exemple, sur la préservation des espèces, comprise à la lumière des principes d'une autre théorie, ou les considérations portant sur les générations futures, elles aussi comprises à la lumière d'une autre théorie, pourraient pleinement jouer.

On pourrait objecter, plus ou moins à juste titre, que dans les cas où nous avons accepté la médiation d'une règle maîtresse, nous avons réintroduit une sorte de monisme « malgré tout ». Mais même dans ces-cas là, le fait que le monisme soit réintroduit « malgré tout » est suffisamment significatif pour maintenir la distinction rigoureuse entre monisme et pluralisme.

analogie), pour se laisser convaincre ultimement de la vérité d'une solution en référence au double standard de la preuve formelle et de l'intuition.

Dans le cadre d'une théorie moniste, le problème soumis à évaluation est défini de façon appropriée par référence au modèle pertinent d'analyse, de manière à ce que toutes les descriptions « sans pertinence » soient mises à l'écart dès le début. Ainsi défini, le problème est traité de façon directe jusqu'à ce que l'on obtienne une solution. Dans le cadre d'une théorie pluraliste, il se peut qu'une situation unique, décrite de façon variée, fasse l'objet de plusieurs analyses et conduise à des solutions variées. S'il apparaît qu'une règle maîtresse doit être introduite, ce ne peut être que pour dénouer le conflit qui se produit entre les conclusions *a*, *b*, *c*, *d* auxquelles ont abouti chacune des différentes analyses du problème telles qu'elles se sont développées chacune pour leur propre compte. La règle maîtresse est appelée à intervenir dans cet ensemble, dont aucun des termes n'aurait pu être élaboré s'il avait fallu que la procédure d'analyse passe au travers du goulot d'étranglement moniste, et qu'un seul standard (l'utilitarisme, par exemple) soit appliqué de façon cohérente et exclusive depuis le début.

Enfin, et de façon assez troublante, il faut mentionner le fait qu'il existe des difficultés morales pour lesquelles non seulement les multiples analyses en jeu prescrivent des actions mutuellement incompatibles, mais encore pour lesquelles aucune règle lexicale n'est disponible, et aucune réflexion intuitive [1] ultérieure ne révèle une alternative qui pourrait s'imposer comme étant supérieure aux autres. Nous pouvons envisager un cas de figure de ce type, qui serait alors le « pire des scénarios », où non seulement l'action *a* est prescrite par telle théorie et où l'action *b* est prescrite par telle autre (alors que nous ne pouvons faire les deux), mais où l'action *a* est à la fois prescrite et interdite. Il nous est demandé simultanément de relever et de ne pas relever la gâchette. Que convient-il de faire en pareil cas ?

---

1. Par réflexion intuitive, j'entends une procédure d'analyse qui conduit à un jugement intuitif bien fondé, mais telle que, même après l'énoncé de la conclusion, il n'est pas possible d'avancer la moindre preuve, ni même peut-être de spécifier les prémisses.

Une chose au moins est claire : ces deux prescriptions, prises ensemble, ne nous obligent (logiquement) à rien. Nous pourrions dire du système entier de croyances que, *en ce cas particulier*, il a *déçu notre attente*. Il nous faudrait également convenir du fait que, si de tels conflits irrésolubles devaient se révéler endémiques au point de constituer une caractéristique de la méthodologie pluraliste, alors le système entier que nous avons construit devrait être abandonné. Mais supposons que de telles situations, bien que possibles, se révèlent exceptionnelles. Alors, nous pourrions considérer leurs occurrences occasionnelles comme constituant une indication frappante du caractère indéterminé du système dans son ensemble.

La considération qui précède permet de mettre au jour l'une des principales différences entre le monisme et le pluralisme, à laquelle il a déjà été fait allusion précédemment : dans quelle mesure peut-on considérer comme étant proprement ruineuse l'incapacité dans laquelle se trouve un système de règles morales à fournir une réponse unique, dénuée de toute ambiguïté, à chacune des questions que nous nous posons dans des situations que nous estimons moralement importantes ? Si nous ne sommes pas capables d'inventer une théorie morale prenant pour objet de considération les baleines, et si donc nous ne pouvons pas prescrire quelle action il convient d'entreprendre à leur égard dans telle ou telle situation, nous faut-il renoncer à faire des baleines des objets de considération morale (et leur réserver le statut de ressources dans le cadre d'une théorie qui met l'homme au centre de sa préoccupation) ? Si le souci pour les baleines et le souci pour les hommes prescrivent des actions qui entrent en conflit, faut-il démanteler l'un des deux systèmes responsables de cette situation, ou même les deux à la fois ?

Ainsi que je l'ai indiqué précédemment, la mise en application d'une telle exigence en toutes circonstances ne manquerait pas de restreindre le domaine de la morale de façon significative. Mieux vaut ne pas s'y conformer et se tourner vers la position alternative : à savoir celle qui recommande de renoncer à l'ambition de cohérence parfaite de la théorie qui a toujours la « bonne réponse » à toutes les questions morales, même les plus délicates, que nous pouvons nous poser – renoncement qui est motivé soit par la conviction qu'une réponse unique n'existe pas, soit par l'idée que nos meilleures méthodes d'analyse ne sont pas à même de la trouver[1].

Dans certaines circonstances, il se peut que l'identification et l'élimination des options qui sont moralement inacceptables soient à peu près tout ce que la réflexion morale puisse nous aider à faire. Il se peut alors que les choix qui restent ouverts soient tous également bons, ou également mauvais, ou également embarrassants[2].

Cela ne signifie pas que, en tant que communauté morale, nous soyons quittes de tout effort en vue de réaliser un consensus plus élevé, tout imparfait que ce dernier puisse être de façon ultime, sur un certain nombre de réponses rendues progressivement meilleures[3]. Cela ne signifie pas non plus que, pour tous les cas où la situation est laissée dans un état de relative indétermination, nous puissions nous comporter de façon arbitraire – comme si la

1. Ainsi que l'écrit H. Putnam : « La question de savoir s'il existe une morale qui soit objectivement la meilleure ou quelques morales qui soient objectivement les meilleures, et qui, fort heureusement, s'entendent sur un grand nombre de principes ou qui statuent identiquement dans un grand nombre de cas de figure, revient au fond à se demander si, compte tenu des desiderata (…) de l'entreprise (…), il est possible de désigner, sur la base de ces desiderata, une morale comme étant meilleure qu'une autre ou un groupe de morales s'accordant dans une mesure assez large sur un nombre de questions importantes » (*Meaning and the Moral Sciences*, Boston, Routledge & Kegan Paul, 1978, p. 84).

2. Voir la question sans réponse que pose Leibniz au § 118 de la *Théodicée* : « Il est sûr que Dieu fait plus de cas d'un homme que d'un lion ; cependant je ne sais si l'on peut assurer que Dieu préfère un seul homme à toute l'espèce des lions à tous égards ».

3. On pourrait même s'attendre à ce que cet effort prenne la forme d'une intégration, ou de quelque chose qui y tende, de théories « plurielles » à l'origine indépendantes les unes des autres, au sein de quelque chose de plus grand et de plus unifié – un peu à la manière dont les physiciens continueront dans le futur d'être à l'affût d'un vaste domaine théorique unifié. Mais dans l'intervalle, un travail pratique de grande valeur, effectué avec un certain entrain, aura été accompli à des niveaux plus modestes.

meilleure chose à faire, en pareil cas, était de jouer à pile ou face la décision que nous devons prendre. Les choix que nous effectuons dans ce domaine d'incertitude ultime constituent la meilleure occasion qui nous soit donnée d'exercer notre liberté et de définir notre caractère. Plus le champ de la considérabilité morale est étendu au-delà de ceux qui nous sont « proches » (de différentes manières), et plus les personnes qui prennent la morale au sérieux, et qui ont à cœur d'avancer de bonnes raisons pour justifier leurs actions, seront conduites à former des jugements entrant de façon irréconciliable en conflit les uns avec les autres sur de nombreux points.

Mais la question principale est alors la suivante : comment peut-on déterminer à l'avance quel modèle de procédure décision-nelle est le plus à même de fournir les meilleures réponses dont la raison soit capable ?

Thomas H. Birch

L'INCARCÉRATION DU SAUVAGE : LES ZONES DE NATURE SAUVAGE COMME PRISONS*

Mauvaise foi dans la préservation de la nature sauvage ?

Roderick Nash a fort bien exprimé ce que les partisans américains de la préservation aiment à se répéter :

> L'entretien et l'administration de zones de nature sauvage sont véritablement une contribution culturelle que les États-Unis apportent

* Th.H. Birch, « The Incarceration of Wildness : Wilderness Areas as Prisons », *Environmental Ethics*, vol. 12, 1 (1990), p. 3-26. Une version abrégée de cet article a été publiée dans le volume dirigé par George Sessions, *Deep Ecology for the 21st Century*, Boston-Londres, Shambhala, 1995, p. 339-355. C'est cette version que, à la demande de l'auteur, nous avons retenue ici. La présente traduction est publiée avec son aimable autorisation.

Il faut signaler sans plus attendre la richesse de signification des deux concepts centraux qui seront mobilisés d'un bout à l'autre de cet article, et dont l'auteur va tirer le plus grand parti, à savoir les concepts de « *wildness* » et ceux de « *wilderness* ». Leur champ sémantique se recoupant en partie, il n'est pas toujours très facile de les distinguer l'un de l'autre. « *Wildness* » peut signifier trois choses : 1) un sentiment caractérisé par sa grande intensité, sa force impétueuse, l'absence d'inhibition avec laquelle il se manifeste ; 2) le caractère de ce qui est turbulent, véhément, sauvage au sens où il est incontrôlable, réfractaire, indocile ou récalcitrant, peu susceptible d'être gouverné ou civilisé, désignant donc une forme de sauvagerie ou de barbarie ;

au monde. Bien que d'autres nations aient établi des programmes pour préserver et protéger des bandes de terre, ce n'est qu'aux États-Unis qu'un programme de grande envergure a été mis en place, dans une large mesure en raison de la combinaison fortuite de la disponibilité physique, de la diversité environnementale et de la réceptivité culturelle. En dépit de l'ambivalence jamais démentie de la société américaine à l'endroit de la nature sauvage, les réserves naturelles doivent être tenues pour l'une des contributions les plus significatives de la nation [1].

Bien que la préservation de la nature sauvage soit, à n'en pas douter, une contribution significative à la civilisation mondiale, il n'en reste pas moins que la question de savoir si cette contribution, telle qu'elle est généralement comprise (c'est-à-dire comme quelque chose d'entièrement positif d'un point de vue moral), se révèle quelque peu problématique. Telle qu'elle est comprise et mise en pratique par la tradition américaine prédominante, et telle qu'elle apparaît la plupart du temps aux autres, à commencer par les habitants du Tiers-Monde et ceux des pays en voie de développement qui soutiennent réellement un rapport des plus intimes avec la nature sauvage, la préservation de la nature sauvage pourrait bien n'être qu'un autre couplet de la

---

1. R. Nash, « International Concepts of Wilderness Preservation », dans Hendee, Stankey et Lucas (ed.), *Wilderness Management*, Miscellaneous Publication n°1365, Washington, U.S. Forest Service, 1977, p. 58.

3) une région inhabitée laissée à l'état de nature, un environnement naturel qui n'a pas été modifié par l'activité humaine, ou encore un ensemble de processus naturels qui opèrent sans interférence humaine. C'est en ce troisième sens que le concept de « *wildness* » recoupe celui de « *wilderness* », qui peut en outre signifier deux autres choses : 1) le caractère ahurissant d'une immensité, son caractère périlleux, ou encore toute profusion non maîtrisée ; 2) une étendue sauvage et désolée, une bande de terre improductive et érodée, un désert (comme il était en usage de le dire en français au 19e siècle). Il ne faut pas oublier, enfin, que « *the wilds* » peut désigner les peuples sauvages, en l'occurrence, comme on le verra, les Indiens d'Amérique.

bonne vieille chanson impérialiste entonnée par la civilisation occidentale[1].

Il semble que Nash ait lui-même été sur le point de prendre conscience de ce problème lorsqu'il écrit que « la civilisation a créé la nature sauvage », et lorsqu'il souligne que « c'est dans les grandes villes qu'on a commencé à apprécier la nature sauvage »[2]. Les centres urbains de la civilisation occidentale sont des centres du pouvoir de domination et d'oppression globales de type impérialiste. Tout ce qui provient d'eux, en y incluant le libéralisme classique, risque par là même d'être imprégné des valeurs, de l'idéologie et des pratiques de l'impérialisme – l'homme blanc traditionnel (et ses émules) cherchant à se décharger (tout en l'imposant) du « fardeau de l'homme blanc », le fardeau de l'héritage des Lumières, sur tous les autres, quels qu'ils soient et quel que soit le lieu où ils se situent sur cette planète.

Dans son livre récent, *Les droits de la nature*, Nash suggère que

> la liberté est le seul concept qui ait une telle puissance dans l'histoire de l'Amérique. En tant qu'il résulte à la fois des révolutions démocratiques de l'Europe et, selon l'hypothèse de Frederick Jack Turner, de la détermination de la Frontière nord-américaine, le libéralisme est susceptible de rendre compte de nos origines nationales, de nous donner une idée de la mission que nous devons accomplir, et de

1. On trouvera un compte rendu énergique de la manière dont est perçue par les habitants du Tiers-Monde la politique de préservation de la nature sauvage de la plupart des pays capitalistes occidentaux sous la plume de R. Guha, « Radical American Environmentalism and Wilderness Preservation : A Third World Critique », *Environmental Ethics*, 11 (1989), p. 71-83. Il existe d'évidentes analogies (qu'il convient de ne pas trop solliciter) entre les pays du Tiers-Monde et les États situés à l'ouest de l'Amérique, comme l'État d'Idaho ou du Montana, qui sont riches en zones de nature sauvage susceptibles d'être « verrouillées » à l'intérieur du système de préservation de la nature sauvage sous la contrainte des forces coloniales et néo-colonialistes. Il va de soi que ces zones sont susceptibles d'être verrouillées pour d'autres fins.

2. R. Nash, *Wilderness and the American Mind*, New Haven, Yale University Press, 3e éd., 1982, p. XIII et p. 44.

donner une assise à notre morale. Les droits naturels sont une donnée culturelle en Amérique, à tel point que leur idée y est comme telle essentiellement au-delà de tout débat. La croyance typiquement libérale en la bonté et en la valeur intrinsèque de l'individu conduit à défendre les valeurs de liberté, d'égalité politique, de tolérance et d'autodétermination[1].

C'est là une estimation exacte de ce que l'homme occidental traditionnel considère être son fardeau bienfaisant, lui qui est convaincu d'avoir apporté la civilisation et la liberté (telles qu'ils les pensent) tout d'abord aux habitants des territoires situés en Amérique du Nord, et ensuite à la planète entière.

Après avoir élu la tradition libérale au titre de point de départ de l'histoire de la cause environnementale, Nash s'efforce de situer dans le prolongement de cette tradition, en l'y ajustant (ou en l'y réduisant), l'environnementalisme radical ou « nouveau » :

> La plupart des critiques que les nouveaux environnementalistes formulent à l'encontre de la tradition américaine sont justifiées, mais en adoptant une position subversive, en prenant à rebours la culture américaine, ils négligent un fondement intellectuel important pour la protection de la nature qui est, en son essence profonde, typiquement américain : la philosophie des droits naturels, le vieil idéal américain de liberté qu'ils appliquent eux-mêmes à la nature[2].

Nash semble suggérer ici que, si les idéaux américains de liberté et de droits naturels ont été négligés dans le discours des nouveaux environnementalistes, ils ne l'ont pas été dans leur action. Dans cet esprit, Nash présente des penseurs aussi divers que Paul Shepard, Murray Bookchin et les partisans de la *deep ecology* comme demandant à être compris, non pas comme des radicaux subversifs qui exigent des changements révolutionnaires dans notre éthique environnementale et dans nos structures sociales,

---

1. R. Nash, *The Rights of Nature*, Madison, University of Wisconsin Press, 1989, p. 10.

2. *Ibid.*, p. 11.

mais plutôt comme des intellectuels qui ont pris fait et cause en faveur de la tradition libérale prédominante des droits naturels, et qui cherchent simplement à « étendre » les bénéfices et les mesures de protection de la civilisation à la nature. De même que le mouvement abolitionniste avait pu paraître en son temps d'inspiration radicale, alors qu'il ne visait qu'à étendre le domaine de notre morale afin de libérer les Noirs de l'exploitation en leur attribuant des droits, de même la préservation de la nature sauvage n'est essentiellement que l'étape suivante dans l'évolution de notre tradition libérale, qui reconnaît désormais même à la nature sauvage la liberté de s'autodéterminer.

Ajouter foi à pareille histoire de la cause environnementale lue à la lumière de la tradition libérale revient, me semble-t-il, à se leurrer soi-même – car cette histoire est cousue de fil blanc, et permet de couvrir et de légitimer la conquête et l'oppression. Par conséquent, elle demande à être substantiellement corrigée si nous voulons comprendre ce qu'est la nature sauvage, et si nous voulons déterminer ce que doit être l'éthique de notre relation avec elle.

Et pourtant, si d'aventure cette histoire de la cause environnementale lue à la lumière la tradition libérale venait à être véritablement mise en pratique, et en conséquence si l'on reconnaissait à la nature le droit de s'autodéterminer, alors elle ne manquerait pas de se transformer sous nos yeux en une histoire radicalement différente. Pour dire la même chose autrement, cette vieille histoire contient vraiment les germes de son autodépassement. Au jour d'aujourd'hui, toutefois, le droit à l'autodétermination n'est pas reconnu à la nature, pas même au sein des réserves naturelles officielles, en dépit des discours de circonstance prétendant le contraire. La nature est bien plutôt *confinée* au sein des réserves naturelles officielles. Pourquoi ? Sans doute, me semble-t-il, parce qu'il serait auto-contradictoire de la part du pouvoir impérialiste de conférer un droit à l'autodétermination à ceux qu'il domine, puisque cela reviendrait ni plus ni moins à abdiquer son pouvoir.

John Rodman a mis au jour les dangers et les limites de notre tradition libérale concernant le mouvement de libération des animaux [1]. Mon propos est ici à peu près le même concernant la préservation de la nature sauvage et le mouvement de libération de la nature. Le problème que soulève l'idée de conférer ou d'étendre les droits à d'autres – problème qui se corse lorsque la nature est censée être le tiers bénéficiaire – est que cela présuppose l'existence et la stabilité d'une position de pouvoir à partir de laquelle peut se réaliser une telle opération. Le fait de conférer des droits à la nature exige d'introduire celle-ci au sein de notre système juridique humain et au sein de notre système de droits moraux, c'est-à-dire au sein d'un système (homocentrique) de hiérarchie et de domination. La mission du libéralisme est d'ouvrir le système de façon à rendre possible que des autres toujours plus nombreux, et de sortes de plus en plus diverses, participent à ce système. Ils doivent se voir reconnaître les capacités et les droits de rejoindre les rangs et de bénéficier des mêmes avantages en termes de pouvoir; ils doivent être absorbés.

Mais de toute évidence un système de domination ne peut pas reconnaître une pleine égalité à *tous* les dominés sans s'autodétruire. Croire que nous pouvons conférer à la nature un authentique droit à s'autodéterminer, et laisser sa sauvagerie être ce qu'elle est, sans sortir de notre histoire de pouvoir et de domination, même sous sa forme libérale la plus généreuse, c'est proprement de la mauvaise foi.

Cette mauvaise foi est elle-même confortée par la croyance que l'hypothèse de Turner, citée par Nash, peut être invoquée pour défendre l'idée selon laquelle la mission historique et culturelle de l'Amérique a été d'apporter la liberté aux sauvages qui y vivaient. Or le pouvoir explicatif de l'hypothèse de la Frontière de Turner, qui propose de penser que la Frontière est ce qui a permis de

---

1. J. Rodman, « The Liberation of Nature ? », *Inquiry*, 20 (1977), p. 83-145, et « Four Forms of Ecological Consciousness Reconsidered », dans D. Scherer et T. Attig (ed.), *Ethics and the Environment*, Englewood Cliffs, Prentice-Hall, 1983, p. 89-92.

produire « une culture de l'individualisme, de confiance en soi, de pouvoir diffus – la culture de la démocratie américaine », a de nos jours été invalidé en ce qui concerne l'histoire de la culture américaine. Donald Worster écrit qu'il s'agit là d'« une théorie qui n'a ni eau, ni aridité, [et qui ne fait place à aucun épisode de] domination technique à l'intérieur d'elle »[1]. Patricia Limerick déclare que c'est une hypothèse « ethnocentrique et nationaliste » et que « l'histoire de l'Ouest est l'étude d'un territoire qui a été l'objet d'une conquête et qui n'a jamais pleinement réussi a échappé aux conséquences d'un tel état de fait »[2].

Dès lors que nous avons démythifié l'histoire américaine, nous voyons que l'hypothèse de la Frontière de Turner est seulement un exemple d'un mythe central de la culture occidentale, l'histoire selon laquelle la civilisation apporte la lumière et l'ordre à l'obscurité impénétrable de la sauvagerie – l'histoire cousue de fil blanc qui légitime la conquête, la colonisation et la domination. Nous nous leurrons nous-mêmes si nous pensons que la préservation de la nature sauvage peut être comprise de façon adéquate dans les termes de cette mythologie suspecte. Pour ne pas succomber à ce leurre, nous devons nous tourner vers un aspect moins ragoûtant de notre tradition, vers l'impérialisme et la domination (le sous-texte de l'histoire du libéralisme qui est généralement racontée).

Il incombe par conséquent aux partisans de la préservation de la nature sauvage, et particulièrement à ceux qui ont le privilège de vivre dans les pays où le pouvoir impérialiste est concentré, de soumettre à un examen critique leur position. Même s'il apparaissait que l'établissement de réserves naturelles est l'attitude la plus respectueuse à l'endroit de la nature que la culture occidentale puisse adopter au stade de développement moral qui est actuellement le sien, il n'empêche que, aussi longtemps que nous autres

1. D. Worster, *Rivers of Empire*, New York, Pantheon Books, 1985, p. 11.

2. P. N. Limerick, *The Legacy of Conquest*, New York, Norton & Company, 1987, p. 21 et 26.

Occidentaux ne voyons pas et ne reconnaissons pas les insuffisances de cette attitude, nous sommes condamnés à nous complaire
dans les délices de la mauvaise foi. Mon objectif est ici de mettre en
évidence la mauvaise foi qui imprègne nos justifications traditionnelles de la préservation de la nature sauvage, et de nous en arracher
au profit d'une relation plus morale avec la nature sauvage, avec le
sauvage lui-même, et par là avec l'un dans son rapport à l'autre.

APPORTER LA LOI À LA TERRE

La mauvaise foi dont fait preuve la culture occidentale en
matière de préservation de la nature sauvage est fondée sur deux
sortes de fausses présuppositions qui sont intimement liées l'une
à l'autre : d'une part, celle qui porte sur la compréhension de
l'altérité, sur la compréhension des autres de toutes sortes, qu'ils
soient humains ou non humains ; d'autre part, celle qui porte sur
l'interprétation des « nécessités pratiques » de notre relation avec
les autres. En parlant de « nécessités pratiques », j'entends m'interroger sur la façon dont nous estimons *devoir* nous rapporter aux
autres, au sens le plus profond du verbe *devoir*[1].

Les problèmes surgissent lorsque l'autre est compris au sens
courant qu'il revêt en Occident, c'est-à-dire de manière impérialiste : en tant qu'ennemi. En ce sens, la culture occidentale tradi-

---

1. J'utilise l'expression de « nécessités pratiques » au sens où l'entend
B. Williams : « Lorsqu'une conclusion délibérative représente une considération
dotée de la plus haute priorité délibérative comme de la plus haute importance (du
moins pour l'agent), elle peut prendre une forme particulière et déboucher sur la
conclusion que non seulement il faudrait faire telle chose, mais aussi qu'on *doit* la
faire, et qu'on ne peut rien faire d'autre. Nous pouvons appeler cette conclusion la
conclusion de la nécessité pratique (…) un "doit" inconditionnel, et *valable de bout
en bout* » (*Ethics and the Limits of Philosophy*, Cambridge, Harvard University Press,
1985, p. 197-198 [trad. fr. M.-A. Lescourret, *L'éthique et les limites de la philosophie*, Paris, Gallimard, 1990, p. 202-203]).

tionnelle se rapporte aux opportunités qu'offre la rencontre de l'autre sur un mode essentiellement adverse. Elle présuppose que la rencontre est fondamentalement de type conflictuel, plutôt que de type complémentaire, ou communautaire, taoïste, écosystémique. Au mieux, les autres peuvent être «tolérés», ce qui revient à les prendre en pitié en raison de leur malheureuse infériorité.

La présupposition est donc fondamentalement hobbesienne : à savoir que les hommes vivent en état de guerre avec n'importe quel autre individu en particulier, et avec tous de manière générale. Tel est peut-être le principe clé de notre mythologie de référence, ou de notre histoire légitimante, concernant la manière dont nous devons nécessairement nous rapporter aux autres. En pratique, sur la base d'une pareille présupposition, les autres apparaissent comme devant être supprimés, voire – si nécessaire – éradiqués. Cette mythologie est typique de la culture occidentale, même si bien sûr elle n'en a pas l'exclusivité. William Kittredge a puissamment résumé l'histoire légitimante de la culture occidentale :

> Il est important de comprendre que la mythologie originelle de l'Ouest américain est également la mythologie originelle de notre nation, et qu'elle est indissociable d'une mythologie mondiale bien plus ancienne : à savoir, le mythe de Celui qui arrive pour apporter la loi. Ce qui veut dire que cette mythologie n'est rien d'autre qu'une mythologie de la conquête. (…) De façon plus rudimentaire, l'histoire nationale de ceux qui sont venus ici pour apporter la loi est une histoire d'appropriation et d'ascendant, une histoire de maîtrise et de contrôle, qui se déroule le plus souvent sur fond d'exercice de la force[1].

Dans le cas de la préservation du milieu sauvage, la mauvaise foi se manifeste lorsque nous feignons de croire que la simple création d'entités juridiques, telles que celles de «zones de nature sauvage» (catégorie d'occupation du sol ou de «mise à disposition»), peut satisfaire les nécessités pratiques de la relation que

---

1. W. Kittredge, *Owning It All*, Saint Paul, Graywolf Press, 1987, p. 156-157.

nous soutenons avec le milieu sauvage, et avec le sauvage lui-même. Créer des entités juridiques telles que celles de « zones de nature sauvage », c'est tenter *d'apporter la loi au sauvage*, d'apporter la loi à l'essence de l'autre, d'imposer la loi civile à la nature. C'est à cela et à *rien d'autre* que se ramène ce geste de création de zones de nature sauvage aussi longtemps que l'histoire habituelle est présupposée, même si ce geste a pour effet de modifier véritablement le système des institutions juridiques.

Mais c'est précisément le même genre de réforme que celle qui a conduit à l'incarcération des populations autochtones (paradigme des « autres ») dans des réserves, même si cette réforme était inspirée par la volonté apparemment louable de les transformer en une population de « citoyens productifs », au lieu de les massacrer comme cela se faisait auparavant.

Mais une réforme qui reste liée dans ses termes mêmes à l'histoire dominante non seulement ne peut qu'échouer à nous libérer de cette histoire, mais encore elle ne peut que consolider le pouvoir tyrannique sous lequel elle nous tient. Par un étrange retour de flammes, la réforme qui semblait être un pas dans la bonne direction morale contribue en fait à alimenter la mauvaise foi qui est la nôtre, et qui se manifeste dans la façon dont nous évaluons la qualité morale de ce qui a été fait. Déterminer les nécessités pratiques de la relation que nous soutenons avec la nature en tant qu'autre exige de nous soustraire à l'emprise de notre histoire culturelle impérialiste. Cela implique également de préserver le milieu sauvage *afin* de contribuer à rompre l'emprise de l'histoire. Il en va ici, au fond, de la possibilité de donner une issue morale aux efforts que nous produisons pour « trouver une nouvelle histoire dans laquelle habiter »[1]. À ce prix, et à ce prix seulement, nous pourrons nous départir de toute mauvaise foi.

Au point où en sont les choses au sein de la culture occidentale, toute empressée qu'elle est de parachever son *imperium* sur la

---

1. Pour reprendre l'expression de W. Kittredge, *op. cit.*, p. 64.

nature, les réserves naturelles sont des « salles fermées à double tour »[1]. La terminologie qu'emploient couramment les opposants à la préservation de la nature sauvage, parlant de « verrouiller » le milieu sauvage, est à la fois exacte et pénétrante. L'altérité du milieu sauvage est objectivée sous la forme d'une ressource humaine, traduite en valeurs, en catégories que le système juridique qualifie selon une grille spécifiant les diverses modalités d'occupation du sol (en apportant de cette manière la loi à la terre).

Il est vrai qu'on pourrait en dire autant de l'administration des forêts qui vise à la production intensive de bois d'œuvre, de l'installation des entreprises d'extraction minière, de la multiplication des activités motorisées dans les parcs nationaux, etc., qui sont autant de manières de « verrouiller » le milieu sauvage – ce que reconnaissent bien volontiers les partisans de la préservation –, mais la tentative d'interdire l'accès au milieu sauvage à ceux qui l'exploitent en le refermant sur lui-même à double tour se révèle être, lorsque cette tentative est comprise pour ce qu'elle est réellement, rien de plus qu'une nouvelle étape dans le vaste projet impérialiste d'affectation des ressources à l'usage des hommes.

Tel est, au reste, le langage que tient le *Wilderness Act* de 1964, qui déclare que son intention est de « *garantir* aux Américains des générations actuelles et futures de pouvoir *bénéficier* de la *ressource permanente* que constitue l'existence de la nature sauvage »[2]. Les zones de nature sauvage aux États-Unis sont appelées à remplir quatre des cinq principaux usages multiples auxquels peuvent être affectées les terres publiques : limite géographique entre divers bassins-versants, vie sauvage, pâturage et divertissement. Seule la récolte du bois d'œuvre est exclue. L'extraction minière est souvent autorisée[3].

---

1. J'utilise le terme *imperium* au sens donné par l'*Oxford English Dictionary* : « commandement ; pouvoir absolu ; pouvoir suprême ou impérial : empire ».

2. Section 2 (a) du *Wilderness Act* de 1964 ; c'est moi qui souligne (T. H. B.).

3. Voir la section 4 (a) 1 du *Wilderness Act* de 1964, où la compatibilité avec la loi portant sur les multiples usages durables des terres est stipulée. Le *Wilderness Act*

Mais qu'en est-il alors de ce qui est en lui-même sauvage? Comment ce qui est sauvage pourrait-il être mis sous la férule de la loi?

Par définition, ce qui est sauvage est rebelle à toute définition, il est l'indéfini, et bien que nous ayons à cœur de trouver en toutes choses leurs valeurs d'usage, ce qui est sauvage ne peut se voir raisonnablement assigner une quelconque valeur d'usage parce qu'il engendre beaucoup, beaucoup trop de choses qui sont *inutiles*, et bien des choses qui échappent aux usages auxquels on voudrait les soumettre.

C'est pour cette raison que le projet de traiter ce qui est sauvage (ou la nature sauvage) comme une ressource soumise à une logique d'usage est, sinon inintelligible, du moins paradoxal, bien que nous baptisions fréquemment la nature sauvage du nom de ressource. Dans la mesure où ce qui est sauvage est la source de toutes les ressources, la tentative même de se saisir de lui comme d'une ressource, dans les termes de la rhétorique des ressources, le réduit par là même à un ensemble de ressources[1]. Ce qui est sauvage, dans le cadre de l'*imperium* où le pouvoir consiste à apporter la loi, est lui-même sans loi; il est le paradigme de ce qui est hors la loi de façon inintelligible, impénitente et incorrigible. Quel traitement l'*imperium* peut-il alors lui réserver?

autorise l'extraction minière pour toutes les demandes formulées jusqu'en 1984, et pour toutes les terres concernées par cette loi. On trouvera une excellente analyse des valeurs promues par le *Wilderness Act* sous la plume de H. Rolston III, *Philosophy Gone Wild*, Buffalo, Prometheus Book, 1986, p. 180-205. Il importe de noter enfin que le *Wilderness Act*, à la section 4 (d) 4, se réserve explicitement le droit de soumettre à l'avenir les milieux sauvages à de nouveaux usages: «exploitation des ressources de l'eau, mise en place d'ouvrages de recueil des eaux, développement des moyens de production d'électricité, installation de lignes de transmission, et toute autre commodité requise pour l'intérêt public, y compris la construction et l'entretien de routes».

1. On trouvera une discussion approfondie de la nature sauvage comme source de toutes les ressources, qui n'est pas elle-même une ressource, sous la plume de H. Rolston III, «Values Gone Wild», dans *Philosophy Gone Wild*, p. 118-142.

Toutes les tentatives ordinaires pour soumettre ce qui est sauvage en détruisant ses manifestations ont échoué, bien que l'on puisse le dissimuler pour quelque temps, ou plus exactement, bien que l'on puisse le perdre de vue pendant quelque temps. Bien que la forêt, le bison et l'Indien puissent être exterminés, cela n'affecte nullement en lui-même ce qui est sauvage. L'essence de ce qui est sauvage ne peut être mise en ligne de mire et abattue d'un coup de fusil. À l'instar de ce que nous pourrions appeler « l'âme » de l'altérité, ce qui est sauvage n'est pas un autre d'une sorte ordinaire. Prendre les manifestations de ce qui est sauvage pour la chose elle-même, c'est commettre une erreur d'attribution. L'essence de ce qui est sauvage est toujours là et n'entend pas lâcher prise. Quel traitement l'*imperium* peut-il donc lui réserver, étant donné que les stratégies ordinaires de conquête ne peuvent pas aboutir ?

Ce qui est sauvage ne peut pas être ostracisé, ou exterminé, ou mis au pas au moyen d'un système de punition, de récompense ou même de techniques de modification comportementale. Et pourtant, à se référer aux diktats de l'*imperium* qui revendiquent un pouvoir sans partage, il faut que ce qui est sauvage soit, ou du moins qu'il donne l'impression d'avoir été embrigadé dans le système, d'avoir été mis sous la férule de la loi. Pendant que les anciens factotums du pouvoir (de type « conservateur ») recourent encore à la stratégie consistant à oblitérer ce qui est sauvage en détruisant systématiquement ses manifestations, les factotums modernes réformistes (de type « libéral ») ont saisi la futilité de cette vieille stratégie, et ont par conséquent développé une stratégie plus subtile de « cooptation » ou d'appropriation, en ménageant un lieu à ce qui est sauvage au sein de l'ordre impérialiste, et en l'y logeant. Le lieu ainsi ménagé est la prison ou l'asile. Une fois ce lieu dûment aménagé et le sauvage dûment incarcéré, l'*imperium* est parvenu à ses fins. Les remarques de Foucault valent d'être citées ici :

> Le réseau carcéral ne rejette pas l'inassimilable dans un enfer confus, il n'a pas de dehors. Il reprend d'un côté ce qu'il semble

exclure de l'autre. Il économise tout, y compris ce qu'il sanctionne. Il ne consent pas à perdre même ce qu'il a tenu à disqualifier[1].

De ce point de vue, les zones désignées comme étant des zones de nature sauvage deviennent des prisons, où l'*imperium* incarcère le sauvage rebelle à toute assimilation, afin de parachever son œuvre, afin de finaliser son règne. C'est bien ce que l'on veut dire lorsque l'on dit qu'il n'y a plus de nature sauvage dans le monde contemporain, au sein de l'*imperium* technologique. Il n'y a, ou il n'y aura bientôt plus qu'un réseau de réserves naturelles à l'intérieur desquelles ce qui est sauvage a été enfermé à double tour.

Pour solliciter quelque peu la métaphore carcérale, nous pourrions dire que, de même que l'enfermement apparaît tardivement dans l'histoire avec l'émergence de la prison, de même l'enfermement de ce qui est sauvage se produit au crépuscule des temps modernes. Et pour solliciter encore un peu la métaphore carcérale, nous pourrions également dire que lorsque le sauvage en tant que prisonnier « se tient mal » (en étant lui-même, c'est-à-dire en étant spontané), l'*imperium* recourt à l'« internement cellulaire ». Un « internement cellulaire » implique de confiner les prisonniers à l'intérieur de leur cellule, de révoquer leurs privilèges, d'effectuer des fouilles au corps, etc., pour extirper et corriger sa nature malfaisante[2].

---

1. M. Foucault, *Surveiller et Punir. Naissance de la prison*, Paris, Gallimard [1975] 1991, p. 308. Voir aussi *Histoire de la folie à l'âge classique*, Paris, Plon, 1961.

2. Voir le *Wilderness Act* à la section 4 (d) 1 : « ...de telles mesures peuvent être prises s'il apparaît nécessaire de le faire en vue de contrôler le feu, les insectes et les maladies, les conditions d'application étant soumises à l'appréciation du Ministère ». On trouvera une interprétation du *Wilderness Act* dans le volume collectif dirigé par J.C. Hendee, *Wilderness Management*, Golden (Colorado), Fulcrum Publishing, 1990, p. 82. Ajoutons que la politique de gestion du feu en milieu sauvage, qui revient selon le *Wilderness Act* à « laisser faire », est depuis peu l'objet d'une révision en raison des feux gigantesques qui ont dévasté les parcs de Yellowstone et de Canyon Creek pendant l'été 1988.

Les réserves naturelles ne sont pas des lieux qui sont aménagés ou tolérés pour que la nature puisse s'épanouir en dehors de tout contrôle, même si un certain degré de comportement déviant y est autorisé, et ce dans les mêmes proportions où un tel comportement est autorisé dans les institutions du système punitif aménagées pour les hommes. Les réserves naturelles ne sont pas conçues pour être des lieux soustraits à la fabrique de la domination où l'« anarchie » serait autorisée, où la nature serait véritablement libérée. En aucune façon. La règle de la loi est tenue pour suprême. De même que les réserves naturelles sont créées par la loi, de même elles peuvent être abolies par la loi. La menace d'annihilation est permanente. De même qu'un certain type de pensionnaire, mettons des champignons de la famille des auriculaires, pourrait être confiné au sein des réserves naturelles sur décision de la loi, de même il peut être exterminé si la loi en décide ainsi, même à l'intérieur des réserves. L'*imperium* n'abroge pas les « droits » de ce type de pensionnaire – et il ne peut pas le faire –, même s'il a commencé en un premier temps par se les arroger.

LE SAUVAGE COMME ESSENCE DE L'ALTÉRITÉ

La (mé-)compréhension prévalente de l'autre en tant qu'être adverse, qui refuse de se soumettre à la loi, et donc à ce titre en tant qu'être irrationnel, criminel, hors la loi, et même fou au point de devoir être ligoté pour l'empêcher de nuire (comme l'ours grizzly), est clairement au centre du problème de l'incarcération du sauvage que rencontre la culture occidentale. Cette compréhension de l'autre est partie intégrante de la mythologie impérialiste de la culture occidentale qui s'est élaborée autour de la figure de Celui qui apporte la loi. Cette signification de l'altérité est celle que l'histoire de l'*imperium* a créée de toutes pièces.

On ne s'étonnera pas, de ce point de vue, si des œuvres comme celle de Joseph Conrad (*Au cœur des ténèbres*) et celle de E. M. Forster (*Route des Indes*) ont pu être incorporées à notre

canon littéraire, et si elles font de nos jours l'objet d'un enseignement dans les établissements scolaires, en tant que parties prenantes
de ce que certains appellent « l'endoctrinement des jeunes » par les
élites dominantes[1], ou de ce que l'on pourrait appeler, de façon
politiquement plus orientée, la divulgation et la perpétuation de la
mythologie de la culture occidentale.

Si nous voulons avoir quelque espoir de comprendre ce
qu'implique moralement la création de réserves naturelles juridiquement qualifiées, alors il nous faut d'abord démêler les fils de la
mythologie de la culture occidentale qui contribuent à nous rendre
méconnaissable la réalité des autres. Nous commencerons en posant
la thèse que l'essence de l'altérité n'est autre que le sauvage. La
condition sous laquelle l'autre peut préserver son identité en tant
qu'autre, en tant qu'autre dans sa relation à une autre personne, une
autre société, une autre espèce ou ce que l'on voudra, est qu'au
moins il oppose une résistance au processus qui vise à lui imposer
complètement une identité *ultime*. Un autre ne peut se ramener
essentiellement à la façon dont il est objectivé, défini, analysé,
codifié ou compris, sauf à cesser d'être un autre. Le maintien de
l'altérité exige le maintien d'une ouverture radicale, ou le maintien
d'une sorte de liberté inconditionnelle qui permette la pure spontanéité et la participation continue au processus d'émergence de la
nouveauté.

La nécessité dans laquelle se trouvent les autres de préserver
cette sorte de liberté se fait sentir avec une plus grande intensité lors
des rencontres avec le pouvoir impérialiste (même sous la forme
prétendument bienveillante du libéralisme), parce que le pouvoir
impérialiste cherche à définir et à fixer les identités afin d'enfermer
les autres dans l'ordre de son propre système de domination – domi-

---

1. Voir N. Chomsky, *The Culture of Terrorism*, Boston, South End Press,
1988, p. 32. Chomsky cite la première publication d'importance de la Commission
Trilatérale qui déclare que les établissements d'enseignement sont responsables de
l'« endoctrinement des jeunes ».

nation qui passe par l'objectivation. Mais le maintien de cette sorte de liberté est également nécessaire pour la dynamique des relations non conflictuelles et complémentaires avec l'altérité. Il va de soi que les identités indéterminées, contingentes, encore en cours de constitution, sont également indispensables, mais ce que nous voulons dire, c'est que toute *détermination ultime* des identités est un anathème qui détruit l'altérité.

Une détermination ultime de l'identité de l'autre est une absorption (qui se leurre elle-même) ou une ingestion de l'autre dans la subjectivité du moi, ou encore, au niveau social, dans le « système ». Une telle absorption est également une détermination ultime du moi ou du système de définition, qui a pour effet d'arracher le moi et le système hors du monde, et de les précipiter en un état d'aliénation. La possibilité de devenir ce que l'on est à la faveur des échanges dialectiques avec les autres, qui deviennent eux-mêmes ce qu'ils sont par la même occasion, est dès lors forclose. La fin ultime du projet impérialiste est atteinte lorsque la détermination ultime de tout et de tous est elle-même achevée. C'est pourquoi le sauvage, dont l'identité est telle qu'elle contredit par principe toute entreprise de détermination ultime, est au cœur de l'altérité, de même qu'il est, bien sûr, au cœur de toute société et de tout moi *vivants*.

LES ZONES DE NATURE SAUVAGE EN TANT QUE « SIMULATION » DU SAUVAGE, ET LE RISQUE DE LA RÉALITÉ

L'analyse brillante et alarmante que propose Jean Baudrillard de la culture occidentale moderne met vivement en lumière les usages auxquels la culture impérialiste destine ses autres sauvages, qu'ils soient humains ou non humains. Les analyses de Baudrillard expliquent également le besoin qu'éprouve l'*imperium* de créer de toutes pièces et de maintenir dans l'existence une sorte d'autre adverse pour servir les fins qu'il poursuit. Pour aller vite, la détermination des autres sert, par un choc en retour, à conférer du sens, à rendre légitime et à renforcer le règne du pouvoir impérialiste, en lui donnant les moyens d'agiter la menace de la terreur et du chaos. Aux yeux de Baudrillard, la culture occidentale moderne s'est orientée en direction de – et dans une large mesure a déjà atteint – une condition d'existence « hyperréelle », elle a élu domicile dans un monde de « simulation », dans un monde simulé de « simulacres », qui a rompu tout contact avec la réalité, y compris la réalité écologique. Dans ce qui est peut-être l'une des propositions les plus citées de Baudrillard, celui-ci avance que « la définition même du réel est : *ce dont il est possible de donner une reproduction équivalente* (…). Le réel est non seulement ce qui peut être reproduit, mais *ce qui est toujours déjà reproduit*. L'hyperréel (…) qui est tout entier dans la simulation »[1].

Afin de renforcer son règne, de parvenir à ses fins de contrôle total, le pouvoir doit créer son propre monde, en ayant soin de le définir dans ses propres termes, en recourant à des modèles qui sont des simulations de choses réelles (de toutes sortes). En effet, seul le contrôle total des simulacres est possible, parce que seuls les simulacres sont reproductibles et donc fongibles. Qu'adviendrait-il si l'un de ces simulacres venait à s'arracher à l'emprise du pouvoir ? Il serait éradiqué et remplacé par un autre. Dans un monde devenu jetable, l'appropriation passe par la capacité, non pas à avoir en sa possession, mais à mettre à la trappe la réalité du précédent – la réalité de l'autre – au bénéfice d'une simulation qui est illusoire : « Nous vivons partout déjà dans l'hallucination "esthétique" de la réalité »[2]. Toutefois, le pouvoir impérialiste ne peut pas se payer le luxe de mettre entièrement à la trappe la réalité, parce qu'il a besoin de la réalité, ou en tout cas d'un semblant de réalité, pour sauvegarder sa propre légitimité et sa propre signification.

1. J. Baudrillard, *L'échange symbolique et la mort*, Paris, Gallimard, 1976, p. 114.

2. *Ibid.*, p. 114.

Les réserves naturelles juridiquement qualifiées deviennent ainsi des simulacres dans la mesure où il est possible pour l'*imperium* de simuler le sauvage. L'objectif de l'*imperium* est d'instituer des simulations du sauvage afin de s'approprier le sauvage et de l'indexer à son modèle. Les simulacres sont produits conformément aux diktats des modèles, si bien que la réalité au sein de laquelle nous vivons est devenue une réalité modélisée appelée à être la seule réalité qui nous reste. L'altérité est incarcérée à l'intérieur des simulacres, à l'intérieur des modèles d'altérité. Mais pourquoi l'*imperium* s'embarrasse-t-il de préserver l'altérité sauvage, même sous la forme de simulacres, plutôt que de détruire totalement cette opposition adverse et ainsi la jeter aux oubliettes ? Pourquoi l'*imperium* a-t-il besoin de créer et de maintenir dans l'existence ses réserves naturelles ? Fondamentalement, il en va du besoin qu'éprouve l'*imperium* de sauvegarder sa propre signification, de se mettre soi-même à l'abri de tout « évanouissement dans le jeu des signes » :

> Le pouvoir (…) ne produit plus depuis longtemps que les signes de sa ressemblance. Et du coup, c'est une autre figure du pouvoir qui se déploie : celle d'une demande collective des *signes* du pouvoir – union sacrée qui se refait autour de sa disparition. (…) Lorsqu'il aura totalement disparu, nous serons logiquement dans l'hallucination totale – une hantise telle qu'elle se profile déjà partout, exprimant à la fois la compulsion de s'en défaire (personne n'en veut plus, tout le monde le refile aux autres) et la nostalgie panique de sa perte [1].

Tout le propos, l'ambition et la raison d'être du pouvoir impérialiste, ainsi que sa légitimation la plus fondamentale, sont de conférer aux hommes les moyens de contrôler l'altérité. Dès lors que cet objectif est complètement atteint, ou qu'il semble que ce soit le cas, la partie est finie, et il n'y a aucun sens à vouloir poursuivre le jeu. Ceci vaut aussi bien pour le cas de l'hyperréalité fabriquée de toutes pièces (qui engendre ce qu'il faut proprement

---

1. J. Baudrillard, *Simulacres et simulations*, Paris, Galilée, 1981, p. 41.

appeler une illusion ou une « hallucination » de contrôle total) que pour celui de la chose réelle (qui ne pourrait être mené à bien que par l'intervention d'une sorte de Dieu le Père à la mode impérialiste du XVIIIe siècle). L'*imperium* doit par conséquent s'efforcer de maintenir le cours du jeu en sauvegardant son « principe de réalité », mais de préférence aussi, autant que faire se peut, en simulant la réalité. C'est pourquoi nous ont été livrés en pâture Disneyland et le conte fantastique de la télévision :

> Disneyland est là pour cacher que c'est le pays « réel », toute l'Amérique « réelle » qui *est* Disneyland (un peu comme les prisons sont là pour cacher que c'est le social tout entier, dans son omni-présence banale, qui est carcéral). Disneyland est posé comme imaginaire afin de faire croire que le reste est réel, alors que tout Los Angeles et l'Amérique qui l'entoure ne sont déjà plus réels, mais de l'ordre de l'hyperréel et de la simulation. Il ne s'agit plus d'une représentation fausse de la réalité (l'idéologie), il s'agit de cacher que le réel n'est plus le réel, et donc de sauver le principe de réalité[1].

LE FONDEMENT DE LA SUBVERSION

Lorsque Roderick Nash avance l'idée que « la civilisation a créé la nature sauvage », il cite Luther Standing Bear :

> Nous ne pensions pas aux grandes plaines ouvertes, aux magnifiques collines onduleuses et aux rivières sinueuses qui s'enchevêtrent, comme constituant un spectacle « sauvage ». Ce n'est qu'aux yeux de l'homme blanc que la nature est apparue comme étant une « nature sauvage » (…), que la terre a semblé être « infestée » de bêtes « sauvages » et de populations « sauvages ». (…) Il n'y avait pas de nature sauvage, dans la mesure où la nature n'était pas dangereuse mais hospitalière ; non pas repoussante, mais amicale[2].

---

1. *Ibid.*, p. 25-26. C'est moi qui souligne (T. H. B.).
2. Nash, *Wilderness and the American Mind*, p. XIII.

L'important dans cette déclaration de Luther Standing Bear, et que Nash laisse dans l'ombre dans son commentaire, tient à ce que la nature sauvage, et de nos jours les réserves naturelles que l'*imperium* de l'homme blanc a créées en conformité avec l'histoire traditionnelle qu'il (se) raconte au sujet de Celui qui apporte la loi, est présentée comme un autre adverse destiné à être subjugué et contrôlé. Contre ce type de représentation, je voudrais avancer l'idée *qu'il n'est pas nécessaire* que l'autre soit un adversaire ou une simulation d'adversaire.

Assurément l'autre n'est-il rien de tel pour Luther Standing Bear. Il se représente la terre dans la perspective d'une histoire différente, selon laquelle la relation fondamentale que les hommes soutiennent avec la nature, et avec le sauvage lui-même, est une relation de participation, de coopération – une relation qui est fondamentalement complémentaire, bien plus que conflictuelle. De temps à autre, même dans la perspective de cette autre histoire, des conflits se produisent, mais d'ordinaire la nature sauvage entretient, promeut, fortifie et rend possible l'existence des hommes. La nature est sauvage, définitivement sauvage, au sens où elle n'est pas sujette au contrôle qu'exercent les hommes.

En ce sens, les hommes participent à une force sauvage qui est bien plus ample et bien plus puissante qu'ils ne le seront jamais, et qu'il est radicalement inapproprié de vouloir mettre sous la férule de la loi, au point qu'une telle tentative semble tout bonnement absurde. Nous avons grand besoin de retrouver et de reconstruire dans notre société postmoderne cette sorte de compréhension de la nature sauvage et de la relation que celle-ci soutient avec notre culture, en réponse au désir de l'*imperium* d'exercer une domination totale.

Il semble opportun de citer ici l'enquête conduite aux États-Unis sous le nom de code de RARE II (*Roadless Area Review and Evaluation second try**) comme étant typique de l'approche de la

---

* Relevé et estimation des zones dépourvues de routes, deuxième essai.

civilisation occidentale du milieu sauvage. Les États-Unis sont, pour l'heure, le centre le plus puissant de l'*imperium* de la culture occidentale, et il est probable que l'exemple de RARE II sera suivi à une échelle globale. Il importe de se souvenir que RARE II a été mise en place par l'administration relativement libérale du président Carter, et a été conçue comme étant une réforme de RARE I en vue de corriger ses erreurs. Le but de l'enquête qui a été ainsi conduite était de faire l'inventaire de toutes les forêts nationales et d'estimer les diverses utilités des milieux sauvages restant, en s'efforçant de déterminer leur attribution ou leur disposition, et par là, en leur donnant une définition, à apporter une signification à leur néant, en sorte que nul désert indompté ne demeure à l'extérieur de l'*imperium*.

RARE II constitue de façon exemplaire l'étape ultime de l'appropriation du milieu sauvage par l'*imperium*, l'ultime étape de la soumission de son ennemi le plus puissant. L'enquête devrait être considérée comme une sorte de mission de « recherche et destruction » pour mettre au jour et s'approprier ou exterminer les derniers vestiges de milieu sauvage en Amérique, pour achever l'œuvre de l'*imperium*. L'acronyme de l'instrument clé de cette estimation de la nature sauvage n'était autre que WARS (*Wilderness Attribute Rating System**). Comme dans le cas d'une plaisanterie raciste, le sous-texte ou le présupposé de cette tentative cynique de faire de l'humour doit être pris au premier degré[1].

L'enquête conduite sous le nom de code RARE II porte donc à son point d'achèvement l'entreprise par laquelle l'*imperium* cherche à étendre son réseau de surveillance, en assujettissant tous

1. Dans la même veine, l'acronyme des pratiques ultérieures d'administration de la nature sauvage est LAC (*Limits of Acceptable Change*) [Limites de changement acceptable. Par homophonie, le mot fait songer au verbe « *to lack* », « manquer, faire défaut, être privé de »].

* Système d'estime des propriétés de la nature sauvage. Le mot signifie également « guerres ».

les milieux sauvages à son administration pour établir un ensemble d'utilités.

Alors qu'il existait par le passé des zones sauvages qui étaient ignorées, et où la sauvagerie et la nature sauvage pouvaient se développer en toute liberté, où elles étaient frappées d'ostracisme et exclues de la civilisation ; alors qu'il existait par le passé des lieux qui étaient *à l'extérieur* du système d'administration, mais où la sauvagerie pouvait dans une certaine mesure s'épanouir en toute intégrité – il n'existe plus désormais avec RARE II que des zones de nature sauvage ou des réserves naturelles légalement qualifiées dans lesquelles la nature sauvage, l'autre ultime, a été enfermée à double tour derrière les grilles des schèmes d'administration. Alors qu'il fut un temps (par exemple le temps d'Homère) où la culture occidentale était un essaim d'îles étroitement connectées les unes aux autres et cernées par une mer de sauvagerie, la civilisation entoure de nos jours (ou du moins, ainsi va la trompeuse histoire) les dernières îles de sauvagerie, et tire parti de tout, ne laissant rien se gaspiller. L'une des raisons avouées de l'établissement officiel des zones de nature sauvage est d'ailleurs de pouvoir profiter de ces « bizarreries » qui y pullulent, ou encore de leur permettre de « s'auto-réaliser ». La nature sauvage et la sauvagerie sont mises en rayon dans les supermarchés, prenant place à côté des autres produits, et tout est compris *à l'intérieur* du supermarché.

Et pourtant, il y a quelque chose de contradictoire dans la tentative qui est celle de l'*imperium* de s'approprier la sauvagerie, car, ainsi qu'il a été dit précédemment, il n'est pas possible en pratique pour l'*imperium* de réduire complètement au silence la voix subversive de l'autre ou d'aveugler son regard. S'approprier la sauvagerie en l'incarcérant dans les prisons des réserves naturelles, ce n'est pas s'en débarrasser : la sauvagerie est toujours là, dans sa brutalité, elle continue de nous « parler ». Lorsque le sauvage parle, il dit toujours plus que ce que l'*imperium* voudrait qu'il dise, ou plus que ce que nous sommes censés entendre, parce que le sauvage reste l'autre qu'il est en toute intégrité et sans concession, dans sa liberté inconditionnée. Par conséquent, l'administration de la nature sauvage est contradictoire, même si l'administration officielle des zones de nature sauvage et des prisons ne l'est pas.

Il existe au cœur de l'idée d'une administration de ce qui est sauvage, et d'une administration *au service* de ce qui est sauvage, une tension irréductible. Par exemple, dans quelle proportion les feux de forêts et la reproduction des insectes sont-ils permis ? Nous *ne pouvons pas* le savoir. Ce qui est sauvage est par définition rebelle à toute systématisation. Il ne peut pas y avoir de lois naturelles de ce qui est sauvage.

Il s'ensuit que le fait d'aménager une place au sauvage à l'intérieur du système de l'*imperium* crée, institutionnalise et même légalise la subversion du système impérialiste en lui donnant un fondement et une raison d'être – de même que les prisons et les maisons de correction réussissent essentiellement à engendrer des « criminels » plus endurcis. Si elle pouvait n'être rien d'autre que ce domaine d'où nous pouvons fixer du regard les étoiles, d'où nous pouvons communier avec le caractère sauvage de l'univers dans l'immensité duquel se situe la poussière où nous habitons, une réserve naturelle pourrait peut-être encore donner le change et se révéler compatible avec l'histoire que (se) raconte la civilisation occidentale. Mais quel que soit le traitement que l'*imperium* réserve à la nature sauvage, qu'il s'agisse d'extermination, d'incarcération ou de la fiction logiquement impossible d'une administration totale, l'altérité sauvage continuera de démasquer la mauvaise foi constitutive du mythe fondateur de notre culture de Celui qui apporte la loi.

Mais en dépit de cela, l'établissement de réserves naturelles ne peut suffire à contenir l'assaut que donne l'*imperium* contre ce qui est sauvage.

Premièrement, la bataille que livrent ceux qui espèrent sauver le milieu sauvage en obtenant sa qualification juridique peut être un piège qui ne sert qu'à seconder l'entreprise du pouvoir. Dans les termes du combat, tels qu'ils ont été définis par l'*imperium*, ce dernier sort victorieux, qu'une bande de terre soit qualifiée juridiquement de nature sauvage ou pas, parce que l'*imperium* a été autorisé à déterminer les termes du débat. Les ardeurs des partisans de la sauvagerie sont canalisées et s'épuisent dans les batailles juridiques en faveur de la préservation. Si une zone de nature sauvage est officiellement classée comme réserve naturelle, l'*imperium* gagne la bataille parce qu'il a besoin de déterminer son autre ; si cette zone n'est pas préservée, l'*imperium* gagne encore quelque chose, mais sur un autre plan, où la nature pourra se révéler utile aux fins qu'il poursuit. Le véritable enjeu, à savoir la préservation de ce qui est sauvage et la compréhension de la participation des hommes à ce qui est sauvage, est aisément perdu de vue dans les brumes des controverses juridico-politiques, du moins dans les formes que revêtent ces dernières telles qu'elles sont autorisées par la société impérialiste.

Mais, deuxièmement, nous ne devrions jamais oublier que l'*imperium* a le pouvoir de gouverner, d'envahir, de déclasser, d'abolir, de dé-sanctifier ces entités juridiques que sont les milieux sauvages qu'il a créés, et le fait qu'il les ait créés en leur conférant cette qualification ne diminue nullement son pouvoir. Dans la mesure donc où la préservation des milieux sauvages, telle qu'elle a cours, ne vise probablement à rien d'autre qu'à renforcer le pouvoir, il est impératif de travailler à mettre au jour ce qui est véritablement en jeu et ce qui sous-tend le projet de préservation de la nature sauvage, afin de montrer de quelle manière de tels efforts devraient contribuer à la tâche fondamentale de sauvegarder ce qui est sauvage et de résister à l'*imperium*.

ÉLIRE DOMICILE AU SEIN D'UN ESPACE SACRÉ
UNE PROSPECTIVE

Apprendre à considérer les réserves naturelles juridiquement qualifiées comme autant d'« espaces sacrés » ne peut suffire à soustraire les espaces de nature sauvage officielle à l'emprise totalisante du pouvoir impérialiste. Bien qu'il y ait toujours eu une place pour ce qui est sacré à l'intérieur de l'ordre impérialiste, le pouvoir séculier de la culture occidentale a depuis longtemps triomphé de l'Église. Dans le cadre du règne de l'*imperium*, le sacré, le mystique, etc., ne sont ni plus ni moins que la face d'un phénomène dont l'autre face porte la marque de l'altérité sauvage du criminel[1]. La nature sauvage, à l'instar de la religion et de la moralité, est une chose qui convient fort bien pour passer agréablement le temps en fin de semaine et en vacances, mais pendant la semaine de travail, il est hors de question qu'elle perturbe le cours ordinaire des affaires. C'est pourquoi l'*imperium* incarcère son autre sacré dans des églises, dans des couvents, en leur assignant des ministères, mais si d'aventure ses fonctionnaires (comme les frères Berrigan) exercent leur sacerdoce en dehors de la zone où ils sont confinés et se mettent à prêcher, par exemple, dans les rues, alors ils seront jetés en prison, ou neutralisés d'une façon ou d'une autre.

L'*imperium* ne voit rien à objecter à ce que, en fin de semaine ou pendant les vacances, quelques citoyens décident de se rendre avec John Muir aux temples de la nature sauvage plutôt qu'aux églises habituelles – et il est probable que ceci soit appelé à valoir également pour les religions des Indiens d'Amérique[2]. En ménageant

---

1. Voir Guha, « Radical American Environmentalism and Wilderness Preservation », où l'on trouvera quelques développements sur ce point. L'*imperium* est de part en part « orientaliste », au sens où l'entend Edward Saïd. Voir de ce dernier *Orientalism*, New York, Pantheon, 1978. L'autre de l'*imperium* est donc soit criminel et diabolique, soit mystique et illuminé, comme le bon sauvage ou le gourou des pays de l'Est, mais à chaque fois il est présenté comme irrationnel et plongé dans les ténèbres de l'ignorance.

2. En l'état actuel des choses, il en est de deux choses l'une : soit la décision négative rendue récemment par la Cour Suprême concernant les droits des Indiens à préserver leurs terres sacrées (affaire Lyng contre l'association de protection des cimetières indiens du nord-ouest) sera assouplie en quelque manière par d'autres tribunaux, soit le Congrès renforcera (légèrement) la loi portant sur la liberté religieuse des Indiens d'Amérique. La logique du pouvoir impérialiste exige cette sorte de libéralité. Il va de soi que jamais l'*imperium* ne pourrait se payer le luxe de laisser classer toutes les terres comme étant sacrées en quelque sens que ce soit. Mais il est possible d'autoriser ou, pour utiliser la terminologie juridique, de « conférer » le

une place à l'espace sacré, l'*imperium* confirme qu'il est tolérant, généreux, il manifeste sa rectitude, sa bienveillance, et il peut le faire sans pour autant abroger *son* autre (et donc sans se départir de sa mauvaise foi). Toutefois, vivre réellement, élire domicile au sein d'un espace sacré est un anathème, et se révèle absolument incompatible avec l'*imperium* :

> L'idée selon laquelle la sainteté est inhérente au lieu où l'on habite est étrangère à la tradition européenne, car dans cette tradition l'espace sacré est séparé, mis de côté, un lieu où l'on va seulement pour rendre un culte à la divinité. Mais vivre dans un espace sacré est l'affirmation la plus puissante qui soit du caractère sacré de la terre entière[1].

Aux yeux de l'*imperium*, seul ce qui est autre peut être sacré, parce que le reste du monde ordinaire, le mondain et le pas-si-mondain, est tenu pour profane, séculier, objectif. L'*imperium* a pour vocation de tirer un cordon autour de l'espace sacré, de le séparer en le mettant à l'écart en tant qu'autre, de le maintenir réellement à l'extérieur du centre de nos vies pratiques, et de nous maintenir nous-mêmes en dehors de lui, en nous mettant ainsi à l'abri de son effet subversif. L'essence de ce qui est sauvage, sous la figure de la nature sauvage, est incarcérée dans les limites de l'espace sacré. Tel est sans doute l'un des principaux usages auxquels l'ordre impérialiste destine la nature sauvage. Il assigne à l'espace sacré le rôle de muséum des saintes reliques, en tant qu'il est l'une des premières manifestations de cette essence du sauvage qu'il est contraint d'incarcérer afin d'assurer son triomphe.

Il importe donc de bien comprendre que même la préservation de la nature sauvage en tant qu'espace sacré doit être conçue et pratiquée comme partie prenante d'une stratégie plus large qui

titre de zones sacrées à certaines terres préalablement désignées et étroitement délimitées.

1. J.D. Hughes et J. Swan, « How Much of the Earth is Sacred Space? », *Environmental Review*, 10 (1986), p. 256.

ambitionne de transformer ou de rétablir toutes les terres en un espace sacré, et par là d'apprendre ou de réapprendre à l'humanité à habiter consciemment la nature sauvage. Ainsi que l'a souligné Gary Snyder :

> L'inspiration, l'exaltation, le mode intuitif ne cessent pas (…) dès lors que nous sommes sortis de l'église. La nature sauvage considérée en tant que temple n'est qu'un commencement. Autrement dit : on ne devrait pas (…) laisser derrière soi le monde politique en le tenant pour un monde hautement éclairé, (…) mais on devrait être capable de revenir au monde dans lequel nous vivons afin de voir toutes les terres qui nous entourent, les terres agricoles, les territoires suburbains ou urbains, comme autant de parties du même domaine géant de processus et d'êtres – jamais totalement tombées en ruines, jamais davantage complètement non naturelles [1].

Les réserves naturelles devraient être comprises comme des entités qui ne se distinguent que par leur plus grande étendue et leur plus grande pureté au sein d'un continuum d'espace sacré qui devrait également inclure, par exemple, les zones de toutes tailles où la nature sauvage est l'objet de soins de restauration, mais encore les zones de nature sauvage de taille réduite, voire très réduite, comme celles que l'on trouve dans chaque cour d'école, dans les anciennes plates-formes le long des routes, dans les coins de verdure des quartiers suburbains, dans les bacs à fleurs accrochés aux fenêtres des villes, dans les interstices du bitume, au champ, à la ferme, chez soi et à son lieu de travail, en tous ces lieux « marginaux » innombrables. Comme le dit Wendell Barry :

> …les sentiers, les chemins frayés de part et d'autre des cours d'eau, les promenades le long d'une palissade boisée (…), les propriétés privées de nature sauvage (…) autorisent, dans les limites de ce qui a été préalablement apprivoisé par les hommes, un rapport de courtoisie à l'endroit de ce qui est sauvage, rapport qui est l'une

---

1. G. Snyder, « Good, Wild, Sacred », dans W. Jackson (ed.), *Meeting the Expectations of the Land*, San Francisco, North Point Press, 1984, p. 205.

des meilleures garanties de la préservation des bandes de terre de véritable nature sauvage. C'est le paysage de l'harmonie (...) démocratique et libre [1].

De ce point de vue, les réserves naturelles jouent un rôle capital, parce qu'elles contribuent à établir un tel « paysage d'harmonie » et à nous apprendre à y vivre. Le « paysage de l'harmonie » n'est rien d'autre que la nature sauvage dont les limites géographiques ont été reculées; c'est de cette manière que nous devrions parler de la nature sauvage, comme d'un paysage qui est imprégné de part en part par ce qui est sauvage. Les réserves naturelles agrandies, où le sauvage comme essence de l'altérité se manifeste avec le plus d'évidence, raniment en permanence, ravivent et renforcent la puissance de cette pénétration du sauvage, sur le modèle analogique de l'eau qui coule des sources montagneuses. Mais idéalement, il faudrait que le paysage de l'harmonie se soutienne tout seul et qu'il se suffise à lui-même. Il se trouve assez de lieux « marginaux » de par le monde (en y incluant peut-être des régions du Tiers-Monde) pour que cette situation advienne; peut-être pourraient-ils servir de point de départ d'une entreprise visant à élargir le paysage de l'harmonie.

Parce que ce dernier suppose une harmonie où l'on cohabite avec l'altérité et avec les autres, que l'on respecte dans ce qu'ils sont pour eux-mêmes, et est donc un paysage – une « terre » au sens où l'entend Leopold – et une forme de vie humaine qui coopèrent avec les autres compris comme nous étant complémentaires, il donne espoir de réussir à contrebalancer le pouvoir impérialiste en sa phase de totalisation. Qui plus est, dans une large mesure, les marges existent toujours, que nous les remarquions ou pas. Pour porter le paysage de l'harmonie dont parle Barry à son point d'accomplissement, il nous faut, pour ainsi dire, dés-excentrer les

1. W. Barry, « Preserving Wildness », dans *Home Economics*, San Francisco, North Point-Press, 1987, p. 151. L'antithèse du « paysage de l'harmonie » est celui de la monoculture industrielle – le paysage de l'*imperium*.

marges, y compris les réserves naturelles juridiquement qualifiées, et réussir à nous familiariser avec la force avec laquelle il se maintient dans l'existence, pour conférer ce caractère à toutes les choses que nous pouvons évaluer et construire.

Alors nous pourrons élire domicile au sein de la nature sauvage, là où a vécu Luther Standing Bear, en apprenant à y vivre à nouveau, en nous entourant bien sûr de nouvelles technologies appropriées et de nouvelles formes sociales. Alors nous pourrons rentrer en possession de la connaissance de la réalité qui a été la nôtre et qui menace de se perdre, et éradiquer la mauvaise foi que l'*imperium* nous a inculquée.

LA JUSTIFICATION DU MILIEU SAUVAGE COMME ENTITÉ JURIDIQUEMENT QUALIFIÉE

Les réserves naturelles sont mieux comprises si on les voit comme des trous et des fissures, comme des « espaces libres » ou des « zones affranchies », au sein de la fabrique de la domination et de l'automystification qui caractérisent la culture occidentale contemporaine. Travailler à préserver la nature sauvage, au sein des réserves naturelles ou n'importe où ailleurs, est d'abord et avant tout, au moment historique qui est le nôtre, une entreprise essentielle afin d'enrayer le triomphe de la mauvaise foi de notre culture, en particulier en ce qui concerne la réalité écologique, et afin de nous soustraire à une automystification destructrice. Bien que la culture puisse se leurrer elle-même et croire que les réserves naturelles constituent des appropriations réussies de ce qui est sauvage et/ou de toute opposition sacrée et éthique, en fait, leur existence, entendue de façon adéquate, aide à préserver et à entretenir la possibilité de nous libérer de notre tradition impérialiste. Ce potentiel subversif est ce qui justifie leur établissement.

D'un point de vue moral, l'ambition et la seule justification des lois sont de nous aider à remplir nos obligations, ou à répondre aux nécessités pratiques qui nous incombent. Si les zones de nature sauvage juridiquement qualifiées peuvent réellement – ou sont susceptibles, moyennant quelques changements, de jouer le rôle subversif que j'ai indiqué, alors les lois qui les instituent sont par là même moralement justifiées. En ce sens, les réserves naturelles assument la fonction capitale d'un contre-frottement* au sein de la fabrique de la domination totale, en enrayant sa mécanique et en découpant une fenêtre à travers laquelle un paysage d'harmonie post-moderne peut être contemplé.

Mais dans la mesure où les réserves naturelles servent uniquement à porter à son point d'accomplissement l'*imperium*, elles ne sont pas justifiables. La nature sauvage doit être préservée pour de bonnes raisons – à savoir pour sauvegarder la possibilité et entretenir la pratique d'une participation consciente, active, continue de l'homme avec ce qui est sauvage, de même que pour préserver les autres pour ce qu'ils sont en eux-mêmes et pour leur propre compte. L'institution de réserves naturelles juridiquement qualifiées contribue essentiellement à sauvegarder de telles possibilités.

Toutefois, il importe de se souvenir que, aussi importants qu'ils soient, les milieux sauvages en tant qu'entités juridiques ne sont pas partout et toujours les moyens moralement les plus indiqués ou les plus efficaces pour sauvegarder de telles possibilités, tout particulièrement si ces moyens sont compris de manière impérialiste et exportés ou imposés par la voie coloniale, dans les limites du territoire national ou à l'échelle internationale. J'ai suggéré précédemment quelles autres sortes de moyens sont disponibles. Mais sur cette question, il est vrai que les propositions culturellement et économiquement imaginatives et astucieuses se font attendre.

---

*En anglais : «*counter-friction*». Mot assez rare qui nous paraît être une allusion transparente à la phrase célèbre de Thoreau qui, dans un contexte de réflexion qui n'est pas sans analogie avec celui de cet article, écrit : «*Let your life be a counter-friction to stop the machine*» (Faites en sorte que votre existence soit un contre-frottement qui arrête le mouvement de la machine), *Résistance au gouvernement civil*, dans *Désobéir*, trad. fr. S. Rochefort-Guillouet et A. Suberchicot, Paris, 10/18, 1994, p. 59.

De tels propos, bien entendu, font le pari que des temps meilleurs sont possibles, et ils font signe dans cette direction en nous invitant à lutter pour qu'ils se réalisent. Il se peut que notre pratique du respect de la nature devienne une chose si familière que les lois garantissant la préservation de la nature ne nous soient plus d'aucune utilité; il se peut qu'un jour nous puissions sortir de l'*imperium* et élire domicile au sein de la nature sauvage. L'arrivée de ces temps meilleurs signifierait que nous avons rétabli le genre de relation qui unit les hommes et les autres, y compris les autres humains, que Luther Standing Bear considère comme étant au fondement même de toute existence. Cela signifierait aussi que nous avons appris à réaliser dans la pratique contemporaine ce que Leslie Marmon Silko a appelé « l'équilibre nécessaire entre soi-même et *l'autre* »[1]. Les autres se tiendraient alors à nos côtés comme nous étant complémentaires, en sorte que nous apprenions à vivre les uns avec les autres au sein du monde sauvage dont la trame est redevenue celle d'un monde de composition continue.

---

1. L. Marmon Silko, « Landscape, History, and the Pueblo Imagination », *Antaeus*, 57 (1986), p. 92. L'« équilibre » que nous avons besoin de trouver est ce que, selon Silko, les gens de Pueblo ont eu à trouver et qu'ils ont fini par trouver, ce qui leur a permis d'édifier une culture. Ce n'est pas l'équilibre de l'analyse coût-bénéfice, mais celle de la danse, qui exige une intégration, pleine d'amour et de grâce, de soi-même et de la société dans le tout sauvage de l'altérité que nous révérons.

Eric Katz

LE GRAND MENSONGE : LA RESTAURATION
DE LA NATURE PAR LES HOMMES*

*Ainsi donc la queue du serpent humain traîne
sur toutes choses.*
William James, *Le pragmatisme*

I

Je commencerai par une remarque empirique, fondée sur mes propres observations occasionnelles : l'idée selon laquelle l'humanité peut restaurer ou remettre à neuf l'environnement naturel a commencé à jouer un rôle important dans les décisions de politique environnementale. On nous exhorte à planter des arbres pour contrebalancer l'«effet de serre». Les promoteurs immobiliers sont tenus de restaurer la superficie du terrain qui a été antérieure-

* E. Katz, « The Big Lie : Human Restoration of Nature », conférence prononcée en juin 1990 lors d'un colloque consacré à la «Philosophie morale dans le domaine public» à l'Université de Colombia, puis publiée dans *Research in Philosophy and Technology*, vol. 12 (1992), p. 231-241 ; repris avec quelques modifications dans E. Katz, *Nature as Subject. Human Obligation and Natural Community*, Londres-New York, Rowan & Littlefield, 1997, p. 94-107. La présente traduction est publiée avec l'aimable autorisation des Éditions Elsevier.

ment endommagée en échange du droit de construire[1]. Le Service
des Parcs Nationaux des États-Unis dépense 33 millions de dollars
pour « réhabiliter » 39 000 acres du bassin de Redwood Creek[2]. Et
le Service des Forêts des États-Unis est critiqué pour sa politique de
« plantation » : on lui reproche de couper les arbres des forêts de
haute futaie plutôt que de « replanifier »[*] les forêts conformément
aux principes de durabilité de la nature. « La restauration forestière
est la seule politique forestière » déclare un environnementaliste,
naguère employé du Bureau d'Aménagement du Territoire[3].

1. Dans la ville d'Islip à New York, les promoteurs immobiliers ont cité la
politique mise en place par le Département d'État de Conservation Environnementale de New York, connue sous le nom de « No-Net Loss » (pas de perte sèche),
en proposant le rétablissement en leur état naturel de certaines parties de leurs
propriétés, en échange du droit de bâtir. Un article publié dans *Newsday* discute le
cas suivant, sujet à controverse : « Dans l'espoir d'obtenir l'accord du conseil
d'administration de la ville, Blankman a promis de restaurer un chemin boueux
long d'à peu près un kilomètre pour en faire un lieu naturellement habitable »,
K. Gray « Wetlands in the Eye of a Storm », Islip Special, *Newsday*, 22 avril 1990,
p. 1-5.

2. *Garbage : The Practical Journal for the Environment*, mai-juin 1990.

3. Ch. Maser, *The Redesigned Forest*, San Pedro, R. & E. Miles, 1988, p. 173. Il
est intéressant de noter qu'il existe à présent un groupe dissident au sein du Service
des Forêts des États-Unis, appelé l'Association des Employés du Service des Forêts
en faveur de l'Éthique Environnementale. Ils plaident en faveur d'un retour à une
politique de gestion durable des forêts.

* En anglais : « *redesigning* ». Le concept de « *design* », qui joue un rôle capital
dans cet article, ne se laisse pas traduire aisément : il renvoie à la fois à un processus de
configuration, de mise en forme extérieure, de « dessin » au sens d'un simple tracé ou,
comme le dira l'auteur lui-même, d'une épure ; mais il renvoie aussi à un processus de
transformation plus profond, qui intervient dans le fonctionnement interne de ce qui
est ainsi modifié. « Replanifier » les forêts, ce n'est pas seulement modifier la disposition générale des forêts sur le territoire, c'est modifier leur écosystème. Le champ
sémantique couvert par le nom et le verbe « *design* » étant des plus vastes, nous avons
choisi de les mentionner entre parenthèses, lorsque cela nous a paru nécessaire à la
compréhension du texte.

Ces mesures politiques défendent l'idée que l'humanité devrait réparer les dommages que l'intervention humaine a causés au sein de l'environnement naturel. Cette idée est optimiste, car elle implique que nous reconnaissions les dommages que nous avons fait subir à l'environnement naturel, et que nous possédions les moyens et la volonté d'y remédier. Ces mesures politiques nous donnent aussi bonne conscience ; le projet d'une restauration de la nature soulage le sentiment de culpabilité que nous éprouvons au sujet de la destruction de notre environnement. Les blessures que nous avons infligées au monde naturel ne sont pas irréversibles ; la nature peut être remise « à neuf ». Nos ressources naturelles et autres conditions de notre survie peuvent être mises à l'abri au moyen de mesures politiques adéquates de restauration, de régénération et de replanification.

Il est bien évident que ces idées ne sont pas l'apanage des décideurs politiques, des environnementalistes ou du grand public – elles ont commencé à imprégner les principes normatifs des philosophes qui s'occupent de développer une éthique environnementale adéquate. Paul Taylor utilise le concept de « justice restitutive », en entendant par là à la fois l'une des règles fondamentales de devoir de son éthique biocentrique, et un « principe de priorité » permettant d'arbitrer les revendications rivales[1]. L'idée clé de cette règle est que les hommes qui bafouent la nature doivent, d'une manière ou d'une autre, réparer ou compenser les dommages qu'ils ont fait subir à des entités et à des systèmes naturels. Peter Wenz reprend lui aussi à son compte un principe de restitution et le considère comme étant essentiel à toute théorie adéquate d'éthique environnementale ; c'est sur cette base qu'il reproche à Taylor de ne pas offrir un principe suffisamment

---

1. P. Taylor, *Respect for Nature. A Theory of Environmental Ethics*, Princeton, Princeton University Press, 1986, p. 186-192, 304-306, et de manière générale les chapitres 4 et 6.

cohérent[1]. L'idée selon laquelle l'humanité est tenue moralement de restaurer des zones et des entités naturelles – les espèces, les communautés, les écosystèmes – est ainsi devenue un thème central d'éthique environnementale appliquée.

Je me propose dans cet article de soumettre à un examen critique l'intérêt que les environnementalistes portent au problème de la restauration de la nature, en prenant pour cible l'idée optimiste selon laquelle l'humanité aurait l'obligation et la capacité de réparer ou de reconstruire les systèmes naturels endommagés. Cette conception de la politique environnementale et de l'éthique environnementale est fondée sur une perception erronée de ce qu'est la réalité naturelle, et sur une compréhension erronée de la place de l'homme dans l'environnement naturel.

À un niveau élémentaire d'analyse, il est clair que cette conception ne se distingue en rien de celle de la «rationalité technique» qui a engendré la crise environnementale : les techno-sciences, dit-on, ne manqueront pas d'identifier, de réparer et d'améliorer les processus naturels.

À un niveau plus profond d'analyse, cette conception est l'expression d'une vision du monde anthropocentrique, dans laquelle les intérêts des hommes ont vocation à modeler et à replanifier une réalité naturelle confortable. Une nature « restaurée » est un artefact créé pour répondre aux intérêts des hommes et leur apporter une satisfaction. Par conséquent, au niveau le plus fondamental, nous avons affaire à un avatar à peine déguisé du rêve insidieux de domination humaine de la nature. Une bonne fois pour toutes, l'humanité démontrera sa maîtrise de la nature en « restaurant » et en réparant les écosystèmes dégradés de la biosphère. Revêtu des oripeaux de la conscience environnementale, le pouvoir humain pourra étendre son règne sans partage.

---

1. P.S. Wenz, *Environmental Justice*, Albany, SUNY Press, 1988, p. 142-150.

II

Il s'est écoulé quelques années depuis que Robert Elliot a soumis publiquement « la thèse de la restauration » à une critique aiguë et impitoyable[1]. Dans son article intitulé « Contrefaire la nature », Elliot examine les objections morales qui peuvent être adressées aux mesures pratiques de politique environnementale visant à restaurer les systèmes naturels endommagés, ainsi que les lieux et les paysages ayant subi un préjudice. Pour les besoins de la cause, Elliot fait l'hypothèse que la restauration d'une zone endommagée pourrait conduire à un résultat parfait, de sorte que la zone soit rétablie en sa condition originelle au terme de la restauration. Il avance par la suite l'idée que la valeur d'une copie parfaite de la zone naturelle ne peut qu'être moindre par rapport à la valeur de l'original, car la zone naturelle fraîchement restaurée est au fond analogue à une contrefaçon.

Deux points semblent de grande importance dans l'argumentation d'Elliot. Premièrement, il est possible de rendre compte de la valeur des objets « en se référant à l'origine qui est la leur, en se référant au genre de processus qui les a portés à l'existence »[2]. Nous conférons une valeur à une œuvre d'art en partie en raison du fait qu'un artiste particulier, un individu humain, a créé cette œuvre à un moment précis du temps. De la même manière, nous conférons une valeur à une zone naturelle en raison « de la continuité d'un genre particulier qui la lie au passé ». Mais la compréhension de l'œuvre d'art ou de la zone naturelle dans son contexte historique exige un certain type d'approche ou de connaissance.

C'est pourquoi le second point de grande importance dans l'argumentation d'Elliot porte sur la coexistence de la « compré-

---

1. R. Elliot, « Faking Nature », *Inquiry*, 25 (1982), p. 81-93; repris dans D. Van DeVeer et Ch. Peirce (ed.), *People, Penguins, and Plastic Trees : Basic Issues in Environmental Ethics*, Belmont, Wadsworth, 1986, p. 142-150.

2. *Ibid.*, p. 86 (VanDeVeer et Pierce, p. 145).

hension et de l'évaluation ». L'expertise artistique apporte à l'analyse et à l'évaluation d'une œuvre d'art une série complète d'informations concernant l'artiste, la période de création, les intentions
connues de l'œuvre, etc. De la même manière, l'évaluation d'une
zone naturelle passe par la connaissance détaillée des processus
écologiques en jeu, connaissance qui peut être acquise aussi
aisément que celle relative à l'histoire de l'art[1]. Conférer à un
paysage qui a été restauré la même valeur que celle de son original,
c'est par conséquent trahir un certain type d'ignorance ; nous nous
sommes laissés duper par les ressemblances superficielles avec la
zone naturelle, de même que l'« esthète » ignare s'est laissé duper
par l'aspect extérieur de la contrefaçon.

Bien que l'argumentation d'Elliot ait influencé en profondeur
ma propre réflexion sur un certain nombre de thèmes environnementaux, je suis enclin à penser que le problème qu'il pose, et qui
lui sert de point de départ, est purement théorique et, pour ainsi dire,
chimérique[2]. Après tout, qui oserait croire qu'un promoteur immo-
bilier ou une compagnie d'extraction minière pourrait réellement
rétablir une zone naturelle en son état original ?

Elliot souligne lui-même que « la thèse de la restauration » sert
généralement à « fragiliser les arguments des partisans de la
conservation »[3]. C'est donc à juste titre que je notais précédemment
que certains environnementalistes ont défendu avec sérieux une
position semblable à celle d'Elliot. La restauration de la nature
endommagée est considérée non seulement comme une option pratique dans le cadre d'une politique environnementale, mais encore,
aux yeux de certains environnementalistes bon teint, comme une
obligation morale. L'argument est le suivant : s'il est vrai que nous
sommes appelés à poursuivre la réalisation de projets dont la mise

1. *Ibid.*, p. 91 (VanDeVeer et Pierce, p. 149).

2. E. Katz, « Organism, Community, and the "Substitution Problem" », *Environmental Ethics*, 7 (1985), p. 253-255.

3. Elliot, p. 81 (VanDeVeer et Pierce, p. 142).

en œuvre implique malheureusement d'endommager l'environnement naturel, alors il est de notre devoir de réparer les dommages.
Mais en quelques années un changement spectaculaire s'est
produit : ce qu'Elliot dénonçait comme étant à la fois une impossibilité physique et une faute morale est défendu de nos jours comme
constituant une politique environnementale adéquate. Suis-je le seul
à penser qu'il y a quelque chose qui cloche dans cette situation ?

Peut-être les idées d'Elliot n'ont-elles pas été assez largement
diffusées ; ni Taylor ni Wenz, qui sont les deux principaux partisans
d'une justice environnementale restitutive, ne citent l'article
d'Elliot dans leurs notes en bas de page ou dans leurs indications bibliographiques. Peut-être la tâche nous incombe-t-elle de
soumettre à un nouvel examen l'idée de recréer un paysage naturel ;
en quel sens cette action est-elle analogue à la fabrication d'une
contrefaçon ? Peut-être convient-il d'aller au-delà de l'analyse
d'Elliot, et d'utiliser ses idées comme point de départ pour
soumettre à un examen approfondi les erreurs fondamentales de la
politique de restauration.

III

Ma réaction initiale à l'idée même d'une politique de restauration, je l'avoue, est presque entièrement viscérale : je suis indigné
par l'idée que l'on puisse nous faire prendre une « nature » qui serait
le fruit de la technologie pour la réalité. La prétention des hommes,
qui les pousse à croire qu'ils sont capables de cette prouesse technologique, démontre une fois encore avec quelle arrogance l'humanité toise le monde naturel. Quel que puisse être le problème, une
solution technologique, mécanique ou scientifique ne manquera
pas d'être trouvée. L'ingénierie humaine modifiera les secrets des
processus naturels et produira des effets satisfaisants. Les fertili-
sants chimiques augmenteront la production alimentaire ; les pesti-
cides tiendront en respect les insectes porteurs de maladies ; les
barrages hydroélectriques aménageront les cours d'eaux en source

de force motrice. Cette liste bien connue de tous s'étend encore et encore à perte de vue.

La relation entre cette mentalité technologique et la crise environnementale a été pleinement mise en lumière par d'autres, et n'a nul besoin d'être considérée pour elle-même ici[1]. Mon propos est plus limité. Je veux mettre au centre de l'attention la création des artefacts, car c'est ce que réalise aujourd'hui la technologie. L'environnement naturel re-créé, qui résulte du projet de restauration, n'est rien d'autre qu'un artefact créé pour le seul usage de l'homme. Le problème que rencontre ici une éthique environnementale appliquée revient à déterminer la valeur morale d'un tel artefact.

Tout récemment, Michael Losonsky a rappelé à quel point nous ignorons ce que peuvent être l'essence, la structure et la signification des artefacts. « Par comparaison avec l'étude scientifique de la nature, l'étude scientifique des artefacts se trouve encore dans sa petite enfance. »[2]. Il est bien clair qu'un artefact n'est pas la même chose qu'un objet naturel; mais dire en quoi consiste précisément cette différence, ou cet ensemble de différences, voilà qui ne va pas de soi. En fait, lorsque nous considérons les objets tels que les barrages construits par des castors, nous hésitons à dire si nous avons affaire à des objets naturels ou à des artefacts. Fort heureusement, toutefois, ce genre d'artefacts créés par les animaux peut être ignoré en toute tranquillité dans le cadre de l'examen que nous menons ici. Les projets de restauration de la nature sont de toute évidence humains. Et un barrage construit par les hommes est de toute évidence artificiel.

Les concepts de fonction et d'intention sont au centre de toute compréhension des artefacts. Losonsky rejette l'idée aristotélicienne selon laquelle les artefacts (par opposition aux objets

---

1. Voir, par exemple, B. Commoner, *The Closing Circle*, New York, Knopf, 1971, et A. Pacey, *The Culture of Technology*, Cambridge, MIT Press, 1983.

2. M. Losonsky, « The Nature of Artefacts », *Philosophy*, 65 (1990), p. 88.

naturels) n'ont pas de nature interne ou d'essence cachée qui pourrait être découverte. Les artefacts ont une « nature » qui peut être partiellement ramenée aux trois caractéristiques suivantes : « structure interne, intention et type d'usage ». Cette nature, à son tour, explique pour quelle raison les artefacts « ont une durée de vie prévisible durant laquelle ils subissent des changements réguliers et prévisibles »[1]. La structure, la fonction et l'usage des artefacts déterminent, dans une certaine mesure, les changements qu'ils subissent. Les horloges ne pourraient pas se développer de telle sorte que la mesure du temps qui passe en soit rendue impossible.

En revanche, le genre de fonction et le genre d'intention que l'on trouve dans les artefacts font défaut aux objets naturels. Comme Andrew Brennan l'a montré, les entités naturelles ne possèdent pas de « fonctions intrinsèques », pour reprendre son expression, car elles ne résultent pas d'un projet (*design*). Elles n'ont pas été créées dans une intention particulière ; elles ne sont destinées à aucun type d'usage. Bien que nous parlions souvent comme si les individus naturels (par exemple, les prédateurs) avaient des rôles à jouer pour assurer le bien-être écosystémique (le maintien de niveaux optimaux de population), cette façon de parler est soit métaphorique, soit fallacieuse. Nul n'a créé ou destiné (*designed*) le lion des montagnes à être le régulateur de la population des cervidés[2].

Ce dernier point est capital. Les individus naturels n'ont pas été conçus (*designed*) dans une intention particulière. Les fonctions intrinsèques leur font défaut, les rendant ainsi différents des artefacts créés par les hommes. Je défends la thèse que les artefacts sont essentiellement anthropocentriques. Ils sont créés pour le seul usage que les hommes en ont, ils sont créés à l'intention des hommes – ils assurent une fonction en relation avec la vie humaine.

---

1. *Ibid.*, p. 84.
2. A. Brennan, « The Moral Standing of Natural Objects », *Environmental Ethics*, 6 (1984), p. 41-44.

Leur existence est centrée autour de la vie humaine. Il serait impossible d'imaginer un artefact qui n'ait pas été conçu (*designed*) en réponse à une intention humaine. Hors de la perspective de l'usage anticipé que l'on peut en avoir, l'objet n'aurait pas pu être créé. Ceci les distingue du tout au tout de la manière dont les entités naturelles évoluent en vue de remplir les niches écologiques au sein de la biosphère.

La doctrine de l'anthropocentrisme est donc un élément essentiel dans la compréhension du sens des artefacts. Cette relation conceptuelle ne pose guère de problème généralement, car la plupart des artefacts sont des créations humaines destinées (*designed*) à être utilisées dans des contextes sociaux et culturels typiquement humains. Mais dès lors que nous commençons à replanifier les systèmes et les processus naturels, dès lors que nous commençons à créer des environnements naturels restaurés, nous soumettons à nos intentions anthropocentriques des zones qui existent en dehors de la société humaine. Nous nous apprêtons à construire de soi-disant objets naturels sur le modèle des désirs, des intérêts et des satisfactions des hommes. Selon le niveau d'adéquation de la technologie disponible, ces zones restaurées et replanifiées pourront apparaître plus ou moins naturelles, mais elles ne seront jamais naturelles – elles seront des artefacts humains conçus (*designed*) de façon anthropocentrique.

Il est possible de trouver dans le livre de Chris Maser *La forêt replanifiée* un exemple embarrassant illustrant bien ce problème conceptuel que l'on rencontre dans le cadre d'une politique environnementale. Maser a jadis été Chargé de Recherche pour le compte du Bureau Intérieur d'Aménagement du Territoire du Département des États-Unis. Son livre témoigne de son engagement profond en faveur de la politique de gestion « durable » des forêts, par opposition aux pratiques forestières à court terme qui ont cours de nos jours. Maser défend la possibilité d'une politique forestière qui « restaure » la forêt tout en récoltant le bois nécessaire ; il nous faut être de vrais forestiers et non pas des promoteurs de « plantation ».

Quoi qu'il en soit, il apparaît, à l'examen, que les projets de Maser visant à « replanifier » les forêts soulèvent plusieurs problèmes quant aux concepts et aux valeurs implicites qui sont ceux d'une telle politique de restauration. Premièrement, Maser établit une analogie entre la planification humaine des forêts et la planification effectuée par la Nature. Tout le premier chapitre de son livre est construit au moyen d'une série de courtes sections comparant les deux « planifications ». Dans l'*Introduction*, il écrit que « nous sommes en train de replanifier nos forêts, en partant de l'épure proposée par la Nature pour arriver à l'épure que proposent les hommes » [1]. Mais la Nature ne se sert bien sûr pas d'une épure, et pas davantage d'un plan. En tant que zoologue, Maser le sait fort bien, mais son langage métaphorique est dangereux. Il implique que nous puissions découvrir le plan, la méthode, les processus de la nature, et les assujettir à nos propres fins.

À lire Maser, tout se passe comme s'il admettait lui-même cette implication. Le second problème que soulève son projet tient à la comparaison qui y est faite de la nature à un mécanisme que nous ne comprenons pas pleinement. L'erreur fondamentale que nous commettons en simplifiant l'écologie forestière – en transformant les forêts en des plantations à ciel ouvert – est que nous faisons l'hypothèse que le plan que nous avons prévu pour régler le mécanisme forestier est meilleur que celui que suit la nature :

> Les forêts ne sont pas des automobiles dans lesquelles nous pouvons substituer artificiellement telle pièce à telle autre pièce originale [2].

Et comment ! Mais l'argument qu'invoque Maser à l'encontre de cette substitution est tout empirique :

> Une forêt ne peut être « reconstruite » et demeurer la même, mais nous pourrions probablement reconstruire une forêt semblable à la première si nous savions comment nous y prendre. Nul ne l'a jamais

---

1. Maser, *The Redesigned Forest*, p. XVII.
2. *Ibid.*, p. 176-177.

fait (…). Nous ne disposons pas d'un catalogue des pièces de rechange, ou d'un manuel d'entretien [1].

L'implication d'un tel propos est que, si nous disposions d'un catalogue et d'un manuel, si la nature était aussi bien connue que les machines artificielles, alors la restauration des forêts serait moralement et pratiquement acceptable. Cette conclusion est utilisée par Maser au titre d'argument principal pour justifier la préservation des forêts de haute futaie et des autres forêts qui ne font l'objet d'aucune administration :

> Il faut que quelques forêts de haute futaie, à l'état d'origine, qui ne font l'objet d'aucune administration, des forêts arrivées à maturité, et des forêts plus jeunes qui croissent sans l'intervention des hommes, soient maintenues dans le catalogue, il faut que l'on puisse s'y référer dans le manuel d'entretien et qu'elles aient une existence par rapport au service départemental forestier, car c'est à partir d'elles que l'on peut apprendre la pratique de la restauration forestière [2].

Mais la forêt-en-tant-que-partie-du-catalogue est-elle une métaphore moins égarante que celle de la forêt-en-tant-que-plantation?

La conception mécaniste de la nature sous-tend, ou explique, le troisième problème que soulève le projet de Maser. La fin qu'il poursuit en matière de restauration forestière, son intention en critiquant la conception qui privilégie la plantation à court terme, sont irrémédiablement anthropocentriques. Le problème que posent les pratiques forestières contemporaines est qu'elles sont «exclusives de toutes les autres valeurs humaines à l'exception de la production de fibres de bois à croissance accélérée» [3]. C'est l'élimination des autres valeurs et intérêts humains qui préoccupe Maser :

1. *Ibid.*, p. 88-89.
2. *Ibid.*, p. 174.
3. *Ibid.*, p. 94.

Il nous faut apprendre à voir la forêt comme une usine qui produit des matières premières (…) [en liaison avec ce qui constitue notre] projet commun, (…) [à savoir] une forêt durable pour une industrie durable pour un environnement durable pour une population durable[1].

La restauration forestière est nécessaire parce que c'est la meilleure méthode pour acquérir les biens humains que nous extrayons de la nature. Notre projet est d'édifier une meilleure « industrie forestière » en tirant parti du savoir complexe de l'écologie forestière.

Ce qui est gênant dans la position que défend Maser, c'est que c'est celle d'un environnementaliste. À la différence de ceux qui, à l'instar d'Elliot, critiquent les partisans de la conservation, et qui cherchent à subvertir la position que défendent ces derniers en leur opposant la « thèse de la restauration », Maser invoque la planification humaine des forêts comme une méthode de protection et de conservation environnementales à l'usage des hommes. Mais la conclusion qu'il tire nous montre bien le danger qu'il y a à utiliser des modèles de pensée anthropocentriques et mécanistes dans la formulation d'une politique environnementale. Ces modèles nous représentent les forêts comme étant des « usines » destinées à produire des articles à l'usage des hommes, ou comme étant des pièces de rechange qui figurent dans le manuel d'entretien de la machine.

Les idées de Maser peuvent être tenues pour une version radicale du programme de restauration. Le travail de Steve Packard au sein du Conservatoire de la Nature propose-t-il une version plus adéquate des principes et des valeurs qui sous-tendent la politique de restauration[2]? Le travail de Packard est-il plus en ligne avec les processus naturels? Est-il moins technologique,

---

1. *Ibid.*, p. 148-149.
2. S. Packard, « Just a Few Oddball Species : Restoration and the Rediscovery of the Tallgrass Savanna », *Restoration and Management Notes*, vol. 6, 1 (été 1988), p. 13-22.

artificiel et anthropocentrique ? Malheureusement non : même ce projet de restauration écologique, plus favorable et moins interventionniste, est fondé sur des hypothèses problématiques concernant l'administration de la nature.

Packard décrit la recherche et les actions entreprises pour redécouvrir et restaurer la savane et la communauté de prairie humide du Midwest des États-Unis. Comme il le dit, la redécouverte de la savane a constitué un bénéfice secondaire d'un projet différent qui visait à la restauration des paysages de prairie incluant des arbres de l'espèce *Quercus macrocarpa* en zone péri-forestière. Impliquant sept petits sites comportant des « prairies » dégradées, le projet visait à l'élargissement des zones en débroussaillant et en plantant à la place des espèces de la prairie. « Notre objectif était clair », écrit-il, « il s'agissait de rétablir ces bandes de terre en leur condition naturelle d'origine. »

Mais de quelle manière cet objectif a-t-il été atteint ? Packard affirme qu'il avait l'intention de recourir à des « forces naturelles » telles que le feu pour débroussailler, mais qu'il lui a fallu promptement renoncer à cette méthode :

> La question était la suivante : avons-nous assez de patience et de détermination pour accorder aux processus naturels les deux ou trois cents ans qu'il leur faut pour accomplir leur œuvre ? Ou ne pouvons-nous trouver quelque chose qui soit plus rapide ?

C'est pourquoi, écrit-il encore, « nous avons décidé de passer par-dessus la bande permanente de broussailles et de recouper nos lignes de feu ». Bien que Packard ait recours à la force naturelle du feu, il utilise ce moyen de manière artificiellement accéléré pour obtenir le résultat escompté plus rapidement. Un procédé semblable est utilisé lorsque le « processus d'ensemencement » débute : les graines engendrées naturellement sont utilisées, mais le processus implique un mélange de différentes graines de la savane et des décisions humaines concernant le lieu où elles seront semées.

Bien que j'aie la plus grande admiration pour le travail de Packard et que j'applaudisse sincèrement à son succès, l'importante leçon philosophique qu'il convient de tirer de son projet de restauration est que même cette intervention « bénigne » minimale a pour effet de compromettre l'intégrité naturelle du système restauré. En dépit de l'objectif qu'il s'est fixé, qui est de rétablir le système en sa condition naturelle d'origine, Packard contribue en fait à créer un substitut artificiel en lieu et place de la savane, un substitut fondé sur les technologies humaines et conçu pour répondre aux fins que les hommes poursuivent : une vision panoramique et pure de ce bon vieux Midwest.

Le passage le plus éloquent de sa chronique de la restauration de la savane est celui où il mentionne la loi « prévoyante » de 1913 qui a mis en place le Service Départemental de Protection des Forêts, où Packard a lu un « encouragement » à accélérer le processus de destruction par le feu. Il cite la loi, en soulignant lui-même le premier mot :

> *Restaurer*, renouveler le stock, protéger et préserver les forêts naturelles et lesdites terres (…) autant que faire se peut en les rétablissant en leur état et condition naturels, aux fins d'éducation, de plaisir et de divertissement du public.

Il importe de noter que la fin que poursuivent la préservation et la restauration n'est rien d'autre que la production de biens humains ; de même que pour tous les artefacts, c'est le bénéfice humain qui constitue l'objectif. Packard reconnaît à cette loi un caractère de « noblesse ». Il est clair que le but de la restauration est la création d'environnements qui réjouissent les êtres humains. Si la restauration est bien faite, comme dans le cas de la restauration de la savane par Packard, il se peut que la zone semble naturelle ; mais elle ne peut pas être naturelle, puisqu'elle résulte d'une accélération technologique des forces naturelles.

J'ai ouvert cette section en faisant l'aveu de la réaction viscérale que m'inspire l'idée d'une re-création technologique des environnements naturels. Cette réaction a été à présent expliquée et analysée. Les projets de restauration de la nature sont des créations des technologies humaines et, comme telles, ils sont des artefacts.

Mais les artefacts sont des constructions qui résultent essentiellement d'une vision du monde anthropocentrique. Ils sont conçus
(*designed*) par les hommes pour les hommes pour satisfaire les
intérêts et les besoins des hommes. La nature restaurée artificiellement est donc fondamentalement différente des objets et des
systèmes naturels qui existent indépendamment de tout projet
(*design*) humain. C'est pourquoi il n'y a pas matière à s'étonner si
nous considérons que la valeur de la nature restaurée n'est pas la
même que celle de l'original.

IV

Jusqu'ici mon analyse a repris à son compte les idées et les
conclusions avancées par Elliot dans la critique qu'il adresse à la
« thèse de la restauration ». Mais un examen plus poussé de la
nature des artefacts, et de la comparaison des forêts à des machines
en bon état de fonctionnement, finit par me faire douter de la
validité de l'analogie qu'Elliot a mise au centre de sa réflexion et
qui est censée justifier la position qu'il défend. Pouvons-nous
comparer un environnement naturel qui n'a pas été perturbé à une
œuvre d'art ? Devons-nous le faire ?

Comme il a été dit dans la deuxième section, Elliot recourt
à l'analogie art/nature pour établir deux points fondamentaux
concernant le processus d'évaluation : 1) l'importance d'une genèse
causale continuée ; et 2) l'utilisation d'une connaissance portant sur
cette genèse causale pour pouvoir rendre des jugements appropriés.
Une œuvre d'art ou une entité naturelle à laquelle ferait défaut une
genèse causale continuée, ou dont la genèse causale échapperait à
la connaissance de celui qui est un expert dans le domaine, serait
jugée inférieure. S'il apparaissait que l'objet jugé n'est pas un
original, ayant sa propre genèse causale, alors nous ne manquerions
pas de le juger pour ce qu'il est, à savoir pour une contrefaçon ou
pour un exemple de nature « contrefaite ».

Je ne nie pas que l'analogie ait une certaine force. Elle démontre l'importance cruciale de la genèse causale dans l'analyse de la valeur. Mais il conviendrait de ne pas pousser trop loin l'analogie, car la comparaison suggère que nous possédons une compréhension de l'art de la contrefaçon qui est simplement appliquée aux objets naturels. Je doute que la compréhension qui est la nôtre de l'art de la contrefaçon suffise à remplir cette tâche. L. B. Cebik défend l'idée que la contrefaçon implique un certain nombre de questions ontologiques fondamentales portant sur la signification de l'art. Cebik affirme qu'on a tort de mettre au centre de toute analyse de l'art de la contrefaçon les questions de valeur, car la pratique de la contrefaçon soulève des problèmes fondamentaux quant au statut de l'art lui-même[1].

Selon Cebik, une analyse de la contrefaçon démontre que notre compréhension de l'art est dominée par un paradigme restrictif – « la production par des individus ». Nous mettons au centre de toute notre attention, de manière presque exclusive, l'identité personnelle de l'artiste considérée comme le facteur déterminant pour garantir l'authenticité :

> Il n'est de place (…) nulle part pour un art paradigmatique de type fluide, inachevé, évolutif et continu dans son processus de création.

Cebik songe à un art dynamique, de type communautaire, à la façon de ces peintures murales dans les rues de nos villes qui changent de jour en jour, ou à la façon d'une musique qui passe d'une génération à l'autre[2]. On pourrait donner un autre exemple de ce type d'art, à savoir le ballet classique – performance artistique qui n'est qu'un seul et unique mouvement dynamique, différent de toute autre performance effectuée par le même ballet.

---

1. L.B. Cebik, « Forging Issues from Forged Art », *Southern Journal of Philosophy*, 27 (1989), p. 331-346.
2. *Ibid.*, p. 342.

Ces suggestions au sujet de l'existence d'un autre paradigme artistique montrent clairement, me semble-t-il, ce qui ne va pas dans l'analogie art/nature en tant qu'outil analytique. Les entités et les systèmes naturels sont bien plus proches du modèle alternatif proposé par Cebik de l'art évolutif de type fluide qu'ils ne le sont du paradigme dominant des œuvres statiques, achevées et individuelles. C'est donc une erreur de recourir aux critères de la contrefaçon et de l'authenticité, qui se déduisent d'une conception individualiste et statique de l'art, pour évaluer les entités et les systèmes naturels. Les entités et les systèmes naturels n'ont rien de semblable à des objets d'art statiques et achevés. Ils correspondent à des systèmes fluides et évolutifs qui transcendent complètement les catégories de l'artiste et du créateur.

Le fait de conférer une moindre valeur aux objets naturels restaurés ne provient pas d'un malentendu concernant l'identité du créateur des objets. Cet état de fait provient bien plutôt d'une erreur d'attribution, consistant en l'occurrence à se référer à un « créateur », alors que les objets naturels n'ont pas de créateurs ou de concepteurs (*designers*) comme en ont les œuvres d'art humaines. Dès que nous comprenons que l'entité naturelle que nous considérons a été « restaurée » par un artisan humain, elle cesse d'être un objet naturel. Ce n'est pas une contrefaçon ; c'est un artefact.

Il convient donc de revenir à l'examen des artefacts et à leur nature essentiellement anthropocentrique. Nous ne pouvons (et ne devons) pas tenir les objets naturels pour des artefacts, car cela revient à assujettir leur essence même à une intention et à un projet (*design*) humains. En tant qu'artefacts, ils sont évalués en fonction de leur capacité à répondre avec succès aux intérêts et aux besoins des hommes, et non pas en fonction de leur propre être intrinsèque. Le recours à l'analogie art/nature, qui vaut pour penser la contrefaçon, accentue l'impression que les objets naturels sont semblables à des artefacts – des œuvres d'art – et qu'ils peuvent être évalués en recourant aux mêmes critères anthropocentriques. Les entités naturelles doivent être évaluées en référence à elles-mêmes, et non pas en les comparant à des œuvres d'art, à des machines, à des usines ou à tout autre artefact créé par l'homme.

V

Mais alors en quels termes convient-il d'évaluer les objets naturels? À quels critères devons-nous recourir? La réponse à cette question exige que nous fassions plus que différencier les objets naturels des artefacts; il nous faut examiner l'essence ou la nature des objets naturels. Que veut-on dire lorsque l'on dit qu'une entité est naturelle (et non pas un artefact)? Existe-t-il une marque ou une caractéristique distinctive sur laquelle le jugement descriptif pourrait se régler? Qu'est-ce qui rend un objet «naturel», et pourquoi le processus de restauration échoue-t-il à satisfaire au critère de naturalité?

La réponse la plus simple à cette question – réponse que je fais mienne dans une large mesure – consiste à dire que ce qui est naturel se définit comme étant indépendant des actions de l'humanité. C'est dans cet esprit que Taylor invoque un principe de non-interférence au titre de devoir moral primordial dans son éthique du respect de la nature :

> Nous mettons de côté nos préférences personnelles et nos intérêts en tant qu'êtres humains (…). Notre respect de la nature signifie que nous reconnaissons le fait que le monde naturel se suffit à lui-même pour garantir la perpétuation de son ordre à travers tout le domaine de la vie [1].

Les processus du monde naturel qui sont affranchis de toute interférence humaine sont ceux qui sont les plus naturels.

Cette première réponse soulève deux problèmes sérieux. Premièrement, il faut mentionner ce point de fait qui contraint à reconnaître que l'effet anthropique sur l'environnement est de nos

1. Taylor, *Respect for Nature*, p. 177. La règle de non-interférence est discutée aux p. 173-179.

jours proprement universel. Aucune partie du monde naturel n'est indemne des effets de la pollution et de la technologie. En un sens, par conséquent, il n'existe véritablement plus rien de naturel. Deuxièmement, il apparaît à la réflexion que nous sommes nous-mêmes, en tant qu'êtres humains, des êtres naturels évolués, si bien que toute action humaine doit être dite « naturelle », quel que soit le nombre des technologies utilisées, que cette action implique une interférence avec la nature non humaine ou pas. La création d'arte-facts est une activité humaine naturelle. À ce compte, la distinction entre artefact et objet naturel commence à se brouiller.

Ces problèmes concernant la relation de l'humanité à la nature ne sont pas nouveaux. Il y a plus de cent ans, Mill soulevait des objections semblables à l'encontre de l'idée de « nature » consi-dérée comme norme morale, et il n'est pas utile ici de rappeler ici ses idées[1]. La solution des problèmes que nous examinons comporte deux parties. Premièrement, il convient d'admettre que les concepts de « ce qui est naturel » et de « ce qui est artificiel » ne sont pas des concepts de valeur absolue ; ils prennent place à l'intérieur d'un spectre où de nombreuses gradations des deux concepts peuvent être discernées. L'effet anthropique sur la nature peut bien être partout sensible, il reste qu'il existe des différences dans les actions humaines qui méritent d'être prises en considé-ration d'un point de vue descriptif. Un dépôt de déchets toxiques n'est pas la même chose qu'un amas de compost à base de maté-riaux organiques. Affirmer que l'un est ni plus ni moins naturel que l'autre reviendrait à oblitérer d'importantes distinctions.

La seconde partie de la réponse est présentée par Brennan[2]. Bien qu'une définition large de « ce qui est naturel » dénote l'idée d'indépendance par rapport à l'administration des hommes ou l'idée d'affranchissement de toute interférence, un concept plus

---

1. J.S. Mill, « Nature », dans *Three Essays on Religion*, Londres, 1874.

2. A. Brennan, *Thinking About Nature : An Investigation of Nature, Value, and Ecology*, Athens, University of Georgia Press, 1988, p. 88-91.

utile (parce qu'il comporte un certain nombre d'implications pour la théorie de la valeur et l'éthique) peut être déduit de la considération des adaptations évolutives. Notre régime naturel est celui pour lequel nous sommes adaptés, c'est-à-dire qu'il est celui qui est «conforme à notre nature». Toute activité humaine n'est pas nécessairement non naturelle, seules le sont les activités qui vont au-delà de nos capacités biologiques et évolutives. À titre d'exemple, Brennan cite la procédure de «naissance des enfants», c'est-à-dire la naissance d'enfant affranchie de toute intervention technologique et médicale :

> La naissance d'un enfant est un exemple particulièrement frappant de ce qu'il peut y avoir de sauvage en nous (...), et fournit une possibilité presque unique de faire l'expérience de ce qui est naturel.

La naissance d'un enfant est naturelle, libre et sauvage, non pas parce qu'il s'agit là d'une activité non humaine – après tout, c'est la naissance d'un enfant humain –, mais parce qu'elle est indépendante de toute activité humaine, de toute action destinée (*designed*) à contrôler ou manipuler des processus naturels.

«Ce qui est naturel» constitue donc un prédicat que nous utilisons pour qualifier les objets et les processus qui existent, autant que faire se peut, indépendamment de tout contrôle et de toute manipulation humaine. L'autonomie que l'on reconnaît aux entités naturelles les distingue de tout artefact créé par les hommes : comme l'écrit Taylor, cette autonomie est celle d'êtres «libres de poursuivre la réalisation de leur propre bien conformément aux lois de leur propre nature»[1]. Lorsque nous en venons par la suite à juger les objets naturels et à les évaluer en leur attachant une valeur supérieure à celle des artefacts, nous mettons au centre de notre attention leur capacité à s'affranchir de la domination humaine. En ce sens, donc, les actions humaines peuvent également être jugées naturelles – telles sont les actions qui existent en tant que résultats

---

1. Taylor, *Respect for Nature*, p. 174.

d'adaptations évolutives, affranchies de tout contrôle et à l'abri des altérations des processus technologiques.

Si les réflexions qui précèdent sur le sens du concept de « ce qui est naturel » sont correctes, alors il devrait à présent apparaître clairement pour quelle raison le processus de restauration échoue à satisfaire le critère de naturalité. La tentative de replanifier, de recréer et de restaurer les zones et les objets naturels constitue une intervention radicale au sein des processus naturels. Bien qu'il soit vrai qu'il existe tout un spectre de projets de restauration et de replanification possibles qui diffèrent les uns des autres en valeur – la forêt durable replanifiée de Maser est de valeur supérieure au projet d'une plantation d'arbres – tous ces projets impliquent la manipulation et la domination de zones naturelles. Tous ces projets impliquent la création de réalités naturelles artificialisées, impliquant également d'assujettir les processus et les objets de la nature à des intérêts anthropocentriques. Il n'est pas permis à la nature d'être libre, de poursuivre son propre cours de développement.

L'erreur fondamentale se ramène donc au fait de la domination, au déni de la liberté et de l'autonomie. L'anthropocentrisme – qui est le problème majeur que rencontrent la plupart des philosophes de l'environnement – est seulement l'une des formes que revêt l'assaut plus général qui est donné contre la valeur prééminente d'autoréalisation. En se plaçant dans une perspective anthropocentrique, l'humanité croit qu'elle est pleinement justifiée à dominer et à transformer le monde non humain pour le seul usage qu'elle peut en avoir. Mais une politique de domination va toujours bien au-delà de la seule subversion anthropocentrique des processus naturels. Une politique de domination subvertit à la fois la nature et l'existence humaine ; elle conteste à la fois la réalisation culturelle et la réalisation naturelle du bien individuel, que ce dernier soit de type humain ou non humain. Par conséquent, le but principal de tout système éthique ou politique doit être de nous libérer de toutes les formes de domination.

Il est difficile de se réveiller du rêve de domination. Nous sommes tous impressionnés par le pouvoir et la portée des accomplissements technologiques. Pourquoi ne serait-il pas possible d'étendre ce pouvoir au-delà, jusqu'à contrôler, manipuler et dominer l'univers naturel dans son intégralité ? Telle est l'illusion à laquelle la restauration de la nature nous invite à succomber. Dès lors que nous dominons la nature, dès lors que nous restaurons et replanifions la nature pour notre usage, nous avons détruit la nature et créé une réalité artificielle – en un sens, nous avons créé une fausse réalité, qui nous fournit purement et simplement la plaisante apparence illusoire d'un environnement naturel.

VI

En conclusion, permettez-moi de quitter le domaine de la spéculation philosophique et de revenir au monde de la politique environnementale pratique. Il n'est rien dans ce que j'ai dit précédemment qui doive laisser à penser que, à mes yeux, sont pleinement justifiées les actions qui développent, exploitent ou entraînent des dégradations de zones naturelles, et qui les laissent dans un état endommagé. Je pense par exemple qu'Exxon devrait s'efforcer de nettoyer et de restaurer les voies navigables et les terres d'Alaska qui ont été souillées du fait de sa négligence.

Le point sur lequel je voudrais insister ici est que nous ne devons pas nous méprendre sur ce que nous autres, êtres humains, sommes en train de faire lorsque nous tentons de restaurer ou de réparer les zones naturelles. Nous ne restaurons pas la nature ; nous ne la remettons pas à neuf. La restauration de la nature est un compromis ; elle ne devrait pas être une mesure fondamentale de politique environnementale. C'est une mesure politique qui essaie de tirer le meilleur des pires situations ; elle met un peu d'ordre dans notre fouillis. Nous plaçons un meuble au-dessus de la tache que porte le tapis, car cela lui donne une apparence avantageuse. Toutefois, en matière de politique environnementale, il serait autrement plus important de faire ce qu'il faut pour prévenir les causes de souillure.

INDEX DES NOMS

INDEX DES NOTIONS

TABLE DES MATIÈRES

PRAGMATISME, PRÉSERVATION ET RESTAURATION

Achevé d'imprimer en avril 2023
La Manufacture - Imprimeur – 52200 Langres – Tél. : (33) 325 845 892
Imprimé en France – N° 230320 – Dépôt légal : novembre 2007